百《ひゃく》人《にん》一《いっ》首《しゅ》
壮《そう》麗《れい》図《ず》鑑《かん》

永岡書店

はじめに

百人一首《ひゃくにんいっしゅ》は、およそ８００年前《ねんまえ》の１２３５年《ねん》に誕生《たんじょう》したとされる。百人《ひゃくにん》の歌人《かじん》が詠《よ》んだ和歌《わか》を一首《いっしゅ》ずつ集《あつ》めたものを総《そう》称《しょう》して百人一首《ひゃくにんいっしゅ》と呼《よ》ぶが、一般的《いっぱんてき》に広《ひろ》く知《し》られているのは藤《ふじ》原定家《わらのていか》が撰者《せんじゃ》となった『小倉百人一首《おぐらひゃくにんいっしゅ》』。定家《ていか》が京都《きょうと》の小倉山《おぐらやま》にこもって和歌《わか》を選《えら》んだために、こう呼《よ》ばれるようになった。

誕生《たんじょう》のきっかけが、定家《ていか》が記《しる》した日記《にっき》『明月記《めいげつき》』に、こう書《か》かれている。

「息子《むすこ》為家《ためいえ》の義父《ぎふ》、宇都宮頼綱《うつのみやよりつな》から嵯峨《さが》にある中院山荘《ちゅういんさんそう》の障《しょう》子《じ》を飾《かざ》るための色紙《しきし》を書《か》いて欲《ほ》しいと頼《たの》まれた。古来《こらい》の歌人《かじん》、天智天皇《てんじてんのう》から家隆《いえたか》・雅経《まさつね》までの秀歌《しゅうか》を各人一首《かくじんいっしゅ》ずつ選《えら》んでしたためた」

当時《とうじ》はふすまやびょうぶに和歌《わか》を書《か》いた色紙《しきし》を飾《かざ》ることが風流《ふうりゅう》とされていたため、当時《とうじ》の一流文化人《いちりゅうぶんかじん》だった定家《ていか》に依頼《いらい》

が舞《ま》い込《こ》んできたのだろう。

　このときに定家《ていか》が作《つく》った色紙《しきし》は『百人秀歌《ひゃくにんしゅうか》』で、のちに『小倉百人一首《おぐらひゃくにんいっしゅ》』の原型《げんけい》となった。実《じつ》は、『百人秀歌《ひゃくにんしゅうか》』の色紙《しきし》と『小倉百人一首《おぐらひゃくにんいっしゅ》』には少《すこ》し異《こと》なる部分《ぶぶん》があり、もともとは全部《ぜんぶ》で１０１首《しゅ》あった。現在《げんざい》の99番《ばん》、１００番《ばん》はそれぞれ後《ご》鳥羽院《とばいん》、順徳院《じゅんとくいん》だが、当時《とうじ》はまったく別《べつ》の人物《じんぶつ》の和歌《わか》がおさめられていた。なぜなら後鳥羽院《ごとばいん》と順徳院《じゅんとくいん》はそれぞれ島流《しまなが》しの刑《けい》にあった罪人《ざいにん》だったため、おさめられなかったのだと考《かんが》えられている。そしてこの『百人秀歌《ひゃくにんしゅうか》』が時代《じだい》をへて、後世《こうせい》の人々《ひとびと》による修正《しゅうせい》が加《くわ》えられて『小倉百人一首《おぐらひゃくにんいっしゅ》』となった。

　本書《ほんしょ》では、こうした百人一首《ひゃくにんいっしゅ》の和歌《わか》を詠《よ》んだ歴史上《れきしじょう》の人物《じんぶつ》にスポットを当《あ》て、マンガとイラストでわかりやすく解説《かいせつ》。それぞれの人物《じんぶつ》の心境《しんきょう》や背景《はいけい》を楽《たの》しく学《まな》びながら、百人一首《ひゃくにんいっしゅ》の世界《せかい》をたっぷり堪能《たんのう》しよう！

スタッフ一同《いちどう》

日本《にっぽん》の礎《いしずえ》をきずき上《あ》げた黄金期《おうごんき》

百人一首《ひゃくにんいっしゅ》が生《う》まれた時代《じだい》

歌人《かじん》たちが生《い》きた時代《じだい》は、はなやかな文化《ぶんか》に彩《いろど》られていた。その文化《ぶんか》の一部《いちぶ》を紹介《しょうかい》しよう。

文化遺産《ぶんかいさん》12選《せん》!!

Number 1

いにしえの大伽藍《だいがらん》は世界最古《せかいさいこ》の木造建築《もくぞうけんちく》

世界遺産《せかいいさん》

法隆寺《ほうりゅうじ》

飛鳥時代《あすかじだい》（飛鳥文化《あすかぶんか》　伝《でん》607年《ねん》）
協力《きょうりょく》／法隆寺《ほうりゅうじ》　写真《しゃしん》／アマナイメージズ
©MACHIRO TANAKA ／ SEBUN PHOTO

法隆寺《ほうりゅうじ》は、飛鳥文化《あすかぶんか》を代表《だいひょう》する寺《じ》院《いん》だ。境内《けいだい》の広《ひろ》さは18万《まん》7千平方《せんへいほう》メートルで、現存《げんそん》する世界最古《せかいさいこ》の木造建築群《もくぞうけんちくぐん》だ。

国宝《こくほう》

高松塚古墳壁画《たかまつづかこふんへきが》

奈良時代《ならじだい》（白鳳文化《はくほうぶんか》　694～710年《ねん》）
協力《きょうりょく》／文化庁《ぶんかちょう》　明日香村《あすかむら》　写真《しゃしん》／便利堂《べんりどう》

奈良県《ならけん》にある古墳《こふん》の「西壁女子群像《せいへきじょしぐんぞう》」だ。埋葬《まいそう》されている人物《じんぶつ》は不詳《ふしょう》だが、当時《とうじ》の風俗《ふうぞく》を知《し》る貴重《きちょう》な資料《しりょう》だ。

Number 2

見目《みめ》もあざやかな色彩《しきさい》は天女《てんにょ》たちの舞《ま》い姿《すがた》のよう

Number 4 シルクロードをへて日本《にほん》に伝《つた》わった名器《めいき》!!

正倉院宝物《しょうそういんほうもつ》

螺《ら》鈿《でん》紫《し》檀《たんの》五《ご》絃《げん》琵《び》琶《わ》

奈良時代《ならじだい》（天平文化《てんぴょうぶんか》　成立年代不詳《せいりつねんだいふしょう》）
協力《きょうりょく》／宮内庁《くないちょう》　写真《しゃしん》／宮内庁《くないちょう》

世界《せかい》でただ一《ひと》つ現存《げんそん》する五絃琵琶《ごげんびわ》。華麗《かれい》な螺鈿細工《らでんざいく》（貝殻《かいがら》の裏側《うらがわ》をはめこんで模様《もよう》を作《つく》る）がほどこされている。

Number 3

乾漆《かんしつ》の美《び》少年《しょうねん》像《ぞう》!!

国《こく》宝《ほう》

阿《あ》修《しゅ》羅《ら》像《ぞう》

奈良時代《ならじだい》（天平文化《てんぴょうぶんか》　734年頃《ねんごろ》）
協力《きょうりょく》／興福寺《こうふくじ》　写真《しゃしん》／飛鳥園《あすかえん》

阿修羅《あしゅら》は仏教《ぶっきょう》の守護神《しゅごしん》だ。3つの顔《かお》と6つの腕《うで》を持《も》つ美少年《びしょうねん》として表現《ひょうげん》されている。漆《うるし》に麻布《あさぬの》を重《かさ》ねて作《つく》った乾漆像《かんしつぞう》だ。

Number 5

仏さまが一堂に会したありがたい一幅《いっぷく》!!

国宝《こくほう》

東《とう》寺《じ》両《りょう》界《かい》曼《まん》荼《だ》羅《ら》図《ず》（胎《たい》蔵《ぞう》界《かい》）

平安時代《へいあんじだい》（弘仁《こうにん》・貞観文化《じょうがんぶんか》　9世紀《せいき》）
協力《きょうりょく》／東寺《とうじ》（教王護国寺《きょうおうごこくじ》）　写真《しゃしん》／便利堂《べんりどう》

大日如来《だいにちにょらい》を中央《ちゅうおう》に配《はい》し、その周辺《しゅうへん》にさまざまな仏《ほとけ》さまを配置《はいち》している。真理《しんり》や悟《さと》りの境地《きょうち》を、視覚的《しかくてき》に表現《ひょうげん》した絵画《かいが》だ。

Number 6

法隆寺《ほうりゅうじ》に次《つ》いで古《ふる》い女人《にょにん》高野《こうや》の美《うつく》しき塔《とう》!!

国宝《こくほう》・重要文化財《じゅうようぶんかざい》

室《むろ》生《う》寺《じ》五《ご》重《じゅうの》塔《とう》

平安時代《へいあんじだい》（弘仁《こうにん》・貞観文化《じょうがんぶんか》　800年頃《ねんごろ》）
協力《きょうりょく》／室生寺《むろうじ》　写真《しゃしん》／PIXTA

女人禁制《にょにんきんせい》だった高野山《こうやさん》に対《たい》して、女性《じょせい》の参拝《さんぱい》も許《ゆる》されていた。法隆寺《ほうりゅうじ》に次《つ》いで古《ふる》い五重塔《ごじゅうのとう》は小《こ》ぶりながら美《うつく》しい。

Number 7

秘《ひ》められた歌《うた》の書《か》き出《だ》し

国内最古級《こくないさいこきゅう》

草仮名《そうがな》墨書《ぼくしょ》土器《どき》

平安時代《へいあんじだい》（国風文化《こくふうぶんか》　9世紀後半《せいきこうはん》）
協力《きょうりょく》／射水市《いみずし》　写真《しゃしん》／射水市生涯学習《いみずししょうがいがくしゅう》・スポーツ課《か》

2008年《ねん》、最古級《さいこきゅう》の草仮名《そうがな》が書《か》かれた土器《どき》が出土《しゅつど》した。そこには、和歌《わか》の練習《れんしゅう》とも取《と》れる文字《もじ》が書《か》かれていた。

Number 8

国風文化《こくふうぶんか》の精髄《せいずい》、ここに極《きわ》まれり!!

国宝《こくほう》・世界遺産《せかいいさん》

平等院鳳凰堂《びょうどういんほうおうどう》

平安時代《へいあんじだい》（国風文化《こくふうぶんか》　11世紀《せいき》）
協力《きょうりょく》／平等院《びょうどういん》　写真《しゃしん》／平等院《びょうどういん》

鳳凰堂《ほうおうどう》は、西方極楽浄土《さいほうごくらくじょうど》をこの世《よ》に表《あらわ》さんと建立《こんりゅう》した阿弥陀堂《あみだどう》だ。浄土式庭園《じょうどしきていえん》が、周囲《しゅうい》に広《ひろ》がっている。

優美《ゆうび》な平安貴族《へいあんきぞく》のうるわしき日常《にちじょう》!!

Number 9

国宝《こくほう》

源氏物語絵巻《げんじものがたりえまき》

平安時代《へいあんじだい》（国風文化《こくふうぶんか》　12世紀《せいき》）
協力《きょうりょく》／五島美術館《ごとうびじゅつかん》　写真《しゃしん》／名鏡勝朗《めいきょうかつお》

現存《げんそん》する絵巻《えまき》の中《なか》でもっとも古《ふる》い作品《さくひん》が、この「隆能源氏《たかよしげんじ》」だ。当時《とうじ》の貴族《きぞく》の姿《すがた》がいきいきと描《えが》かれている。

白象《はくぞう》に乗《の》った菩薩《ぼさつ》さま!!

Number 10

国宝《こくほう》

普賢菩薩像《ふげんぼさつぞう》

平安時代《へいあんじだい》（院政期文化《いんせいきぶんか》　12世紀《せいき》）
協力《きょうりょく》／東京国立博物館《とうきょうこくりつはくぶつかん》
写真《しゃしん》／Image Archives　作品番号《さくひんばんごう》／A-1

普賢菩薩《ふげんぼさつ》は釈迦如来《しゃかにょらい》の脇《わき》に従《したが》う菩薩《ぼさつ》さまだ。修行《しゅぎょう》をする者《もの》が表《あらわ》れれば、守護《しゅご》するとされている。

Number 11

時代《じだい》はやがて戦乱《せんらん》の世《よ》に!!

国宝《こくほう》

平治物語絵巻《へいじものがたりえまき》

鎌倉時代《かまくらじだい》（鎌倉文化《かまくらぶんか》　13世紀《せいき》）
協力《きょうりょく》／東京国立博物館《とうきょうこくりつはくぶつかん》
写真《しゃしん》／Image Archives　作品番号《さくひんばんごう》／A-9976

平治《へいじ》の乱《らん》に取材《しゅざい》した合戦絵巻《かっせんえまき》の代表作《だいひょうさく》。内裏《だいり》に幽閉《ゆうへい》された二条《にじょう》天皇《てんのう》が脱出《だっしゅつ》をはかった様子《ようす》を描《えが》いた名作《めいさく》。

Number 12

堂々《どうどう》たる銅製《どうせい》の巨大《きょだい》な仏《ほとけ》さま!!

国宝《こくほう》

阿弥陀如来坐像《あみだにょらいざぞう》

鎌倉時代《かまくらじだい》（鎌倉文化《かまくらぶんか》　成立年代不詳《せいりつねんだいふしょう》）
協力《きょうりょく》／高徳院《こうとくいん》　写真《しゃしん》／鎌倉市観光協会《かまくらしかんこうきょうかい》

高《たか》さ約《やく》11.31メートル（台座《だいざ》を含《ふく》め13.35メートル）の堂々《どうどう》たる大仏《だいぶつ》だ。ほぼ造営当初《ぞうえいとうしょ》の姿《すがた》を保《たも》っている。

歌人《かじん》たち、そのゆかりの地《ち》

~今《いま》もなお、息《いき》づく歌《うた》の聖地《せいち》たち~

栄誉《えいよ》ある1番《ばん》に選《えら》ばれた天智天皇《てんじてんのう》ゆかりの近江神宮《おうみじんぐう》は、百人一首《ひゃくにんいっしゅ》の重要《じゅうよう》な場所《ばしょ》だ。今《いま》でもかるたの聖地《せいち》として知《し》られている。

また、藤原定家《ふじわらのていか》が歌《うた》を選《えら》んだ小倉山《おぐらやま》もゆかりの地《ち》の一《ひと》つだ。二尊院門前北中院《にそんいんもんぜんきたちゅういん》町《ちょう》のあたりに定家《ていか》の山荘《さんそう》があったとされる。

ほかにも滋賀《しが》の関蝉丸神《せきせみまるじん》社《じゃ》、菅原道真《すがわらのみちざね》ゆかりの奈良《なら》の手向山八幡宮《たむけやまはちまんぐう》、興福寺《こうふくじ》、平城京《へいじょうきょう》など、名所旧跡《めいしょきゅうせき》も多《おお》い。歌人《かじん》ゆかりの地《ち》は、現《げん》在《ざい》も見《み》ることができる。

天智天皇《てんじてんのう》ゆかりの近江神宮《おうみじんぐう》。今《いま》でも百人一首《ひゃくにんいっしゅ》の聖地《せいち》だ。
写真協力《しゃしんきょうりょく》／近江神宮《おうみじんぐう》

藤原定家《ふじわらのていか》が歌《うた》を選《えら》んだ小倉山《おぐらやま》（現《げん》・京都市右京区嵯峨《きょうとしうきょうくさが》）。
写真《しゃしん》／フォトライブラリー

もくじ

第《だい》2章《しょう》 二《に》十《じゅう》一《いち》番《ばん》～四《よん》十《じゅう》番《ばん》

第《だい》3章《しょう》 四十一番《よんじゅういちばん》～六十番《ろくじゅうばん》

第《だい》4章《しょう》 六十一番《ろくじゅういちばん》～八十番《はちじゅうばん》

第5章《だいしょう》 八十一番《はちじゅういちばん》～百番《ひゃくばん》

この本《ほん》の見《み》方《かた》

ゴロ覚《おぼ》え

覚《おぼ》えやすいゴロ合《あ》わせを書《か》いています。

歌人《かじん》の説明《せつめい》

歌人《かじん》のプロフィールが書《か》かれています。

詠《よ》んだ歌《うた》

百人一首《ひゃくにんいっしゅ》に収録《しゅうろく》された歌《うた》を書《か》いています。

イラスト

偉人《いじん》たちの想像上《そうぞうじょう》のイラストを描《えが》いています。

歌番号《うたばんごう》

百人一首《ひゃくにんいっしゅ》の歌番号《うたばんごう》を記《しる》しています。

歌《うた》の意味《いみ》

詠《よ》まれた歌《うた》の内容《ないよう》をやさしく読《よ》みくだしています。

名前《なまえ》

歌人《かじん》たちの名前《なまえ》を書《か》いています。

第1章●一番～二十番
絶世の美女として有名
平安朝を代表する女流歌人で、六歌仙、三十六歌仙の一人に数えられている。仁明・文徳天皇に女房として仕え、絶世の美女として有名。いろいろな伝説やエピソードがあり、後に謡曲や能、浄瑠璃の題材になっているが真偽のほどは不明で、その生涯についてもはっきりとしたことはわかっていない。
個人の歌集に「小町集」があり、その作風は技巧的でしみじみとした風情がありつつも、ときに情熱的な恋愛感情が反映されるなど、恋多き美女にして才女だったことをうかがわせる。
ゴロ覚え
はなの
ながめ
花の色は 移りにけりな いたづらに
我が身世にふる ながめせしまに
意味
春の長雨が降っていた間に、桜の花の色はすっかり色あせてしまった。そしてまた、いろいろと物思いにふけっているうちに私の容姿もおとろえてしまった。
解説
この歌には、桜の色があせてしまったなげきと、自分の容姿がおとろえてしまったことへのなげきという、二つの悲しみが表現されている。作品自体の美しさや、掛詞、縁語、倒置法の使い方も秀逸で、藤原定家が名歌と絶賛したのもうなずける。
重要単語
花、いたづら
35
009
小野小町
平安朝を代表する女流歌人
出身・職業・役職
不明／女房
おさめられた和歌集
古今和歌集
生没年月日
不明
カリスマ性
影響力
知力
残した歌の
名声
S
34

解説《かいせつ》

歌《うた》の解説《かいせつ》が書《か》かれています。

重要単語《じゅうようたんご》

歌《うた》の中《なか》で重要《じゅうよう》な単語《たんご》を抜《ぬ》き出《だ》しています。

基本《きほん》データ

出身地《しゅっしんち》や職業《しょくぎょう》・役職《やくしょく》、おさめられた歌集《かしゅう》、生没年月日《せいぼつねんがっぴ》が書《か》かれています。

総合評価《そうごうひょうか》

歌人《かじん》たちの総合評価《そうごうひょうか》をSランクからCランクまで格付《かくづ》けしています。

能力《のうりょく》パラメータ

歌人《かじん》たちを下《した》の5項目《こうもく》で評価《ひょうか》しています。

カリスマ性《せい》	歌人《かじん》の魅力《みりょく》を表《あらわ》しています。
影響力《えいきょうりょく》	歌人《かじん》が文学《ぶんがく》に与《あた》えた影響力《えいきょうりょく》を表《あらわ》しています。
知力《ちりょく》	歌人《かじん》の知性《ちせい》を表《あらわ》しています。
残《のこ》した歌《うた》の数《かず》	歌人《かじん》が残《のこ》した歌《うた》の数《かず》を表《あらわ》しています。
名声《めいせい》	歌人《かじん》の評判《ひょうばん》の高《たか》さを表《あらわ》しています。

アイコン

歌人《かじん》たちの詠《よ》んだ歌《うた》をジャンル分《わ》けしています。

- 春《はる》の歌《うた》
- 夏《なつ》の歌《うた》
- 秋《あき》の歌《うた》
- 冬《ふゆ》の歌《うた》
- 別《わか》れの歌《うた》
- 旅《たび》の歌《うた》
- 世《よ》の中《なか》の歌《うた》
- 恋《こい》の歌《うた》
- その他《た》の歌《うた》

※生没年月日《せいぼつねんがっぴ》はすべて太陽暦《たいようれき》を使用《しよう》しております。
※生没年月日《せいぼつねんがっぴ》や出身《しゅっしん》については諸説《しょせつ》ありますが、有力《ゆうりょく》と思《おも》われるものを掲載《けいさい》しています。

第《だい》1章《しょう》

一《いち》番《ばん》～二《に》十《じゅう》番《ばん》

001 天《てん》智《じ》天《てん》皇《のう》
002 持《じ》統《とう》天《てん》皇《のう》
003 柿本人《かきのもとのひと》麻《ま》呂《ろ》
004 山《やま》部《べの》赤《あか》人《ひと》
005 猿《さる》丸《まる》大《たい》夫《ふ》
006 中《ちゅう》納《な》言《ごん》家《やか》持《もち》
007 阿《あ》倍《べの》仲《なか》麻《ま》呂《ろ》
008 喜《き》撰《せん》法《ほう》師《し》
009 小《お》野《のの》小《こ》町《まち》
010 蟬《せみ》丸《まる》

011 参《さん》議《ぎ》 篁《たかむら》
012 僧《そう》正《じょう》遍《へん》昭《じょう》
013 陽《よう》成《ぜい》院《いん》
014 河《か》原《わらの》左《さ》大《だい》臣《じん》
015 光《こう》孝《こう》天《てん》皇《のう》
016 中《ちゅう》納《な》言《ごん》行《ゆき》平《ひら》
017 在《あり》原《わらの》業《なり》平《ひら》朝《あ》臣《そん》
018 藤《ふじ》原《わらの》敏《とし》行《ゆき》朝《あ》臣《そん》
019 伊《い》勢《せ》
020 元《もと》良《よし》親《しん》王《のう》

001

天《てん》智《じ》天《てん》皇《のう》

優《すぐ》れた歌《か》人《じん》にして国《こっ》家《か》の礎《いしずえ》をきずいた天《てん》皇《のう》

出身《しゅっしん》／職業《しょくぎょう》・役職《やくしょく》	大和国《やまとのくに》／天皇《てんのう》	
おさめられた和歌集《わかしゅう》	後撰和歌集《ごせんわかしゅう》	
生没年月日《せいぼつねんがっぴ》	626年《ねん》～672年《ねん》1月《がつ》7日《か》	秋《あき》

能力《のうりょく》パラメータ

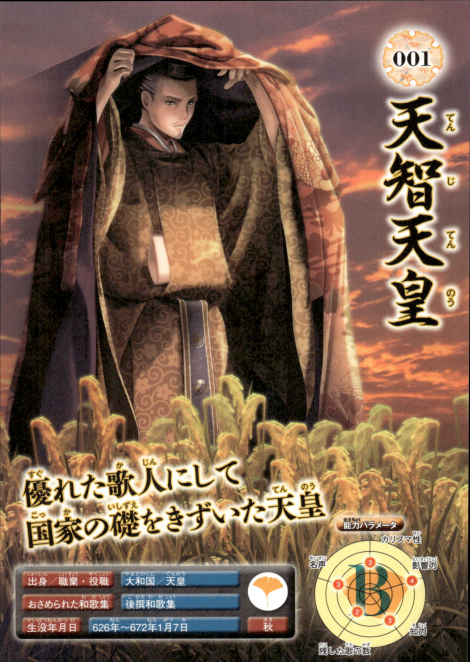

秋《あき》の田《た》の　かりほ(お)の庵《いほ》(いお)の　とまをあらみ
わが衣《ころも》手《で》は　露《つゆ》にぬれつつ

ゴロ覚《おぼ》え

あきの　わがつゆ

意味《いみ》

秋《あき》の田《た》のほとりにある仮小屋《かりごや》は、田《た》んぼの番《ばん》をするために仮《かり》につくったものなので、苫《とま》（屋根《やね》やおおいのこと）の編《あ》み目《め》が粗《あら》く、私《わたし》の衣《ころも》の袖《そで》は苫《とま》からもれ落ちる夜露《よつゆ》でぬれるばかりだ。

大化《たいか》の改新《かいしん》を行《おこな》う

百人一首《ひゃくにんいっしゅ》の冒頭《ぼうとう》を飾《かざ》る歌《うた》の詠《よ》み人《びと》は天智天皇《てんじてんのう》とされている（もともと詠《よ》み人知《びとし》らずのものが時代《じだい》をへて天智天皇《てんじてんのう》の作《さく》となったといわれている）。

飛鳥時代《あすかじだい》を生《い》きた天智天皇《てんじてんのう》は、舒明天皇《じょめいてんのう》の皇子《おうじ》で、母《はは》は皇極天皇《こうぎょくてんのう》（後《のち》に斉明天皇《さいめいてんのう》としても即位《そくい》）。まだ中大兄皇子《なかのおおえのおうじ》と呼《よ》ばれていたとき、中臣鎌足《なかとみのかまたり》らと協力《きょうりょく》して蘇我氏《そがし》をたおし、「大化《たいか》の改新《かいしん》」を行《おこな》って中央集権化《ちゅうおうしゅうけんか》をすすめ、国家《こっか》の礎《いしずえ》をきずいた。

優《すぐ》れた歌人《かじん》としても名高《なだか》く、『万葉集《まんようしゅう》』に4首《しゅ》、『日本書紀《にほんしょき》』にも歌《うた》がおさめられている。

解《かい》説《せつ》

天智天皇《てんじてんのう》の作《さく》として見《み》ると、つらい農作業《のうさぎょう》をする農民《のうみん》を思《おも》いやって詠《よ》んだ歌《うた》と考《かんが》えられる。秋《あき》の刈《か》り入《い》れをひかえて、稲《いね》を鳥《とり》や動物《どうぶつ》に荒《あ》らされないよう、秋《あき》の寒《さむ》い夜《よる》に小屋《こや》にこもり、田《た》を必死《ひっし》で守《まも》ろうとする農民《のうみん》の姿《すがた》が表現《ひょうげん》されている。

重要《じゅうよう》単語《たんご》

かりほの庵《いほ》、
とまをあらみ

002

持《じ》統《とう》天《てん》皇《のう》

国《こっ》家《か》の基《き》礎《そ》をかためた有《ゆう》能《のう》な女《じょ》性《せい》天《てん》皇《のう》

出身《しゅっしん》／職業《しょくぎょう》・役職《やくしょく》	大和国《やまとのくに》／天皇《てんのう》	
おさめられた和歌集《わかしゅう》	新古今和歌集《しんこきんわかしゅう》	
生没年月日《せいぼつねんがっぴ》	645年《ねん》～703年《ねん》1月《がつ》13日《にち》	夏《なつ》

能力《のうりょく》パラメータ
カリスマ性《せい》
3
影響力《えいきょうりょく》
3
知力《ちりょく》
4
残《のこ》した歌《うた》の数《かず》
2
名声《めいせい》
3
A

春《はる》過《す》ぎて　夏《なつ》来《き》にけらし　白妙《しろたへ(たえ)》の
衣《ころも》ほすてふ《(ちょう)》　天《あま》の香具山《かぐやま》

ゴロ覚《おぼ》え

はるがすぎたら
ころもをほす

意味《いみ》

春《はる》がすぎて、いつのまにか夏《なつ》が来《き》てしまったようだ。昔《むかし》から夏《なつ》になると白《しろ》い衣《ころも》をほすといわれている天《あま》の香具山《かぐやま》の山《やま》すそに、真《ま》っ白《しろ》な着物《きもの》がたくさんほされている。

『万葉集《まんようしゅう》』の黄金時代《おうごんじだい》

作者《さくしゃ》の持統天皇《じとうてんのう》は、天智天《てんじてん》皇《のう》の皇女《こうじょ》。天智天皇《てんじてんのう》の弟《おとうと》の天《てん》武《む》天皇《てんのう》にとついで皇后《こうごう》となった。天武天皇《てんむてんのう》が崩御《ほうぎょ》すると、皇太子《こうたいし》だった息子《むすこ》が即位前《そくいまえ》に他界《たかい》。その息子《むすこ》（孫《まご》にあたる）がまだ小《ち》さかったので、成長《せいちょう》するまでの間《あいだ》、みずから天皇《てんのう》に即位《そくい》。史上《しじょう》４人目《にんめ》の女性天《じょせいてん》皇《のう》となった。即位後《そくいご》は天武天《てんむてん》皇《のう》の政策《せいさく》を引《ひ》きつぎ、飛鳥浄《あすかきよ》御原令《みはらりょう》の制定《せいてい》のほか、都《みやこ》を藤《ふじ》原京《わらきょう》に移《うつ》した。

有能《ゆうのう》な政治家《せいじか》と評価《ひょうか》される一方《いっぽう》で、文化《ぶんか》への造詣《ぞうけい》も深《ふか》く、宮廷歌人《きゅうていかじん》を輩出《はいしゅつ》し、みずからも歌人《かじん》として『万葉集《まんようしゅう》』の黄《おう》金時代《ごんじだい》を作《つく》った。

解説《かいせつ》

新緑《しんりょく》あふれる山《やま》すそに、真《ま》っ白《しろ》な衣《ころも》がほされている。持統天皇《じとうてんのう》の目《め》にした情景《じょうけい》がそのまま歌《うた》われ、すがすがしく優雅《ゆうが》な雰囲気《ふんいき》がただよっている。また、万葉集《まんようしゅう》にある原歌《げんか》は、本歌《ほんか》と少《すこ》し言葉《ことば》がちがっていて、より力強《ちからづよ》い印象《いんしょう》を受《う》ける。

重要《じゅうよう》単語《たんご》

来《き》にけらし、
天《あま》の香具山《かぐやま》

003

柿《かきの》本《もとの》人《ひと》麻《ま》呂《ろ》

「歌聖《かせい》」と称《しょう》された宮廷歌人《きゅうていかじん》

足《あし》引《び》きの　山《やま》鳥《どり》の尾《を》(お)の　しだり尾《を》(お)の
ながながし夜《よ》を　ひとりかもねむ(ん)

ゴロ覚《おぼ》え

あしが
ながなが

意味《いみ》

山鳥《やまどり》の長《なが》くたれた尾《お》のように長《なが》い長《なが》いこの秋《あき》の夜《よる》を、私《わたし》は一人《ひとり》さびしく寝《ね》なければならないのだろう。

重要単語《じゅうようたんご》

足引《あしび》きの、ひとりかもねむ

出身《しゅっしん》／職業《しょくぎょう》・役職《やくしょく》	不明《ふめい》／不明《ふめい》
おさめられた和歌集《わかしゅう》	拾遺和歌集《しゅういわかしゅう》
生没年月日《せいぼつねんがっぴ》	不明《ふめい》

恋《こい》

解説《かいせつ》

山鳥《やまどり》のオスとメスは夜間《やかん》、谷《たに》を隔《へだ》てて別々《べつべつ》に寝《ね》るという。仕事《しごと》で家《いえ》をはなれることになった人麻呂《ひとまろ》が、愛《あい》する妻《つま》を想《おも》って詠《よ》んだ歌《うた》であろうか。秋《あき》の夜長《よなが》に恋《こい》しい人《ひと》を想《おも》い焦《こ》がれる人麻呂《ひとまろ》のさびしさ、やるせなさがよく伝《つた》わる歌《うた》である。

万葉期《まんようき》の代表的歌人《だいひょうてきかじん》

持統《じとう》・文武天皇《もんむてんのう》の代《だい》に宮廷《きゅうてい》歌人《かじん》として仕《つか》えた、万葉期《まんようき》の代表的歌人《だいひょうてきかじん》。優《すぐ》れた作品《さくひん》を数《かず》多《おお》く残《のこ》していることから、後《こう》世《せい》「歌聖《かせい》」としてあがめられている。三十六歌仙《さんじゅうろっかせん》の一人《ひとり》に数《かぞ》えられているが、歴史資料《れきししりょう》には名前《なまえ》がまったく登場《とうじょう》しない謎《なぞ》の人物《じんぶつ》。

004

山《やま》部《べの》赤《あか》人《ひと》

**宮《きゅう》廷《てい》歌《か》人《じん》として活《かつ》躍《やく》した
風《ふう》景《けい》を詠《よ》む名《めい》手《しゅ》**

田子《たご》の浦《うら》に　打出《うちい》でてみれば　白《しろ》妙《たへ》(たえ)の
ふじの高嶺《たかね》に　雪《ゆき》は降《ふ》りつつ

【ゴロ覚《おぼ》え】
ふじの
たご

意味《いみ》

田子《たご》の浦《うら》に出《で》てみて、はるか遠《とお》くを見渡《みわた》してみると、真《ま》っ白《しろ》な富士《ふじ》の高《たか》い峰《みね》に、しきりに雪《ゆき》が降《ふ》り続《つづ》いていることよ。

重要単語《じゅうようたんご》

白妙《しろたへ》の、
降《ふ》りつつ

出身《しゅっしん》／職業《しょくぎょう》・役職《やくしょく》	不明《ふめい》／不明《ふめい》
おさめられた和歌集《わかしゅう》	新古今和歌集《しんこきんわかしゅう》
生没年月日《せいぼつねんがっぴ》	不明《ふめい》～736年《ねん》ごろ

冬《ふゆ》

柿本人麻呂《かきのもとのひとまろ》と並《なら》ぶ「歌聖《かせい》」

歴史資料《れきししりょう》に名《な》はないが、聖武天皇《しょうむてんのう》の代《だい》に万葉集《まんようしゅう》のなかの叙景《じょけい》(風景《ふうけい》を詠《よ》む)歌人《かじん》として活躍《かつやく》したとされる。三十六歌仙《さんじゅうろっかせん》の一人《ひとり》で、後世《こうせい》、柿本人麻呂《かきのもとのひとまろ》とともに「歌聖《かせい》」とたたえられ、紀貫之《きのつらゆき》も『古今和歌集《こきんわかしゅう》』の序文《じょぶん》で、赤人《あかひと》を人麻呂《ひとまろ》より上位《じょうい》に評価《ひょうか》している。

解説《かいせつ》

田子《たご》の浦《うら》から富士山《ふじさん》の雄大《ゆうだい》な景色《けしき》を目《め》にした赤人《あかひと》の感動《かんどう》が伝《つた》わる歌《うた》だが、この歌《うた》は新古今和歌集《しんこきんわかしゅう》で改作《かいさく》されたもので、優美《ゆうび》さが強調《きょうちょう》されている。対《たい》して万葉集《まんようしゅう》にある原歌《げんか》は、富士山《ふじさん》の雄大《ゆうだい》さや壮麗《そうれい》さをもっとはっきり表現《ひょうげん》している。

005

猿《さる》丸《まる》大《たい》夫《ふ》

実在《じつざい》したかどうか
わからない伝説的《でんせつてき》歌人《かじん》

出身《しゅっしん》／職業《しょくぎょう》・役職《やくしょく》	不明《ふめい》／不明《ふめい》	
おさめられた和歌集《わかしゅう》	古今和歌集《こきんわかしゅう》	
生没年月日《せいぼつねんがっぴ》	不明《ふめい》	秋《あき》

奥《おく》山《やま》に　紅葉《もみぢ》《（もみじ）》ふみ分《わ》け　なく鹿《しか》の
声《こゑ》《（こえ）》きく時《とき》ぞ　秋《あき》は悲《かな》しき

【ゴロ覚《おぼ》え】

おくの
こえをきく

意味《いみ》

人里《ひとざと》はなれた奥深《おくぶか》い山《やま》のなかで、散《ち》りつもった紅葉《もみじ》の葉《は》をふみながら、鳴《な》いている鹿《しか》の声《こえ》を聞《き》くときに、何《なに》にも勝《まさ》って秋《あき》の悲《かな》しさが感《かん》じられるものだ。

重要単語《じゅうようたんご》

紅葉《もみぢ》、
なく鹿《しか》の

詳細《しょうさい》不明《ふめい》ななぞの歌人《かじん》

三十六歌仙《さんじゅうろっかせん》の一人《ひとり》で、元明《げんめい》天皇《てんのう》の代《だい》に活躍《かつやく》したとされる伝説的《でんせつてき》な歌人《かじん》だが、実在《じつざい》したかどうかわかっていない人物《じんぶつ》。その出自《しゅつじ》も、「聖徳太子《しょうとくたいし》の孫《まご》」「天武天皇《てんむてんのう》の子《こ》」などの説《せつ》や、柿本人麻呂《かきのもとのひとまろ》と同一人物《どういつじんぶつ》という説《せつ》もあるが、いずれも確証《かくしょう》はない。

解《かい》説《せつ》

作者《さくしゃ》の猿丸大夫《さるまるたいふ》は奥山《おくやま》に入《はい》っていったのか、それとも情景《じょうけい》を想像《そうぞう》したのかはわからないが、鹿《しか》の紅葉《もみじ》をふむ足音《あしおと》とメスを呼《よ》ぶ切《せつ》ない鳴《な》き声《ごえ》を、遠《とお》くはなれた恋人《こいびと》を想《おも》う男性《だんせい》の気持《きも》ちと重《かさ》ね合《あ》わせ、秋《あき》のさびしさをよく表現《ひょうげん》している。

※名前は「さるまるのたいふ」「さるまるだゆう」とも言われる。

006

中《ちゅう》納《な》言《ごん》家《やか》持《もち》

万葉集《まんようしゅう》に最多収録《さいたしゅうろく》
高級官僚《こうきゅうかんりょう》にして歌人《かじん》

【ゴロ覚《おぼ》え】

かさが
しろい

かささぎの　渡《わた》せる橋《はし》に　おく霜《しも》の
しろきを見《み》れば　夜《よ》ぞふけにける

意味《いみ》

七夕《たなばた》の夜《よる》に※「かささぎ」が連《つら》なって天《あま》の川《がわ》に橋《はし》をかけるという。その橋《はし》にたとえられる宮中《きゅうちゅう》の階段《かいだん》のあたりにも霜《しも》が降《お》りていて、その白《しろ》さを見《み》ると、夜《よる》もふけてしまったなあと感《かん》じる。

重要単語《じゅうようたんご》

かささぎ、
ふけにける

出身《しゅっしん》／職業《しょくぎょう》・役職《やくしょく》	不明《ふめい》／中納言《ちゅうなごん》	
おさめられた和歌集《わかしゅう》	新古今和歌集《しんこきんわかしゅう》	
生没年月日《せいぼつねんがっぴ》	718年《ねん》ごろ～785年《ねん》10月《がつ》5日《か》	冬《ふゆ》

万葉集《まんようしゅう》を編《へん》さん

中納言家持《ちゅうなごんやかもち》の本名《ほんみょう》は大伴家《おおとものやか》持《もち》。父《ちち》は大伴氏《おおともし》の頭領《とうりょう》である大納言旅人《だいなごんたびと》。奈良時代《ならじだい》の歌人《かじん》で、朝廷《ちょうてい》では越中国司《えっちゅうこくし》など地《ち》方《ほう》・中央《ちゅうおう》の官職《かんしょく》を歴任《れきにん》した。三十六歌仙《さんじゅうろっかせん》の一人《ひとり》で、『万葉《まんよう》集《しゅう》』編《へん》さんの中心的《ちゅうしんてき》な人物《じんぶつ》。15歳《さい》から42歳《さい》までに約《やく》４７０の歌《うた》を詠《よ》んだ。

解説《かいせつ》

作者《さくしゃ》の中納言家持《ちゅうなごんやかもち》は、天《てん》を見《み》上《あ》げてかささぎの橋《はし》を連想《れんそう》しつつ、宮中《きゅうちゅう》の階段《かいだん》の霜《しも》をながめたのではないだろうか。腹《はら》・肩《かた》・つばさの先《さき》が白《しろ》いかささぎの特徴《とくちょう》と、霜《しも》の白《しろ》さがひびき合《あ》い、冬《ふゆ》の夜《よ》ふけの凛《りん》とした寒気《さむけ》が想像《そうぞう》できる。

※カラスの仲間《なかま》の一種《いっしゅ》で、普通《ふつう》のカラスよりもひと回《まわ》り小《ちい》さい。

007

阿《あ》倍《べ》仲《なか》麻《ま》呂《ろ》

望郷《ぼうきょう》の思《おも》いを抱《いだ》きながら
唐《とう》の国《くに》で生涯《しょうがい》を終《お》える

天《あま》の原《はら》　ふりさけ見《み》れば　春日《かすが》なる
みかさの山《やま》に　出《い》でし月《つき》かも

ゴロ覚《おぼ》え

あまの
みかさん

意味《いみ》

唐《とう》の大空《おおぞら》を見上《みあ》げてみると、月《つき》が美《うつく》しく光《ひか》りかがやいている。あの月《つき》は、故郷《こきょう》の春日《かすが》（奈《な》良《ら》）にある三笠山《みかさやま》に出《で》ていた月《つき》と同《おな》じ月《つき》なんだろう。

重要単語《じゅうようたんご》

ふりさけ見《み》れば、みかさの山《やま》

出身《しゅっしん》／職業《しょくぎょう》・役職《やくしょく》	大和国《やまとのくに》／安南節度使《あんなんせつどし》（唐《とう》）
おさめられた和歌集《わかしゅう》	古今和歌集《こきんわかしゅう》
生没年月日《せいぼつねんがっぴ》	698年《ねん》～770年《ねん》1月《がつ》

旅《たび》

解説《かいせつ》

この歌《うた》は、作者《さくしゃ》の阿倍仲麻呂《あべのなかまろ》がいよいよ日本《にほん》へ帰国《きこく》することになり、唐《とう》の仲間《なかま》が明州《めいしゅう》（現《げん》在《ざい》の浙江省《せっこうしょう》）の浜辺《はまべ》で開《ひら》いた送別会《そうべつかい》の席《せき》で、故郷《こきょう》を思《おも》って詠《よ》んだもの。長《なが》くはなれている故郷《こきょう》をなつかしむ作者《さくしゃ》の心《しん》情《じょう》がよくわかる歌《うた》である。

唐《とう》の科挙《かきょ》に合格《ごうかく》した秀才《しゅうさい》

若《わか》いころから秀才《しゅうさい》のほまれが高《たか》く、19歳《さい》のときに遣唐使《けんとうし》に同行《どうこう》して唐《とう》に留学《りゅうがく》。科挙《かきょ》に合格《ごうかく》して唐《とう》の玄宗皇帝《げんそうこうてい》に仕《つか》えた。以後《いご》35年《ねん》もの間《あいだ》、唐《とう》で働《はたら》いた後《のち》、帰国《きこく》をこころみたものの船《ふね》が難破《なんぱ》。帰国《きこく》を果《は》たせず、そのまま唐《とう》の地《ち》に骨《ほね》をうずめた。

008

喜《き》撰《せん》法《ほう》師《し》

仙人《せんにん》になったといわれる正体《しょうたい》不明《ふめい》の僧侶《そうりょ》

わが庵《いほ》(いお)は　都《みやこ》のたつみ　しかぞ住《す》む
世《よ》をうぢ(じ)山《やま》と　人《ひと》はいふ(う)なり

【ゴロ覚《おぼ》え】

わがいほは
うぢやま

意味《いみ》

私《わたし》の住《す》んでいる家《いえ》は都《みやこ》の東南《とうなん》にあって、心《こころ》やすらかに暮《く》らしている。それなのに、世間《せけん》の人々《ひとびと》は私《わたし》が世《よ》を嫌《きら》って宇治山《うじやま》に引《ひ》きこもっているといっているようだ。

重要単語《じゅうようたんご》

しかぞ住《す》む、世《よ》をうぢ山《やま》

出身《しゅっしん》／職業《しょくぎょう》・役職《やくしょく》	山城国《やましろのくに》／僧侶《そうりょ》
おさめられた和歌集《わかしゅう》	古今和歌集《こきんわかしゅう》
生没年月日《せいぼつねんがっぴ》	不明《ふめい》
その他《た》	★

詠《よ》んだ歌《うた》が少《すく》ない

伝承《でんしょう》によると、宇治山《うじやま》に隠棲《いんせい》していた僧侶《そうりょ》とされ、やがて仙人《せんにん》になったと言《い》われている。六歌仙《ろっかせん》の一人《ひとり》に数《かぞ》えられるが、現在《げんざい》に伝《つた》わっている歌《うた》は2首《しゅ》しかなく、紀貫之《きのつらゆき》も古今和歌集《こきんわかしゅう》の序文《じょぶん》で「詠《よ》んだ歌《うた》が多《おお》くないのでよくわからない」と述《の》べている。

解説《かいせつ》

出家《しゅっけ》した作者《さくしゃ》について、世間《せけん》の人《ひと》はつらいことがあったから宇治《うじ》に引《ひ》きこもったと噂《うわさ》したようだ。作者《さくしゃ》はそれを聞《き》き、宇治山《うじやま》だから「憂《う》い山《やま》」と世間《せけん》の人《ひと》はいうだろうが、とシャレを効《き》かせながら、山《やま》に住《す》む気楽《きらく》な心情《しんじょう》を表現《ひょうげん》している。

百人一首《ひゃくにんいっしゅ》のマメ知識《ちしき》①

和歌《わか》の表現技法《ひょうげんぎほう》を学《まな》んでみよう！

作者《さくしゃ》の意図《いと》を読《よ》み取《と》るために、ぜひ覚《おぼ》えておきたいテクニックを紹介《しょうかい》しよう。

掛詞《かけことば》

一《ひと》つの言葉《ことば》に同《おな》じ音《おと》の二《ふた》つ以上《いじょう》の意味《いみ》を重《かさ》ねて表現《ひょうげん》する技法《ぎほう》。言葉遊《ことばあそ》びの一首《いっしゅ》で、現代《げんだい》の「だじゃれ」のようなもの。歌《うた》の意味《いみ》や内容《ないよう》に奥行《おくゆ》きを与《あた》え、表現《ひょうげん》を複雑《ふくざつ》かつ豊《ゆた》かにする効果《こうか》がある。

例《れい》 →P034

花《はな》の色《いろ》は
移《うつ》りにけりな
いたづらに
我《わ》が身世《みよ》にふる
ながめせしまに

ふる：降《ふ》る・経《へ》る
ながめ：長雨《ながあめ》・眺《なが》め

縁語《えんご》

和歌《わか》の中《なか》にある単語《たんご》と、意味《いみ》のうえで密接《みっせつ》な関係《かんけい》のある単語《たんご》を連想的《れんそうてき》に用《もち》いる技法《ぎほう》。和歌《わか》のテーマとは直接関係《ちょくせつかんけい》ないものの、上手《じょうず》に用《もち》いることで、歌《うた》に情緒《じょうちょ》や趣《おもむき》を与《あた》える効果《こうか》がある。

例《れい》 →P189

ながからむ
心《こころ》も知《し》らず
黒髪《くろかみ》の
みだれて今朝《けさ》は
ものをこそ思《おも》へ

※「ながからむ」と「みだれて」は「黒髪《くろかみ》」の縁語《えんご》

序詞《じょことば》

7音以上《おんいじょう》で、枕詞《まくらことば》と同《おな》じく、ある言葉《ことば》を導《みちび》くことを目的《もくてき》に、その歌《うた》のためだけに作者《さくしゃ》が即興的《そっきょうてき》に自作《じさく》した語《ご》のこと。基本的《きほんてき》に訳《やく》す必要《ひつよう》があるが、序詞《じょことば》の後《あと》からが作者《さくしゃ》の言《い》いたい部分《ぶぶん》となる。

例《れい》 →P096

浅茅生《あさぢふ》の
小野《をの》の篠原《しのはら》
しのぶれど
あまりてなどか
人《ひと》の恋《こひ》しき

※「浅茅生《あさぢふ》の小野《をの》の篠原《しのはら》」までが序詞《じょことば》で、「篠原《しのはら》」が「しのぶ」にかかる同音反復《どうおんはんぷく》

本歌取《ほんかど》り

古歌《こか》の一部《いちぶ》（語句《ごく》・素材《そざい》）を取《と》り入《い》れて、その趣《おもむ》きを自分《じぶん》の歌《うた》にうつし、より複雑《ふくざつ》な詩情《しじょう》を盛《も》り込《こ》もうという技法《ぎほう》。

例《れい》

↓P224

本歌《ほんか》

わが袖《そで》は
水《みず》の下《した》なる
石《いし》なれや
人《ひと》に知《し》られで
乾《かわ》く間《ま》もなし

→

わが袖《そで》は
汐干《しほひ》に見《み》えぬ
沖《おき》の石《いし》の
人《ひと》こそ知《し》らね
乾《かわ》く間《ま》もなし

※本歌《ほんか》は『和泉式部集《いずみしきぶしゅう》』のもの

擬人法《ぎじんほう》

比喩《ひゆ》の一種《いっしゅ》で、人間以《にんげんい》外《がい》のものに人間的《にんげんてき》な部分《ぶぶん》を感《かん》じ取《と》って人格化《じんかくか》する、万葉期以来《まんようきいらい》の技法《ぎほう》。人間以外《にんげんいがい》のものを人間《にんげん》がしたことのように表現《ひょうげん》することで、生《い》き生《い》きとした印象《いんしょう》を残《のこ》す効果《こうか》がある。

例《れい》

↓P069

小《を》倉山《ぐらやま》
峰《みね》の
もみぢ葉《は》
心《こころ》あらば
今《いま》ひとたびの
みゆき待《ま》たなむ

紅葉《もみじ》に人間《にんげん》のような心《こころ》があるならば

※人間《にんげん》にしか使《つか》わない言葉《ことば》

枕詞《まくらことば》

主《おも》に5音《おん》からなり、ある特定《とくてい》の言葉《ことば》を導《みちび》き出《だ》すために置《お》かれる飾《かざ》りの言《こと》葉《ば》。基本的《きほんてき》に訳《やく》すことはないが、後《うし》ろに続《つづ》く言葉《ことば》の印象《いんしょう》を強《つよ》めたり、音《おと》のひびきを整《ととの》えたりする効《こう》果《か》がある。

例《れい》

↓P018

春《はる》過《す》ぎて
夏《なつ》来《き》にけらし
白妙《しろたへ》の
衣《ころも》ほすてふ
天《あま》の香具山《かぐやま》

※「白妙《しろたへ》」は白《しろ》い布《ぬの》を表《あらわ》すことから、衣《ころも》・袖《そで》・帯《おび》・雲《くも》・雪《ゆき》・砂《すな》などを連想《れんそう》させる

覚《おぼ》えておきたい枕詞《まくらことば》

あかねさす
↓①日《たち》、昼《ひる》、紫《むらさき》
②君《きみ》（天皇《てんのう》、主君《しゅくん》、あなた、の意《い》）

あしひきの
↓山《やま》、峰《みね》（お）

あをによし
↓奈良《なら》

くさまくら
↓旅《たび》、結《むす》ぶ、結《ゆ》ふ（ゆう）

たらちねの
↓母《はは》、親《おや》

ちはやぶる
↓①神《かみ》、わが大君《おおきみ》、社《やしろ》（やしろ）
②宇治《うじ》、氏《し》

ひさかたの
↓天《てん》（あめ・あま）、雨《あめ》、月《つき》、雲《くも》、光《ひかり》、都《みやこ》

故郷《こきょう》を思《おも》いながら異国《いこく》の地《ち》で果《は》てた歌人《かじん》

名歌誕生《めいかたんじょう》ストーリー 1

阿《あ》倍《べの》仲《なか》麻《ま》呂《ろ》

19歳《さい》の時《とき》、唐《とう》に渡《わた》った阿倍仲麻呂《あべのなかまろ》は、中国《ちゅうごく》で大《おお》きな成功《せいこう》をおさめた。日本人《にほんじん》でありながら中国《ちゅうごく》の高官《こうかん》になったのだ。でも、故郷《こきょう》を思《おも》う心《こころ》は強《つよ》くなる一方《いっぽう》。35年後《ねんご》、帰国《きこく》の航海《こうかい》に出《で》た仲麻呂《なかまろ》は、無事《ぶじ》に日本《にほん》にたどり着《つ》けたのだろうか…？

仲麻呂《なかまろ》は19歳《さい》のときに吉備真備《きびのまきび》らと共《とも》に唐《とう》に渡《わた》り
仲麻呂（19）
唐
約《やく》35年《ねん》を唐《とう》で過《す》ごした
唐《とう》の大学《だいがく》で学《まな》び
超難関《ちょうなんかん》といわれていた科挙《かきょ》の官吏試験《かんりしけん》に合格《ごうかく》し
その後《ご》玄宗皇帝《げんそうこうてい》に仕《つか》え
洛陽《らくよう》の官僚《かんりょう》となり出世《しゅっせ》…
李白《りはく》や王維《おうい》などの有名《ゆうめい》な詩人《しじん》たちとも親交《しんこう》をきずき
とても充実《じゅうじつ》した半生《はんせい》を過《す》ごした

しかしその一方《いっぽう》で故郷《こきょう》への思《おも》いは強《つよ》まっていった…
故郷《こきょう》のことを考《かんが》えたら息苦《いきぐる》しくなってきた
外気《がいき》を吸《す》いに出《で》よう…
ザザー…
なんと美《うつく》しい朧月《おぼろづき》よ…
ザザ…
まるで故郷《こきょう》の月《つき》のよう…

気持《きも》ちを切《き》り替《か》えようと外《そと》に出《で》たのに
これでは余計《よけい》故郷《こきょう》のことが思《おも》い出《だ》されるではないか
大和国《やまとのくに》春日《かすが》に生《う》まれ
大和国
学才《がくさい》を謳《うた》われた少年期《しょうねんき》
そしてやさしかった父《ちち》と母《はは》…
すっ

天《あま》の原《はら》 ふりさけ見《み》れば 春日《かすが》なる
みかさの山《やま》に 出《い》でし月《つき》かも
(訳《やく》)唐《とう》の大空《おおぞら》を見上《みあ》げてみると、月《つき》が美《うつく》しく光《ひかり》かがやいている。あの月《つき》は、故郷《こきょう》の春日《かすが》(奈良県《ならけん》)にある三笠山《みかさやま》に出《で》ていた月《つき》と同《おな》じ月《つき》なんだろう。
しかし
す…

仲麻呂の船は
悪天候《あくてんこう》のため難破《なんぱ》し
安南《あんなん》（ベトナム）
に漂着《ひょうちゃく》
唐《とう》からの使者《ししゃ》と共《とも》に
ふたたび唐《とう》に
戻《もど》ることになった
そのまま日本《にほん》に戻《もど》ることなく
73歳《さい》で唐《とう》で亡《な》くなった仲麻呂《なかまろ》
生《い》きて再《ふた》び
春日《かすが》の月《つき》を見《み》ることは
できなかった——

009

小《お》野《のの》小《こ》町《まち》

平《へい》安《あん》朝《ちょう》を代《だい》表《ひょう》する女《じょ》流《りゅう》歌《か》人《じん》

出身《しゅっしん》／職業《しょくぎょう》・役職《やくしょく》	不明《ふめい》／女房《にょうぼう》
おさめられた和歌集《わかしゅう》	古今和歌集《こきんわかしゅう》
生没年月日《せいぼつねんがっぴ》	不明《ふめい》

春《はる》

能力《のうりょく》パラメータ
5
カリスマ性《せい》
4
影響力《えいきょうりょく》
4
知力《ちりょく》
3
残《のこ》した歌《うた》の数《かず》
5
名声《めいせい》
S

花《はな》の色《いろ》は　移《うつ》りにけりな　いたづ《(ず)》らに
我《わ》が身《み》世《よ》にふる　ながめせしまに

ゴロ覚《おぼ》え

はなの　ながめ

意味《いみ》

春《はる》の長雨《ながあめ》が降《ふ》っていた間《あいだ》に、桜《さくら》の花《はな》の色《いろ》はすっかり色《いろ》あせてしまった。そしてまた、いろいろと物思《ものおも》いにふけっているうちに私《わたし》の容姿《ようし》もおとろえてしまった。

絶世《ぜっせい》の美女《びじょ》として有名《ゆうめい》

平安朝《へいあんちょう》を代表《だいひょう》する女流歌人《じょりゅうかじん》で、六歌仙《ろっかせん》、三十六歌仙《さんじゅうろっかせん》の一人《ひとり》に数《かぞ》えられている。仁明《にんみょう》・文徳天皇《もんとくてんのう》に女房《にょうぼう》として仕《つか》え、絶世《ぜっせい》の美女《びじょ》として有名《ゆうめい》。いろいろな伝説《でんせつ》やエピソードがあり、後《のち》に謡曲《ようきょく》や能《のう》、浄瑠璃《じょうるり》の題材《だいざい》になっているが真偽《しんぎ》のほどは不明《ふめい》で、その生涯《しょうがい》についてもはっきりとしたことはわかっていない。

個人《こじん》の歌集《かしゅう》に『小町集《こまちしゅう》』があり、その作風《さくふう》は技巧的《ぎこうてき》でしみじみとした風情《ふぜい》がありつつも、ときに情熱的《じょうねつてき》な恋愛感情《れんあいかんじょう》が反映《はんえい》されるなど、恋多《こいおお》き美女《びじょ》にして才女《さいじょ》だったことをうかがわせる。

解説《かいせつ》

この歌《うた》には、桜《さくら》の色《いろ》があせてしまったなげきと、自分《じぶん》の容姿《ようし》がおとろえてしまったことへのなげきという、二《ふた》つの悲《かな》しみが表現《ひょうげん》されている。作《さく》品《ひん》自体《じたい》の美《うつく》しさや、掛詞《かけことば》、縁語《えんご》、倒《とう》置法《ちほう》の使《つか》い方《かた》も秀逸《しゅういつ》で、藤原定家《ふじわらのていか》が名歌《めいか》と絶賛《ぜっさん》したのもうなずける。

重要《じゅうよう》単語《たんご》　花《はな》、いたづらに

ゴロ覚《おぼ》え

これや
しる

これやこの　行《ゆ》くも帰《かへ（かえ）》るも　別《わか》れては
知《し》るも知《し》らぬも　逢《あふ（おう）》坂《さか》の関《せき》

意味《いみ》

これが、京《きょう》から出《で》て行《い》く人《ひと》も帰《かえ》る人《ひと》も、互《たが》いに知《し》っている人《ひと》も知《し》らない人《ひと》も、別《わか》れては逢《あ》うという逢坂《おうさか》の関所《せきしょ》なのか。

重要単語《じゅうようたんご》

別《わか》れては、逢坂《あふさか》の関《せき》

010

蝉《せみ》丸《まる》

出身《しゅっしん》／職業《しょくぎょう》・役職《やくしょく》	不明《ふめい》／音楽家《おんがくか》
おさめられた和歌集《わかしゅう》	後撰和歌集《ごせんわかしゅう》
生没年月日《せいぼつねんがっぴ》	不明《ふめい》

別《わか》れ

解説《かいせつ》

たくさんの人々《ひとびと》がせわしなく行《い》き来《き》する逢坂《おうさか》の関《せき》（関所《せきしょ》）の様子《ようす》を見《み》た作者《さくしゃ》の感動《かんどう》が歌《うた》われている。また、「行《い》く」と「帰《かえ》る」、「知《し》る」と「知《し》らぬ」、「別《わか》れる」と「逢《あ》う」という反《はん》対語《たいご》を用《もち》いて、人生《じんせい》そのものも詠《よ》んでいる。

盲目《もうもく》の琵琶《びわ》の名手《めいしゅ》

伝説的《でんせつてき》な歌人《かじん》にして、盲目《もうもく》の琵琶《びわ》の名手《めいしゅ》といわれる。『源《げん》平盛衰記《ぺいせいすいき》』や『今昔物語《こんじゃくものがたり》』に記述《きじゅつ》があるものの、その生涯《しょうがい》は神秘《しんぴ》のベールにつつまれている。「蝉丸《せみまる》」の名《な》は、蝉歌《せみうた》（特殊《とくしゅ》な発声法《はっせいほう》の歌《うた》）の名手《めいしゅ》だったことから名付《なづ》けられたといわれている。

011

参《さん》議《ぎ》篁《たかむら》

わたの原《はら》
八十島《やそしま》かけて
漕《こ》ぎ出《い》でぬと
人《ひと》にはつげよ
あまの釣《つ》り舟《ぶね》

【ゴロ覚《おぼ》え】

わたのはらに
こぎだす
つりぶね

意味《いみ》

私《わたし》は今《いま》、大海原《おおうなばら》のはるかかなたにある多《おお》くの島《しま》を目指《めざ》して船《ふね》をこぎ出《だ》したと、都《みやこ》にいる人《ひと》たちに伝《つた》えておくれ。漁師《りょうし》の釣舟《つりぶね》よ。

出身《しゅっしん》／職業《しょくぎょう》・役職《やくしょく》	不明《ふめい》／参議《さんぎ》
おさめられた和歌集《わかしゅう》	古今和歌集《こきんわかしゅう》
生没年月日《せいぼつねんがっぴ》	802年《ねん》〜853年《ねん》2月《がつ》3日《か》

旅《たび》

重要単語《じゅうようたんご》

わたの原《はら》、
漕《こ》ぎ出《い》でぬ

隠岐《おき》の島《しま》へ流《なが》される

本名《ほんみょう》は小野篁《おののたかむら》。平安時代《へいあんじだい》初期《しょき》の詩人《しじん》・歌人《かじん》。朝廷《ちょうてい》では優《すぐ》れた官僚《かんりょう》として活躍《かつやく》し、遣唐留学生《けんとうりゅうがくせい》に選《えら》ばれたが、2度《ど》の渡航《とこう》に失敗《しっぱい》。37歳《さい》のとき、3度目《どめ》の渡航《とこう》を拒否《きょひ》して嵯峨《さが》上皇《じょうこう》の怒《いか》りにふれ、隠岐《おき》の島《しま》に流罪《るざい》となるが、2年後《ねんご》に許《ゆる》されて参議《さんぎ》となった。

解説《かいせつ》

隠岐《おき》の島《しま》へ流罪《るざい》となり、都《みやこ》をはなれなければならなくなった作者《さくしゃ》の孤独《こどく》や絶望感《ぜつぼうかん》がひしひしと伝《つた》わってくる。何《なに》も答《こた》えてくれない漁師《りょうし》の釣舟《つりぶね》に自分《じぶん》の気持《きも》ちを伝《つた》えている様子《ようす》が、作者《さくしゃ》の孤独感《こどくかん》をいっそう際立《きわだ》たせている。

012

僧《そう》正《じょう》遍《へん》昭《じょう》

人々《ひとびと》に尊敬《そんけい》された
歌僧《かそう》のパイオニア

天《あま》つ風《かぜ》　雲《くも》のかよひ《（い）》ぢ《（じ）》　吹《ふ》きとぢ《（じ）》よ
を《（お）》とめの姿《すがた》　しばし留《とど》めむ《（ん）》

【ゴロ覚《おぼ》え】

あまつかぜをおとめする

意味《いみ》

天《てん》を吹《ふ》く風《かぜ》よ、雲《くも》のなかにある通《とお》り道《みち》を吹《ふ》きとざしてくれないか。天女《てんにょ》のように美《うつく》しい舞《まい》姫《ひめ》たちの姿《すがた》を、ここにしばらくとどめておきたいと思《おも》うから。

重要単語《じゅうようたんご》

天《あま》つ風《かぜ》、をとめ

出身《しゅっしん》／職業《しょくぎょう》・役職《やくしょく》	不明《ふめい》／僧正《そうじょう》・左近衛少将《さこんえのしょうしょう》
おさめられた和歌集《わかしゅう》	古今和歌集《こきんわかしゅう》
生没年月日《せいぼつねんがっぴ》	816年《ねん》～890年《ねん》2月《がつ》12日《にち》
その他《た》	★

解説《かいせつ》

宮中《きゅうちゅう》で毎年冬《まいとしふゆ》に行《おこな》われる収穫《しゅうかく》を祝《いわ》う儀式《ぎしき》「豊明《とよあかり》の節会《せちえ》」でひろうされる「五節《ごせち》の舞《まい》」を詠《うた》ったもの。舞《まい》を見《み》て感動《かんどう》した作者《さくしゃ》は、踊《おど》っている娘《むすめ》たちを天女《てんにょ》にたとえ、儀式《ぎしき》の美《うつく》しさとすばらしさを幻想的《げんそうてき》に表現《ひょうげん》している。

桓武天皇《かんむてんのう》の孫《まご》にあたる

俗名《ぞくめい》は良岑宗貞《よしみねのむねさだ》。六歌仙《ろっかせん》および三十六歌仙《さんじゅうろっかせん》の一人《ひとり》。桓武《かんむ》天皇《てんのう》の皇子《おうじ》・良岑安世《よしみねのやすよ》（大納言《だいなごん》）の子《こ》。仁明天皇《にんみょうてんのう》に仕《つか》えたが、帝《みかど》の崩御《ほうぎょ》により、比叡山《ひえいざん》で出家《しゅっけ》した。高貴《こうき》な生《う》まれと仏教《ぶっきょう》の普及《ふきゅう》につとめたことから人々《ひとびと》に尊敬《そんけい》され、僧正《そうじょう》という高《たか》い地位《ちい》についた。

013

陽《よう》成《ぜい》院《いん》

悲《ひ》劇《げき》的《てき》な生涯《しょうがい》を送《おく》った
風変《ふうが》わりな天皇《てんのう》

出身《しゅっしん》／職業《しょくぎょう》・役職《やくしょく》	山城国《やましろのくに》／天皇《てんのう》
おさめられた和歌集《わかしゅう》	後撰和歌集《ごせんわかしゅう》
生没年月日《せいぼつねんがっぴ》	868年《ねん》12月《がつ》16日《にち》～949年《ねん》10月《がつ》23日《にち》

恋《こい》

筑《つく》波《ば》嶺《ね》の　峰《みね》より落《お》つる　みなの川《がは（がわ）》
恋《こひ（こい）》ぞつもりて　淵《ふち》となりぬる

【ゴロ覚《おぼ》え】

つくばに
みなこい

意味《いみ》

筑《つく》波《ば》山《さん》の山頂《さんちょう》から流《なが》れ落《お》ちる川《かわ》がそのうち深《ふか》いふちとなるように、私《わたし》の恋心《こいごころ》もつのりにつのって、ふちのように深《ふか》くなってしまった。

重要単語《じゅうようたんご》

筑波嶺《つくばね》、恋《こひ》

心《こころ》の病《やまい》におかされる

清和天皇《せいわてんのう》の第一皇子《だいいちおうじ》で、生《せい》後《ご》わずか3ヶ月《げつ》ほどで太子《たいし》となり、9歳《さい》で天皇《てんのう》に即位《そくい》した。しかし、17歳《さい》のときに心《こころ》の病《やまい》にかかって退位《たいい》し、上皇《じょうこう》となった。退位後《たいいご》もさまざまな奇《き》行《こう》や乱暴《らんぼう》で都《みやこ》をふるえ上《あ》がらせたという。当時《とうじ》は歌人《かじん》としての実績《じっせき》や名声《めいせい》もなかった。

解説《かいせつ》

奇行《きこう》や乱暴《らんぼう》が多《おお》かった作者《さくしゃ》の歌《うた》にして、その調《しら》べはどこかやさしい。美《うつく》しい女性《じょせい》を目《め》の前《まえ》にして、胸《むね》がざわめく男性《だんせい》の切《せつ》なさが感《かん》じられる。そのおさえきれない恋心《こいごころ》は、数奇《すうき》な人生《じんせい》を送《おく》った作者《さくしゃ》の真実《しんじつ》の恋《こい》だったのだろう。

014

河《か》原《わらの》左《さ》大《だい》臣《じん》

光《ひかる》源《げん》氏《じ》のモデルとされる当《とう》代《だい》一《いち》の風《ふう》流《りゅう》人《じん》

出身《しゅっしん》／職業《しょくぎょう》・役職《やくしょく》	不明《ふめい》／公卿《くぎょう》・左大臣《さだいじん》	
おさめられた和歌集《わかしゅう》	古今和歌集《こきんわかしゅう》	
生没年月日《せいぼつねんがっぴ》	822年《ねん》～895年《ねん》9月《がつ》17日《にち》	恋《こい》

能力《のうりょく》パラメータ

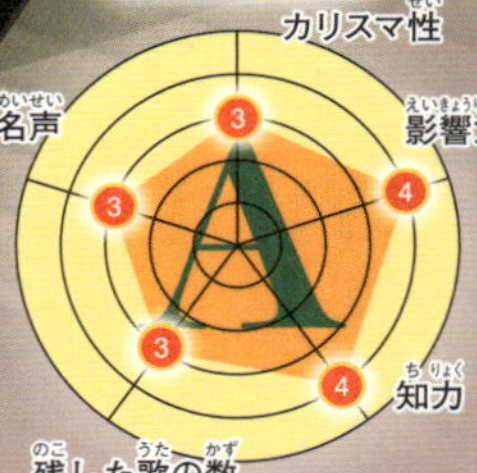

陸《みち》奥《のく》の　しのぶもぢずり　誰《たれ》故《ゆゑ（ゆえ）》に
みだれ初《そ（じ）》めにし　我《われ》ならなくに

ゴロ覚《おぼ》え

みちで
みだれる

意味《いみ》

東北《とうほく》のしのぶ（現在《げんざい》の福島県福島市《ふくしまけんふくしまし》）で作《つく》られる「しのぶもぢずり」の乱《みだ》れ染《ぞ》めの布《ぬの》の模様《もよう》のように、私《わたし》の心《こころ》も乱《みだ》れている。だれのせいなのか…。きっと、あなたのせいにちがいない。

重要《じゅうよう》単語《たんご》

しのぶもぢずり、
みだれ初《そ》め

大邸宅《だいていたく》で風流生活《ふうりゅうせいかつ》

本名《ほんみょう》は源 融《みなもとのとおる》。嵯峨天皇《さがてんのう》の皇子《おうじ》だが、臣下《しんか》となって「源《みなもと》」の姓《せい》をたまわった。臣下《しんか》にくだった皇族《こうぞく》のなかでは群《ぐん》を抜《ぬ》いて頭角《とうかく》を表《あらわ》し、各国《かっこく》の国守《こくしゅ》を歴任《れきにん》した後《あと》、35歳《さい》で中央政界《ちゅうおうせいかい》へ乗《の》り出《だ》し、順調《じゅんちょう》に出世《しゅっせ》して左大臣《さだいじん》となった。

権力《けんりょく》に加《くわ》えて財力《ざいりょく》も豊《ゆたか》か、さらに美的《びてき》センスも抜群《ばつぐん》。平安京《へいあんきょう》の東六条《ひがしろくじょう》に河原院《かわらのいん》と呼《よ》ばれるぜいたくな邸宅《ていたく》を建《た》て、類《たぐい》まれな風流生活《ふうりゅうせいかつ》を送《おく》ったことが評判《ひょうばん》となり、河原左大臣《かわらのさだいじん》と呼《よ》ばれるようになった。『源氏物語《げんじものがたり》』の主人公《しゅじんこう》・光源氏《ひかるげんじ》のモデルの一人《ひとり》にあげられている。

解説《かいせつ》

「しのぶもぢずり」は、「乱《みだ》れる」という言葉《ことば》を引《ひ》き出《だ》す序詞《じょことば》。乱《みだ》れ模様《もよう》の布《ぬの》と心《こころ》の乱《みだ》れを重《かさ》ね合《あ》わせ、どうしようもない恋心《こいごころ》を強《つよ》く感《かん》じさせる歌《うた》となっている。恋《こい》によって平常心《へいじょうしん》でいられなくなった男性《だんせい》のもどかしい気《き》持《も》ちがよく伝《つた》わってくる。

貴族《きぞく》の暮《く》らしと恋愛事情《れんあいじじょう》

便利《べんり》になった現代《げんだい》とは異《こと》なる、平安時代《へいあんじだい》の貴族《きぞく》の日常《にちじょう》とは？

貴族《きぞく》の日常《にちじょう》

朝《あさ》

夜《よる》は早《はや》く寝《ね》て、朝《あさ》は早《はや》く（午前《ごぜん》3時《じ》ぐらい）起《お》きるというのが当《とう》時《じ》の基本《きほん》。起床《きしょう》したら、まずは身支度《みじたく》を整《ととの》えて、占《うらな》いなどの祈《き》とうを行《おこな》い、その後《ご》、御所《ごしょ》に行《い》って仕事《しごと》をし、11時《じ》ぐらいに終了《しゅうりょう》して帰宅《きたく》した。

昼《ひる》

仕事《しごと》を終《お》えてだいたい昼《ひる》ごろに帰宅《きたく》すると、その後《あと》は寝《ね》るまで自《じ》由時間《ゆうじかん》となる。この間《あいだ》は何《なに》をしていても構《かま》わないが、貴族《きぞく》たちは和歌《わか》、蹴《け》鞠《まり》、双六《すごろく》、囲碁《いご》、管弦《かんげん》、書《しょ》などの趣味《しゅみ》に興《きょう》じながら、みずからの教養《きょうよう》を高《たか》めていたという。

夕《ゆう》

午後《ごご》4時《じ》ぐらいに夕《ゆう》食《しょく》で、入浴《にゅうよく》は5日《か》に1回程度《かいていど》と少《すく》なかったという。また、夜《よる》の宮廷《きゅうてい》では社交《しゃこう》パーティーが盛《さか》んに開催《かいさい》され、貴族《きぞく》はそこで教養《きょうよう》（和歌《わか》など）をアピールしていたという。恋愛《れんあい》も夜《よる》、男性《だんせい》が女性《じょせい》の家《いえ》に通《かよ》っていた。

寝殿造《しんでんづく》り

貴族《きぞく》の邸宅《ていたく》は、四方《しほう》を塀《へい》に囲《かこ》まれた敷地《しきち》の真《ま》ん中《なか》に、南面《みなみめん》の寝殿《しんでん》が置《お》かれ、その東西北《とうざいぼく》に対《たい》の屋《や》を置《お》き、間《あいだ》を渡殿《わたどの》と呼《よ》ばれる廊下《ろうか》でつないでいた。さらに南側《みなみがわ》には、池《いけ》のある庭園《ていえん》も置《お》かれた。

貴族《きぞく》の遊《あそ》び

室内《しつない》で楽《たの》しむ遊《あそ》びでは、双六《すごろく》（現在《げんざい》のものとは異《こと》なる）、貝合《かいあわせ》、囲碁《いご》、偏《へん》つぎ（漢《かん》字《じ》の知識《ちしき》を競《きそ》うゲーム）などが代表的《だいひょうてき》なところ。男性《だんせい》の貴族《きぞく》は外《そと》で体《からだ》を動《うご》かすことも好《す》きだったようで、蹴鞠《けまり》や小弓《こゆみ》（射《しゃ》的《てき》）が、とくに人気《にんき》の遊《あそ》びだった。

貴族《きぞく》の定番《ていばん》の遊《あそ》びといえば蹴鞠《けまり》。ルールはあるが勝《か》ち負《ま》けを競《きそ》うものではなかった。

貴《き》族《ぞく》の恋《れん》愛《あい》事《じ》情《じょう》

現代《げんだい》と平安時代《へいあんじだい》では恋《れん》愛《あい》や結婚《けっこん》の仕方《しかた》は大《おお》きく異《こと》なっていた。当時《とうじ》の貴《き》族《ぞく》の恋愛《れんあい》は、外見《がいけん》よりも家柄《いえがら》や教養《きょうよう》を重視《じゅうし》した。というのも、当時《とうじ》の女性《じょせい》は他人《たにん》の前《まえ》にほとんど顔《かお》を出《だ》さなかったので、外《がい》見《けん》はわかりようがなかったのだ。そのため恋愛《れんあい》は、男性《だんせい》が知人《ちじん》から女性《じょせい》を紹《しょう》介《かい》してもらったり、あるいは「垣間見《かいまみ》（のぞき見《み》）」で気《き》になる女性《じょせい》を見《み》つけて情報収集《じょうほうしゅうしゅう》するところからスタートした。

こうして好《す》きな女性《じょせい》ができたら、まず男性《だんせい》が手《て》紙《がみ》を送《おく》って、双方《そうほう》の手紙《てがみ》のやりとりが始《はじ》まる。それが続《つづ》いたら、今度《こんど》は男《だん》性《せい》が女性《じょせい》の家《いえ》に通《かよ》った。こうして結婚《けっこん》が成立《せいりつ》するが、当時《とうじ》は「一夫多妻制《いっぷたさいせい》」で、夫婦《ふうふ》になっても同居《どうきょ》せず、夫《おっと》が妻《つま》の家《いえ》に通《かよ》うというのがしきたり。女《じょ》性《せい》は男性《だんせい》を訪《たず》ねることができず、逢《あ》いたくても待《ま》つことしかできなかった。

女房《にょうぼう》って何《なに》？

平安時代《へいあんじだい》の女房《にょうぼう》は、天皇《てんのう》や上皇《じょうこう》、あるいは位《くらい》の高《たか》い貴族《きぞく》の住《す》まいの一部《いちぶ》に部屋《へや》を持《も》つ高位《こうい》の女官《にょかん》で、お仕《つか》えした主人《しゅじん》の身《み》の回《まわ》りの世話《せわ》をした。話《はな》し相手《あいて》や家庭教《かていきょう》師《し》にもなったので、高《たか》い教養《きょうよう》がなければつとまらない仕事《しごと》だった。

結婚《けっこん》までの道《みち》のり

①男性《だんせい》から女性《じょせい》に和歌《わか》を送《おく》る

女性本人《じょせいほんにん》の代《か》わりに女房《にょうぼう》や乳母《うば》が詠《よ》んで、歌《うた》のうまさや文字《もじ》のきれいさなどを吟味《ぎんみ》した。

②女房《にょうぼう》が代筆《だいひつ》して返歌《へんか》を送《おく》る

男性《だんせい》の評価《ひょうか》が上々《じょうじょう》なら女性《じょせい》に和歌《わか》が手渡《てわた》され、和歌《わか》の返事《へんじ》は最初《さいしょ》、女房《にょうぼう》が代筆《だいひつ》した。

③本人同士《ほんにんどうし》で和歌《わか》をやりとりする

交渉《こうしょう》が進展《しんてん》してくると、自筆《じひつ》の和歌《わか》でやりとりがスタート。

④男性《だんせい》が女性《じょせい》のもとを訪《おとず》れる

日《ひ》が暮《く》れてから、男性《だんせい》が女性《じょせい》のもとに通《かよ》う。帰《かえ》るときは、まだ暗《くら》いうちに女性《じょせい》の家《いえ》を出《で》るのがルール。

⑤三日間《みっかかん》続《つづ》けて通《かよ》う

初《はじ》めて女性《じょせい》の家《いえ》を訪《おとず》れた後《あと》、２日《か》続《つづ》けて通《かよ》うと結婚《けっこん》が成立《せいりつ》する。

⑥三日目《みっかめ》にもちを食《た》べる

３日目《かめ》の夜《よる》に、銀《ぎん》の皿《さら》に盛《も》ったもち（三日夜《みかよ》のもち）を食《た》べる儀式《ぎしき》を行《おこな》う。

⑦所顕《ところあらわ》しを行《おこな》う

夜《よる》が明《あ》けると宴《うたげ》が開《ひら》かれ、女性《じょせい》が家族《かぞく》や親類《しんるい》、知人《ちじん》に男性《だんせい》を紹介《しょうかい》した。

015

光《こう》孝《こう》天《てん》皇《のう》

高《こう》齢《れい》で即《そく》位《い》した謙《けん》虚《きょ》で誠《せい》実《じつ》な天《てん》皇《のう》

出身《しゅっしん》／職業《しょくぎょう》・役職《やくしょく》	山城国《やましろのくに》／天皇《てんのう》	
おさめられた和歌集《わかしゅう》	古今和歌集《こきんわかしゅう》	
生没年月日《せいぼつねんがっぴ》	830年《ねん》～887年《ねん》9月《かつ》17日《にち》	春《はる》

能力《のうりょく》パラメータ

カリスマ性《せい》 3

影響力《えいきょうりょく》 3

知力《ちりょく》 4

残《のこ》した歌《うた》の数《かず》 2

名声《めいせい》 4

A

君《きみ》がため　春《はる》の野《の》に出《い》でて　若菜《わかな》つむ　わが衣手《ころもで》に　雪《ゆき》は降《ふ》りつつ

ゴロ覚《おぼ》え

きみのため　ゆきがふる

意味《いみ》

あなたのために野《の》に出《で》て若葉《わかば》をつんでいたら、もう春《はる》だというのに雪《ゆき》が降《ふ》ってきて、私《わたし》の着物《きもの》の袖《そで》にも降《ふ》りかかっています。

重要《じゅうよう》単語《たんご》

若菜《わかな》つむ、降《ふ》りつつ

高《たか》い教養《きょうよう》と謙虚《けんきょ》な姿勢《しせい》

第《だい》58代天皇《だいてんのう》。退位《たいい》した陽成《ようぜい》天皇《てんのう》に代《か》わり、55歳《さい》という高《こう》齢《れい》で天皇《てんのう》に即位《そくい》した。幼少《ようしょう》のころから聡明《そうめい》で知《し》られ、和歌《わか》や音楽《おんがく》の才能《さいのう》に秀《ひい》でるなど高《たか》い教養《きょうよう》を持《も》ち、人望《じんぼう》もあつかった。即位後《そくいご》には不遇《ふぐう》だったころを忘《わす》れないよう、かつて自分《じぶん》が炊事《すいじ》をして煤《すす》がついた部屋《へや》をそのままにしておいたほか、自炊《じすい》をするなど、誠実《せいじつ》で謙虚《けんきょ》な人柄《ひとがら》がしのばれる逸話《いつわ》が残《のこ》っている。

優《すぐ》れた文化人《ぶんかじん》であったことから、鷹狩《たかがり》を復活《ふっかつ》させるなど宮中行事《きゅうちゅうぎょうじ》を再興《さいこう》させ、政治改革《せいじかいかく》もすすめたが、在位《ざいい》3年《ねん》あまりで崩御《ほうぎょ》した。

解《かい》説《せつ》

若菜《わかな》をつむというのは、古来《こらい》からの習《なら》わしのようで、作者《さくしゃ》である光孝天《こうこうてん》皇《のう》が、親《した》しい人《ひと》にあたえる若菜《わかな》（春《はる》になると芽吹《めぶ》く食用《しょくよう》や薬用《やくよう》となる野《や》草《そう》）にそえた歌《うた》である。その人《ひと》の健《けん》康《こう》を願《ねが》う作者《さくしゃ》のあたたかい真心《まごころ》が歌《うた》に込《こ》められている。

016

中《ちゅう》納《な》言《ごん》行《ゆき》平《ひら》

学問《がくもん》に力《ちから》をそそいだ堅実《けんじつ》な朝廷《ちょうてい》官僚《かんりょう》

出身《しゅっしん》／職業《しょくぎょう》・役職《やくしょく》	不明《ふめい》／中納言《ちゅうなごん》	
おさめられた和歌集《わかしゅう》	古今和歌集《こきんわかしゅう》	
生没年月日《せいぼつねんがっぴ》	818年《ねん》～893年《ねん》9月《がつ》6日《か》	旅《たび》

能力《のうりょく》パラメータ

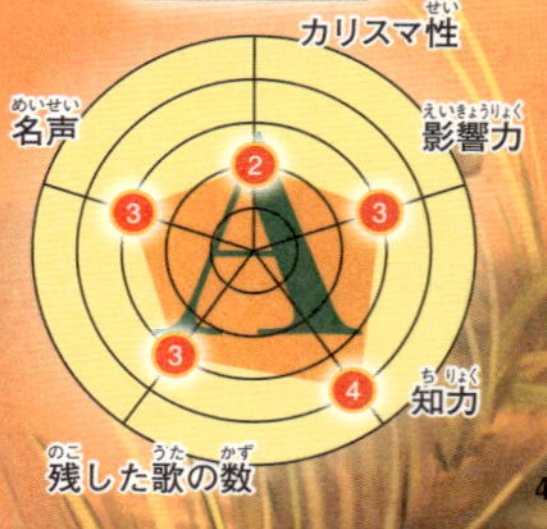

立《たち》別《わか》れ　いなばの山《やま》の　峰《みね》におふ《(う)》る
まつとし聞《き》かば　今《いま》帰《かへ》《(かえ)》り来《こ》む《(ん)》

【ゴロ覚《おぼ》え】

まつときいて
たちわかれる

意味《いみ》

今《いま》ここであなたと別《わか》れて、私《わたし》は因幡《いなば》の国《くに》に下《くだ》って行《い》く。その因幡《いなば》の国《くに》の山《やま》の峰《みね》に生《は》える松《まつ》のように、あなたが待《ま》っていると聞《き》いたなら、すぐに帰京《ききょう》するつもりだ。

重要《じゅうよう》単語《たんご》

いなばの山《やま》、まつ

『源《げん》氏《じ》物語《ものがたり》』のモデルに

本名《ほんみょう》は在原行平《ありわらのゆきひら》。阿保親王《あぼしんのう》の息子《むすこ》で、平城天皇《へいぜいてんのう》の孫《まご》にあたる。異母弟《いぼてい》に在原業平《ありわらのなりひら》。臣《しん》下《か》に下《くだ》り、弟《おとうと》の業平《なりひら》とともに「在原《ありわら》」の姓《せい》をたまわった。文《もん》徳天皇《とくてんのう》の代《だい》に須磨《すま》（現在《げんざい》の兵《ひょう》庫県《ごけん》）に流《なが》され、それが『源《げん》氏物語《じものがたり》』の須磨《すま》の帖《じょう》のモデルになったといわれている。それでも悲劇《ひげき》の貴公子《きこうし》というわけではなく、現実《げんじつ》には順調《じゅんちょう》に出世《しゅっせ》して最後《さいご》は中納言《ちゅうなごん》に任《にん》ぜられるなど、堅実《けんじつ》な官僚生活《かんりょうせいかつ》を送《おく》った。

また、在原氏《ありわらし》一門《いちもん》の子弟《してい》を教育《きょういく》するため、「奨学院《しょうがくいん》」を創《そう》設《せつ》するなど、学問《がくもん》にも力《ちから》をそそいだ。

解《かい》説《せつ》

因幡守《いなばのかみ》に任《にん》ぜられた作者《さくしゃ》の送別会《そうべつかい》で詠《よ》まれた挨拶《あいさつ》の歌《うた》だと思《おも》われる。これから旅立《たびだ》っていく因幡《いなば》へのはるかな思《おも》いが込《こ》められているのと同時《どうじ》に、任地《にんち》へ行《い》くことへの不安《ふあん》と、親《した》しい人《ひと》と別《わか》れねばならないさびしさが表《ひょう》現《げん》されている。

017

在《あり》原《わらの》業《なり》平《ひら》朝《あ》臣《そん》

多《おお》くの歌《うた》を残《のこ》した多感《たかん》な美男子《びなんし》貴族《きぞく》

出身《しゅっしん》／職業《しょくぎょう》・役職《やくしょく》	不明《ふめい》／蔵人頭《くろうどのとう》・右近衛権中将《うこんえごんちゅうじょう》	
おさめられた和歌集《わかしゅう》	古今和歌集《こきんわかしゅう》	
生没年月日《せいぼつねんがっぴ》	825年《ねん》～880年《ねん》7月《がつ》9日《か》	秋《あき》

ちはやぶる　神代《かみよ》も聞《き》かず　龍田川《たつたがは》(がわ)
から紅《くれなゐ》(くれない)に　水《みづ》(みず)くくるとは

ゴロ覚《おぼ》え

ちはやさんの
かみは
からくれない

意味《いみ》

遠《とお》い神代《かみよ》の昔《むかし》にも、このような不思議《ふしぎ》なことがあったなんて聞《き》いたことがない。龍田川《たつだがわ》に紅葉《こうよう》を散《ち》り流《なが》して、川《かわ》の水《みず》を紅色《べにいろ》に染《そ》めてしまうなんて。

重要単語《じゅうようたんご》

ちはやぶる、
から紅《くれなゐ》

解説《かいせつ》

この歌《うた》は、作者《さくしゃ》が歌合《うたあわせ》で屏風《びょうぶ》に描《えが》かれた龍田川《たつだがわ》の紅葉《こうよう》の絵《え》を見《み》て詠《よ》んだもの。表現《ひょうげん》にやや誇張《こちょう》した感《かん》じも見受《みう》けられるが、スケールが大《おお》きく、自《し》然《ぜん》の美《うつく》しさやはなやかさを、何《なに》かのしわざと考《かんが》えた発想力《はっそうりょく》が光《ひか》っている。

伊勢物語《いせものがたり》の主人公《しゅじんこう》？

中納言行平《ちゅうなごんゆきひら》の弟《おとうと》で、『伊勢《いせ》物語《ものがたり》』の主人公《しゅじんこう》と見《み》なされ、美男子《びなんし》としても有名《ゆうめい》。六歌《ろっか》仙《せん》、三十六歌仙《さんじゅうろっかせん》の一人《ひとり》で、多《おお》くの歌《うた》を残《のこ》しているが、紀貫《きのつら》之《ゆき》は業平《なりひら》を「詩情《しじょう》は豊《ゆた》かだが表現《ひょうげん》がそれに及《およ》ばない」、「学《がく》力《りょく》は乏《とぼ》しいが和歌《わか》はすばらしい」と辛口《からくち》に批評《ひひょう》している。

018

藤《ふじ》原《わらの》敏《とし》行《ゆき》朝《あ》臣《そん》

和歌《わか》と書道《しょどう》に
優《すぐ》れた実務官僚《じつむかんりょう》

出身《しゅっしん》／職業《しょくぎょう》・役職《やくしょく》	不明《ふめい》／右兵衛督《うひょうえのかみ》	
おさめられた和歌集《わかしゅう》	古今和歌集《こきんわかしゅう》	
生没年月日《せいぼつねんがっぴ》	不明《ふめい》	恋《こい》

住《すみ》の江《え》の　岸《きし》による浪《なみ》　よるさへ(え)や
夢《ゆめ》の通《かよ》ひ(い)路《ぢ》(じ)　人目《ひとめ》よくらむ(ん)

【ゴロ覚《おぼ》え】

すみのえのゆめをみる

意味《いみ》

住《すみ》の江《え》の海岸《かいがん》にうちよる波《なみ》。その「よる」という言葉《ことば》ではないけれど、夢《ゆめ》のなかの恋《こい》の通《かよ》い路《じ》でさえ、なぜあなたは人目《ひとめ》をさけて、私《わたし》のところに寄《よ》ってくれないのだろうか。

重要単語《じゅうようたんご》

よるさへや、夢《ゆめ》の通《かよ》ひ路《ぢ》

解説《かいせつ》

女性《じょせい》の気持《きも》ちを男性《だんせい》である作《さく》者《しゃ》が女性《じょせい》の立場《たちば》になって詠《よ》んでいる作品《さくひん》。恋人《こいびと》の男性《だんせい》が会《あ》いにきてくれず、それならせめて夜《よる》、夢《ゆめ》のなかで逢《あ》おうとしても逢《あ》えないという、もどかしく、切《せつ》ない女性《じょせい》のなげきが強《つよ》く感《かん》じられる。

空海《くうかい》と並《なら》ぶ能書家《のうしょか》

藤原氏《ふじわらし》の一族《いちぞく》で、三十六歌《さんじゅうろっか》仙《せん》の一人《ひとり》に数《かぞ》えられている。和《わ》歌《か》のほかに書道《しょどう》にも優《すぐ》れていたことで知《し》られ、書道家《しょどうか》の小野道風《おののみちかぜ》が、空海《くうかい》とともに古《こ》今最高《こんさいこう》の能書家《のうしょか》と評価《ひょうか》しており、『宇治拾遺物語《うじしゅういものがたり》』や『伊《い》勢《せ》物語《ものがたり》』にも書道《しょどう》に関《かん》する説話《せつわ》が見《み》られる。

019

伊《い》勢《せ》

多《おお》くの男性《だんせい》に愛《あい》された
恋《こい》多《おお》き女流《じょりゅう》歌人《かじん》

出身《しゅっしん》／職業《しょくぎょう》・役職《やくしょく》	不明《ふめい》／女房《にょうぼう》
おさめられた和歌集《わかしゅう》	新古今和歌集《しんこきんわかしゅう》
生没年月日《せいぼつねんがっぴ》	不明《ふめい》

恋《こい》

難《なに》波《は》(わ)潟《がた》　短《みじか》き葦《あし》の　ふしのまも
あは(わ)でこの世《よ》を　すぐしてよとや

ゴロ覚《おぼ》え

なにわがたの
あわをすくう

意味《いみ》

難波潟《なにわがた》に生《は》えている短《みじか》い葦《あし》の短《みじか》いふしとふしの間《あいだ》のような、ほんの短《みじか》い時間《じかん》でさえもあなたに逢《あ》えないまま、この世《よ》を過《す》ごせとおっしゃるのですか。

重要単語《じゅうようたんご》

難波潟《なにはがた》、この世《よ》

宮中《きゅうちゅう》でのラブロマンス

平安時代《へいあんじだい》の女流歌人《じょりゅうかじん》で、三十六歌仙《さんじゅうろっかせん》の一人《ひとり》。父《ちち》が伊勢守《いせのかみ》だったので、伊勢《いせ》と呼《よ》ばれる。宇多天皇《うだてんのう》の中宮温子《ちゅうぐうおんし》に仕《つか》えていたが、温子《あつこ》の兄《あに》の藤原仲平《ふじわらのなかひら》らと交際《こうさい》したあと、宇多天皇《うだてんのう》に寵愛《ちょうあい》されて皇子《おうじ》を生《う》むなど、宮仕《みやづか》え中《ちゅう》に多《おお》くの男性《だんせい》から愛《あい》されたという。

解説《かいせつ》

風景描写《ふうけいびょうしゃ》から始《はじ》まる歌《うた》だが、後半《こうはん》では作者《さくしゃ》である伊勢《いせ》が、心変《こころが》わりしたつれない恋人《こいびと》への切《せつ》ないうらみが表現《ひょうげん》されている。逢《あ》いに来《こ》なくなった恋人《こいびと》に、「少《すこ》しの時間《じかん》もあなたに逢《あ》うことができない」と、悲《かな》しみを訴《うった》えている。

020

元《もと》良《よし》親《しん》王《のう》

侘《わ》びぬれば　今《いま》はた同《おな》じ　難《なに》波《は(わ)》なる
身《み》をつくしても　逢《あ》は《(わ)》む《(ん)》とぞ思《おも》ふ《(う)》

【ゴロ覚《おぼ》え】

みをつくして
わびる

意味《いみ》

あなたに逢《あ》えず苦《くる》しい思《おも》いをしているので、今《いま》となってはもうこの身《み》を捨《す》てたのと同《おな》じこと。難波《なにわ》にある「みおつくし」のように、身《み》をつくしてでもあなたに逢《あ》いたい。

重要単語《じゅうようたんご》

侘《わ》びぬれば、
身《み》をつくしても

出身《しゅっしん》／職業《しょくぎょう》・役職《やくしょく》	不明《ふめい》／皇族《こうぞく》・兵部卿《ひょうぶきょう》	
おさめられた和歌集《わかしゅう》	後撰和歌集《ごせんわかしゅう》	
生没年月日《せいぼつねんがっぴ》	890年《ねん》～943年《ねん》9月《がつ》3日《か》	恋《こい》

女性《じょせい》に向《む》けた和歌《わか》の才能《さいのう》

陽成天皇《ようぜいてんのう》の第一皇子《だいいちおうじ》で、平安朝《へいあんちょう》きっての恋多《こいおお》き男性《だんせい》として有名《ゆうめい》。和歌《わか》の才能《さいのう》にあふれていたが、その歌《うた》を集《あつ》めた『元《もと》良親王御集《よししんのうごしゅう》』は全編《ぜんぺん》、女性《じょせい》とのやりとり（贈答歌《ぞうとうか》）がおさめられている。美人《びじん》と聞《き》くとすぐに歌《うた》をささげるなど、恋《れん》愛《あい》を楽《たの》しんでいたという。

解説《かいせつ》

難波《なにわ》の入《い》り江《え》には昔《むかし》、船《ふね》の道《みち》しるべの杭《くい》である「澪標《みおつくし》」が立《た》てられていた。この「みおつくし」を掛詞《かけことば》に使《つか》い、海《うみ》の「澪標《みおつくし》」と、命《いのち》をかける「身《み》を尽《つ》くし」の意味《いみ》を一《ひと》つの言葉《ことば》で表《あらわ》すことで、女性《じょせい》への激《はげ》しい恋心《こいごころ》を詠《よ》んだ。

絶世《ぜっせい》の美女《びじょ》・小町《こまち》の家《いえ》に通《かよ》いつめた深草少将《ふかくさのしょうしょう》

歌人《かじん》の
㊙エピソード
1

小《お》野《のの》小《こ》町《まち》

平安時代初期《へいあんじだいしょき》、はなやかなで美《うつく》しい歌《うた》を残《のこ》した小野小町《おののこまち》。その歌《うた》どおりの美貌《びぼう》を持《も》った小《こ》町《まち》は、言《い》い寄《よ》ってくる男性《だんせい》を拒絶《きょぜつ》することで有名《ゆうめい》だった。だが、一人別格《ひとりべっかく》の人物《じんぶつ》がいた。深草少将《ふかくさのしょうしょう》だ。百夜《ひゃくや》、通《かよ》いつめたら契《ちぎ》りを結《むす》ぶ。その約束《やくそく》は果《は》たして…。

困《こま》ったわ…
はあ…
——というのも
このとき小町《こまち》は疱瘡《ほうそう》を患《わずら》っていたため、深草少将《ふかくさのしょうしょう》に会《あ》える状態《じょうたい》ではありませんでした。そのため小町《こまち》はあることを彼《かれ》に告《つ》げました。
さら…
深草少将《ふかくさのしょうしょう》さま…
小町《こまち》さまからの文《ふみ》でございます
私《わたし》のもとに百夜通《ひゃくやかよ》ってシャクヤクを植《う》えてくだされば あなたさまの意《い》に従《したが》いましょう…
これはなんと…!
パァァァ
そうしてこの日《ひ》より小町《こまち》との約束《やくそく》を果《は》たすべく
ガラ
ガラ
深草少将《ふかくさのしょうしょう》の百夜通《ももよがよ》いが始《はじ》まりました——

それからというもの深草少将《ふかくさのしょうしょう》は
毎夜《まいよ》小町《こまち》の家《いえ》を訪《おとず》れては
シャクヤクを植《う》えては帰《かえ》るをくり返《かえ》していました
ある日《ひ》の朝《あさ》——
まあ!
——そこには
深草少将《ふかくさのしょうしょう》が植《う》えたシャクヤクが咲《さ》き乱《みだ》れていました

それからも
深草少将《ふかくさのしょうしょう》は
雨《あめ》の日《ひ》も
ザアアアア
ビュオオオオ
嵐《あらし》の日《ひ》も
決《けっ》して欠《か》かさず
小町《こまち》の家《いえ》に
シャクヤクを植《う》えに
訪《おとず》れました
——その一方《いっぽう》
小町《こまち》はというと
神社《じんじゃ》に
参拝《さんぱい》し
百夜《ひゃくや》のうちに
疱瘡《ほうそう》が治《なお》ります
ように…
…と祈願《きがん》をし
神社《じんじゃ》の
湧《わ》き水《みず》で
顔《かお》を洗《あら》い
ちゃぷ…
一日《いちにち》も早《はや》い
病気《びょうき》の回復《かいふく》を
願《ねが》っていました

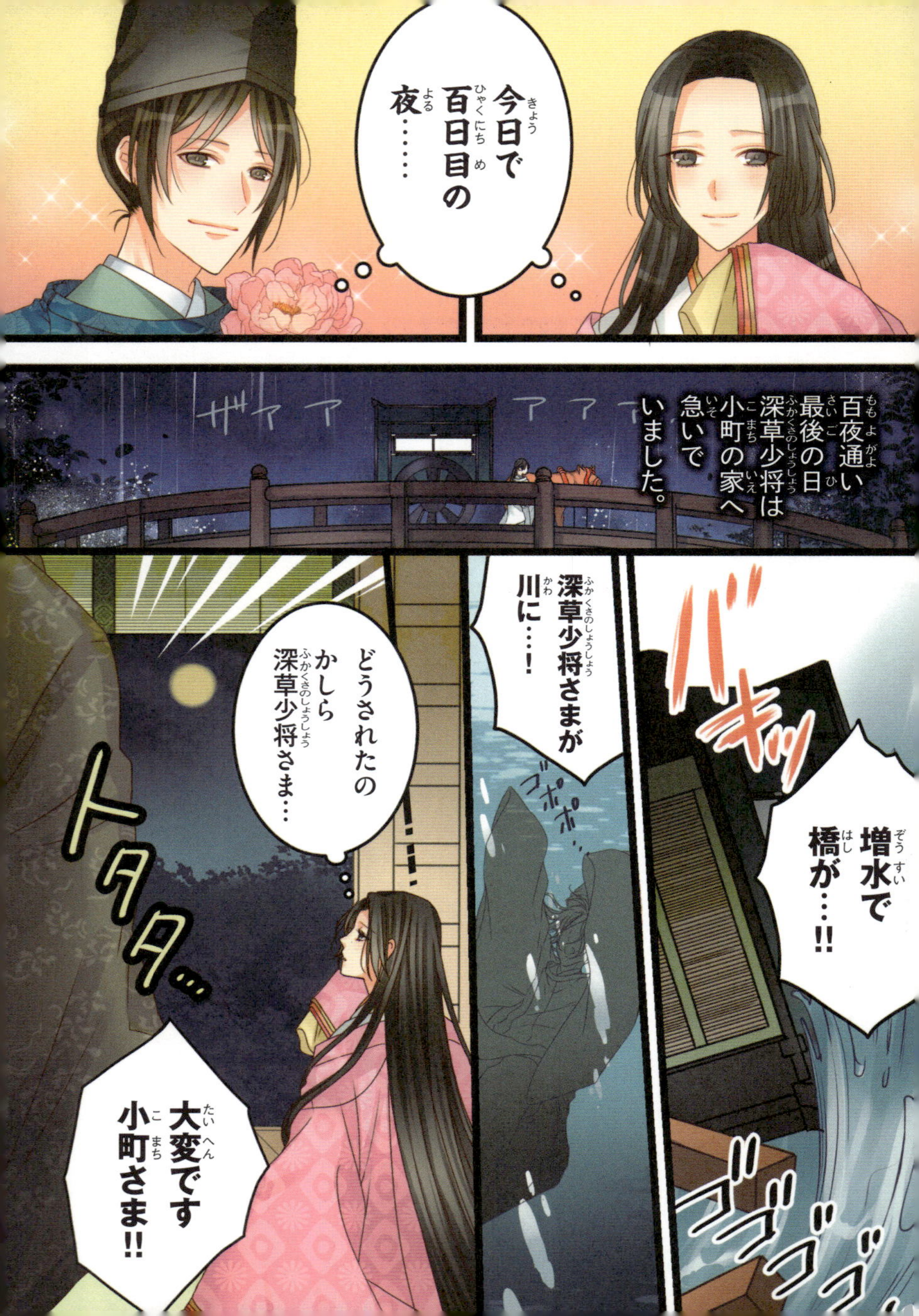
今日《きょう》で 百日目《ひゃくにちめ》の 夜《よる》……
百夜通《ももよがよ》い 最後《さいご》の日《ひ》 深草少将《ふかくさのしょうしょう》は 小町《こまち》の家《いえ》へ 急《いそ》いで いました。
ザァア アアア
バキッ
増水《ぞうすい》で 橋《はし》が…!!
ゴボボ…
ゴゴゴ
深草少将《ふかくさのしょうしょう》さまが 川《かわ》に…!
どうされたの かしら 深草少将《ふかくさのしょうしょう》さま…
トタタ…
大変《たいへん》です 小町《こまち》さま!!

※『雄《お》勝《が》町《ちょう》史《し》』より

百人一首《ひゃくにんいっしゅ》のマメ知識《ちしき》③

貴族《きぞく》の身分《みぶん》制度《せいど》と平安京《へいあんきょう》

日本《にほん》の統治機構《とうちきこう》が置《お》かれた平安京《へいあんきょう》では、
さまざまな官職《かんしょく》の貴族《きぞく》がいた。

平安貴族《へいあんきぞく》の役職《やくしょく》と身分制度《みぶんせいど》

[役職《やくしょく》]

太政大臣《だじょうだいじん》	律令制《りつりょうせい》の最高官《さいこうかん》で、適任者《てきにんしゃ》がいなければ設置《せっち》しなくてもいい役《やく》職《しょく》。名誉職《めいよしょく》に近《ちか》い
大納言《だいなごん》・中納言《ちゅうなごん》	天皇《てんのう》の言葉《ことば》を臣下《しんか》に伝《つた》えたり、奏上《そうじょう》を天皇《てんのう》に伝《つた》えたりする職《しょく》。大納言《だいなごん》は大臣《だいじん》に近《ちか》い重職《じゅうしょく》
参議《さんぎ》	太政官《だじょうかん》に置《お》かれて、政治《せいじ》をつかさどる令外官《りょうがいかん》。大臣《だいじん》・納言《なごん》に次《つ》ぎ、公卿《くぎょう》に列《れっ》せられた
卿《きょう》	大納言《だいなごん》・中納言《ちゅうなごん》・参議《さんぎ》以上《いじょう》の官《かん》で、三位《さんみ》以上《いじょう》の高位《こうい》の人《ひと》を指《さ》した敬称《けいしょう》。
大輔《たいふ》	律令制《りつりょうせい》の八省《はっしょう》と神祇官《じんぎかん》の次官《じかん》にあたる職《しょく》。位階《いかい》は最高《さいこう》で中務大《なかつかさだい》輔《ふ》の正五位上《しょうごいうえ》
大夫《たいぶ》	一位《いちい》以下《いか》五位《ごい》以上《いじょう》の官《かん》の総称《そうしょう》。中宮職《ちゅうぐうしょく》や春宮職《みこのみやしょく》の長官《ちょうかん》を指《さ》す場合《ばあい》もある
大将《たいしょう》・中将《ちゅうじょう》・少将《しょうしょう》	武官《ぶかん》の役職《やくしょく》で、朝廷《ちょうてい》の治安《ちあん》を維《い》持《じ》する職《しょく》。最高位《さいこうい》の大将《たいしょう》は近衛《このえ》大将《たいしょう》とも呼《よ》ぶ
衛士《えじ》	皇居《こうきょ》・都《みやこ》などの警備《けいび》を担当《たんとう》した兵士《へいし》。全国《ぜんこく》の兵団《へいだん》から選抜《せんばつ》されて都《みやこ》に送《おく》られた。
防人《さきもり》	古代《こだい》より、九州《きゅうしゅう》の筑紫《ちくし》、大宰府《だざいふ》、壱岐《いき》、対馬《つしま》に配置《はいち》され、防備《ぼうび》に当《あ》たった兵士《へいし》

[身分《みぶん》]

上皇《じょうこう》	譲位《じょうい》によって皇位《こうい》を退《しりぞ》いた後《あと》の元《もと》の天皇《てんのう》への尊称《そんしょう》
法皇《ほうおう》	出家《しゅっけ》した上皇《じょうこう》の通称《つうしょう》で、上皇《じょうこう》と法皇《ほうおう》に身分差《みぶんさ》はない
院《いん》	上皇《じょうこう》や法皇《ほうおう》のこと。「院政《いんせい》」はこの呼称《こしょう》からきている
内親王《ないしんのう》	律令制度《りつりょうせいど》では天皇《てんのう》の姉妹《しまい》・皇女《こうじょ》のことを指《さ》す
中宮《ちゅうぐう》	皇后《こうごう》のいる御所《ごしょ》から転《てん》じて、皇后《こうごう》および同格《どうかく》の天皇《てんのう》の后《きさき》
女御《にょうご》	皇后《こうごう》、中宮《ちゅうぐう》に次《つ》ぐ高位《こうい》の女官《にょかん》
更衣《こうい》	女御《にょうご》に次《つ》ぐ位《くらい》の女官《にょかん》。元々《もともと》は天皇《てんのう》の衣替《ころもが》えをつかさどる役職《やくしょく》
御息所《みやすんどころ》	天皇《てんのう》の寝所《しんじょ》に仕《つか》える女性《じょせい》の呼称《こしょう》で、主《おも》に女御《にょうご》、更衣《こうい》を指《さ》す
内侍《ないし》	天皇《てんのう》の近《ちか》くで仕事《しごと》をする内侍司《ないしのつかさ》に勤《つと》めた女官《にょかん》
朝臣《あそん》	五位《ごい》以上《いじょう》の官位《かんい》の人《ひと》につけた尊称《そんしょう》。貴族間《きぞくかん》の男子《だんし》の呼《よ》び方《かた》
僧正《そうじょう》	僧綱《そうごう》の最上位《さいじょうい》。大《だい》・正《せい》・権《けん》の三階級《さんかいきゅう》に分《わ》かれている
斎宮《さいくう》	伊勢神宮《いせじんぐう》の祭神《さいじん》に仕《つか》える未婚《みこん》の内親王《ないしんのう》、女王《じょうおう》
斎院《さいいん》	天皇《てんのう》が京《きょう》の賀茂神社《かもじんじゃ》に奉仕《ほうし》させるために置《お》いた皇女《こうじょ》
位《くらい》	ここでは天皇《てんのう》をトップとする律令制《りつりょうせい》の国家制度《こっかせいど》に基《もと》づく地位《ちい》と身《み》分《ぶん》の序列《じょれつ》のこと。本来《ほんらい》は能力《のうりょく》によって序列《じょれつ》を定《さだ》めていたが、平安《へいあん》時代《じだい》には一部《いちぶ》の上流貴族《じょうりゅうきぞく》が官位《かんい》を世襲《せしゅう》した。三十階《さんじゅうかい》の位階《いかい》があり、最高位《さいこうい》は正一位《しょういちい》。

平安京《へいあんきょう》の地図《ちず》

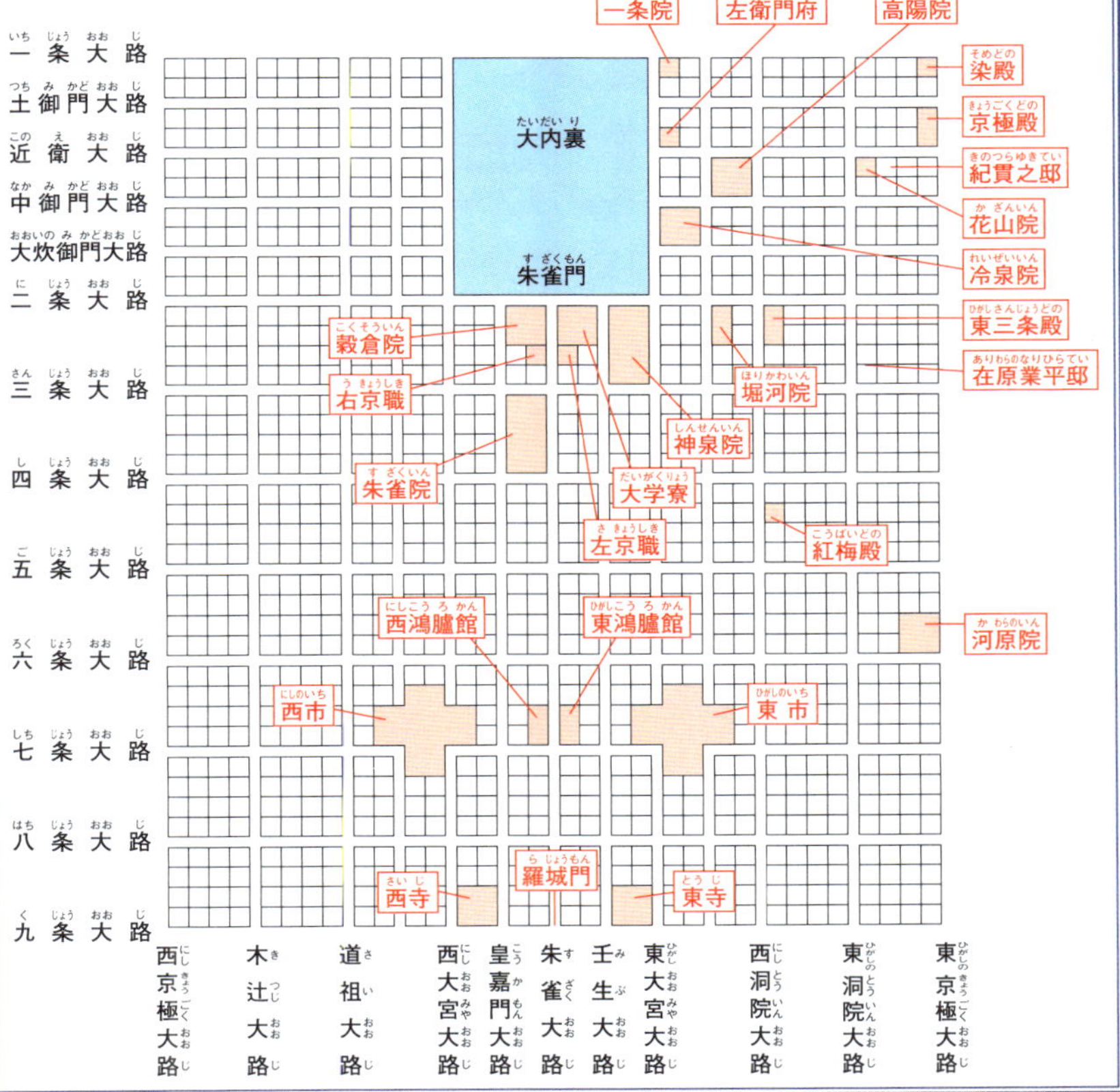

平安京《へいあんきょう》の特徴《とくちょう》

桓武天皇《かんむてんのう》が長岡京《ながおかきょう》からの遷都《せんと》を決定《けってい》し、794年《ねん》に誕生《たんじょう》した新《あら》たな都《みやこ》が平安京《へいあんきょう》である。平安京《へいあんきょう》は、中国《ちゅうごく》の都《みやこ》、長安《ちょうあん》や洛陽《らくよう》の造《つく》りにならったもので、東西《とうざい》約《やく》4・5キロメートル、南北《なんぼく》約《やく》5・3キロメートルの長方形《ちょうほうけい》で、大路《おおじ》と小路《こうじ》が碁盤《ごばん》の目状《めじょう》に東西南北《とうざいなんぼく》に走《はし》っている。なかでも中央《ちゅうおう》を南北《なんぼく》に走《はし》るメインストリートの朱雀大路《すざくおおじ》は、幅《はば》が約《やく》84メートルもあった巨大路《きょだいろ》だったという。そして南面《みなみめん》の正門《せいもん》・羅城《らじょう》門《もん》から朱雀大路《すざくおおじ》を北《きた》にまっすぐに進《すす》んだ先《さき》にあるのが、「平《へい》安宮《あんきゅう》」と呼《よ》ばれる大内裏《だいだいり》。ここがいわゆる宮城《きゅうじょう》で、皇宮《こうぐう》や役所《やくしょ》が立《た》ち並《なら》び、平安時代《へいあんじだい》における国家《こっか》の中枢《ちゅうすう》でもあった。

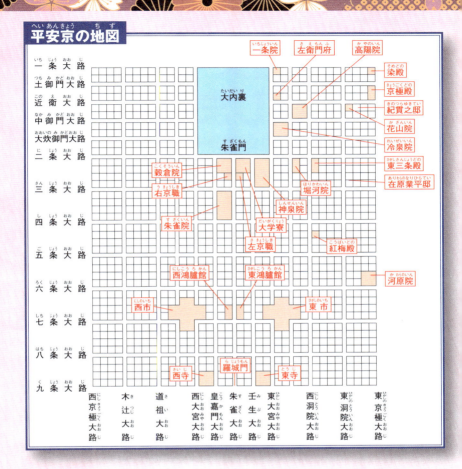

百人一首《ひゃくにんいっしゅ》のマメ知識《ちしき》④

仮名文字《かなもじ》のはじまり

現代《げんだい》ではだれもが普通《ふつう》に使《つか》っている
仮名文字《かなもじ》のルーツはどこにあるのか？

漢字《かんじ》を柔《やわ》らかく崩《くず》した仮名文字《かなもじ》

日本《にほん》は、ひらがな、カタカナ、漢字《かんじ》の3種類《しゅるい》の文字《もじ》を使《つか》っている、世界《せかい》でも珍《めずら》しい国《くに》である。日本《にほん》にはもともと「大和言葉《やまとことば》」という言葉《ことば》はあったが、文字《もじ》はなかった。しかし5世紀《せいき》になると、大陸《たいりく》との交流《こうりゅう》によって中国《ちゅうごく》の文化《ぶんか》が流入《りゅうにゅう》。書物《しょもつ》とともに漢字《かんじ》がもたらされた。

ところが、当時《とうじ》の漢字《かんじ》は日本《にほん》の言葉《ことば》を表《あらわ》すには不便《ふべん》だった。それでも文字《もじ》が漢字《かんじ》しかなかったので、大和言葉《やまとことば》に強引《ごういん》に漢字《かんじ》をあてて書《か》いていたのだが、日本人《にほんじん》は柔《やわ》らかく崩《くず》して簡単《かんたん》な文字《もじ》にしてしまった。それが仮名《かな》である。2種類《しゅるい》の仮名《かな》のうち、カタカナは仏教《ぶっきょう》の経典《きょうてん》を写《うつ》すためにお坊《ぼう》さんが生《う》み出《だ》したとされている。一方《いっぽう》、ひらがなはだれが発明《はつめい》したかわかっていない。

平安時代《へいあんじだい》に「万葉仮名《まんようかな》」として登場《とうじょう》し、当時《とうじ》は「女手《おんなで》」と呼《よ》ばれ、おもに女性《じょせい》が使《つか》う文字《もじ》だった。女性《じょせい》の貴族《きぞく》が手紙《てがみ》を書《か》くために崩《くず》し字《じ》で書《か》いたのが、ひらがなの始《はじ》まりという説《せつ》はあるが、歴史的《れきしてき》な証拠《しょうこ》はない。ただ、仮名文字の誕生で、多《おお》くの人《ひと》が読《よ》み書《か》きできるようになったことは間違《まちが》いない。

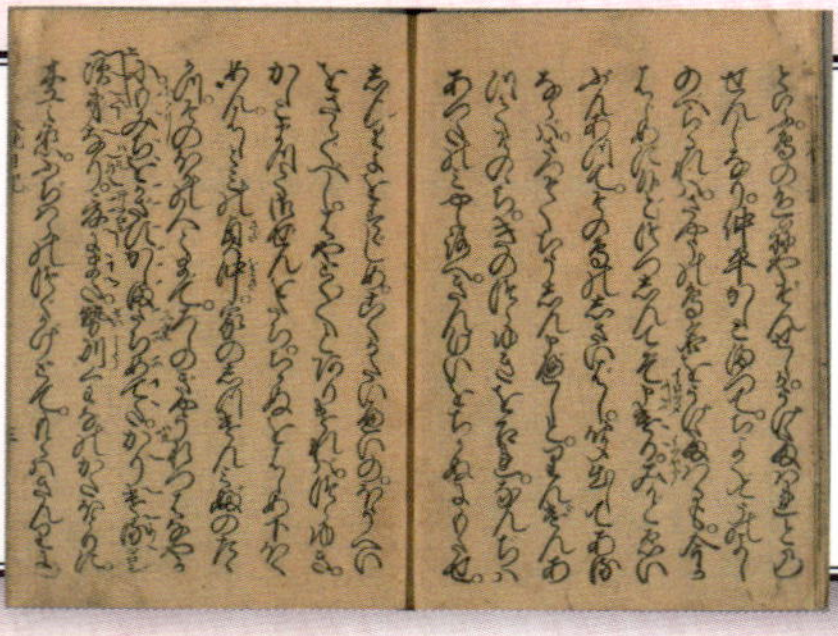

土佐日記《とさにっき》

平安時代前期《へいあんじだいぜんき》の貴族《きぞく》、紀貫之《きのつらゆき》が書《か》いた日本初《にほんはつ》の日記文学《にっきぶんがく》。当時《とうじ》、仮名文字《かなもじ》は女性《じょせい》が使《つか》うもので、日記《にっき》は男性《だんせい》が漢文《かんぶん》で書《か》くものだったが、本作品《ほんさくひん》は、男性《だんせい》の作者《さくしゃ》が女性《じょせい》のふりをして仮名文字《かなもじ》でつづった作品《さくひん》として知《し》られる。

第《だい》2章《しょう》

二《に》十《じゅう》一《いち》番《ばん》〜四《よん》十《じゅう》番《ばん》

021 素《そ》性《せい》法《ほう》師《し》

022 文《ふん》屋《やの》康《やす》秀《ひで》

023 大《おお》江《えの》千《ち》里《さと》

024 菅《かん》家《け》

025 三《さん》條《じょうの》右《う》大《だい》臣《じん》

026 貞《てい》信《しん》公《こう》

027 中《ちゅう》納《な》言《ごん》兼《かね》輔《すけ》

028 源《みなもとの》 宗《むね》于《ゆき》朝《あ》臣《そん》

029 凡《おおし》河《こう》内《ちの》躬《み》恒《つね》

030 壬《み》生《ぶの》忠《ただ》岑《みね》

031 坂《さかの》上《うえの》是《これ》則《のり》

032 春《はる》道《みちの》列《つら》樹《き》

033 紀《きの》友《とも》則《のり》

034 藤《ふじ》原《わらの》興《おき》風《かぜ》

035 紀《きの》貫《つら》之《ゆき》

036 清《きよ》原《はらの》深《ふか》養《や》父《ぶ》

037 文《ふん》屋《やの》朝《あさ》康《やす》

038 右《う》近《こん》

039 参《さん》議《ぎ》等《ひとし》

040 平《たいらの》 兼《かね》盛《もり》

021

素《そ》性《せい》法《ほう》師《し》

書《しょ》と和歌《わか》の才能《さいのう》に優《すぐ》れた僧侶歌人《そうりょかじん》

出身《しゅっしん》／職業《しょくぎょう》・役職《やくしょく》	不明《ふめい》／僧侶《そうりょ》
おさめられた和歌集《わかしゅう》	古今和歌集《こきんわかしゅう》
生没年月日《せいぼつねんがっぴ》	不明《ふめい》

恋《こい》

能力《のうりょく》パラメータ

カリスマ性《せい》
影響力《えいきょうりょく》
知力《ちりょく》
残《のこ》した歌《うた》の数《かず》
名声《めいせい》
B
1
2
4
4
2

今《いま》来《こ》む《（ん）》と　いひ《（い）》しばかりに　長月《ながつき》の
有明《ありあけ》の月《つき》を　待《ま》ち出《い》でつるかな

ゴロ覚《おぼ》え

ありあけで
いままつ

意味《いみ》

今《いま》すぐに行《い》くとあなたが言《い》ったので、9月《がつ》の長《なが》い夜《よる》をずっと待《ま》っていたのに、とうとう夜《よ》が明《あ》けて有明《ありあけ》の月《つき》が出《で》てしまったわ。

重要《じゅうよう》単語《たんご》

今《いま》来《こ》む、有明《ありあけ》の月《つき》

文化人《ぶんかじん》としての高《たか》い名声《めいせい》

12番《ばん》の僧正遍昭《そうじょうへんじょう》が出家《しゅっけ》する前《まえ》にもうけた子《こ》で、俗名《ぞくみょう》は良《よし》岑玄利《みねのはるとし》。三十六歌仙《さんじゅうろっかせん》の一人《ひとり》。成人《せいじん》して左近将監《さこんのしょうげん》となり、清《せい》和天皇《わてんのう》に仕《つか》えていたが、父親《ちちおや》のすすめもあって早《はや》くに出家《しゅっけ》し、大和国《やまとのくに》（現在《げんざい》の奈良県《ならけん》）・石上《いしがみ》の良因院《りょういんいん》や、京《きょう》の雲林院《うんりんいん》に住《す》んだ。

和歌《わか》の才能《さいのう》に優《すぐ》れ、天皇《てんのう》が催《もよお》した歌会《うたかい》にたびたび呼《よ》ばれては歌《うた》を詠《よ》むなど、宮廷《きゅうてい》に近《ちか》い僧侶《そうりょ》・歌人《かじん》として活躍《かつやく》し、高《たか》い名声《めいせい》をえていた。また、古今和歌集《こきんわかしゅう》には書家《しょか》として優《すぐ》れていたことをものがたる記《き》述《じゅつ》があるように、多才《たさい》な文化《ぶんか》人《じん》でもあった。

解《かい》説《せつ》

作者《さくしゃ》は男性《だんせい》だが、女性《じょせい》の気持《きも》ちになって詠《うた》ったものである。当時《とうじ》は男性《だんせい》が女性《じょせい》の家《いえ》に通《かよ》う「通《かよ》い婚《こん》」の風習《ふうしゅう》があった。この作品《さくひん》には、いくら待《ま》てども来《こ》ない男性《だんせい》に対《たい》する、女性《じょせい》の不安《ふあん》な気持《きも》ちとうらめしさがただよっている。

022

文《ふん》屋《やの》康《やす》秀《ひで》

パッとしない役人《やくにん》だが小《お》野《のの》小《こ》町《まち》と親《しん》密《みつ》だった

出身《しゅっしん》／職業《しょくぎょう》・役職《やくしょく》	不明《ふめい》／縫殿助《ぬいどのすけ》
おさめられた和歌集《わかしゅう》	古今和歌集《こきんわかしゅう》
生没年月日《せいぼつねんがっぴ》	不明《ふめい》

秋《あき》

能力《のうりょく》パラメータ

吹《ふ》くからに　秋《あき》の草木《くさき》の　しを(お)るれば

むべ山風《やまかぜ》を　あらしといふ(う)らむ(ん)

ゴロ覚《おぼ》え

ふく
やまかぜ

意味《いみ》

山風《やまかぜ》が吹《ふ》きおろすと、たちまち秋《あき》の草木《くさき》がしおれてしまう。それで山《やま》から吹《ふ》きおろす風《かぜ》を嵐《あらし》というのだろう。

重要《じゅうよう》単語《たんご》　むべ、あらし

歌《うた》の内容《ないよう》に品《ひん》がない!?

生没年《せいぼつねん》はよくわかっていないが、平安時代前期《へいあんじだいぜんき》に、三河《みかわ》、山城《やましろ》などの地方官《ちほうかん》をへて、縫《ぬい》殿助《どのすけ》（宮中《きゅうちゅう》の女官《にょかん》の人事《じんじ》や裁《さい》縫《ほう》を監督《かんとく》する部署《ぶしょ》の次官《じかん》）になったという。地位《ちい》がそれほど高《たか》くなかった役人《やくにん》だが、六《ろっ》歌仙《かせん》の一人《ひとり》に数《かぞ》えられている。しかし、紀貫之《きのつらゆき》の評価《ひょうか》は辛《から》く「詩句《しく》の使《つか》いかたはうまいが、内容《ないよう》が俗《ぞく》っぽく品《ひん》がない」と批評《ひひょう》されている。

同時代《どうじだい》の女流歌人《じょりゅうかじん》で美人《びじん》として名高《なだか》い小野小町《おののこまち》と仲《なか》がよかったらしく、三河《みかわ》に赴任《ふにん》するときに小町《こまち》をさそったやりとりが、『古今著聞集《ここんちょもんじゅう》』などの説話集《せつわしゅう》に残《のこ》されている。

解《かい》説《せつ》

この歌《うた》は、和歌《わか》の優劣《ゆうれつ》を競《きそ》い合《あ》う行《ぎょう》事《じ》である「歌合《うたあわせ》」のときのものだという。言葉《ことば》あそびの歌《うた》で、山風《やまかぜ》の部《ぶ》首《しゅ》を組《く》み合《あ》わせて「嵐《あらし》」とし、さらに「嵐《あらし》」と「あらし」をかけて、風《かぜ》の正体《しょうたい》を見破《みやぶ》ったということを述《の》べている。

【ゴロ覚《おぼ》え】

つきみる
わがみ

月見《つきみ》れば　千々《ちぢ》に物《もの》こそ　悲《かな》しけれ
わが身《み》ひとつの　秋《あき》にはあらねど

意味《いみ》

月《つき》をながめていると、さまざまな思《おも》いに心《こころ》がかき乱《みだ》されて、悲《かな》しくなってしまう。私一人《わたしひとり》だけに秋《あき》がやってきたわけではないのだが。

重要単語《じゅうようたんご》

- 千々《ちぢ》に、こそ

023

大《おお》江《えの》千《ち》里《さと》

漢詩《かんし》の心《こころ》を和歌《わ か》に
詠《よ》みこむ学者歌人《がくしゃかじん》

出身《しゅっしん》／職業《しょくぎょう》・役職《やくしょく》	不明《ふめい》／式部権大輔《しきぶごんたいふ》	
おさめられた和歌集《わかしゅう》	古今和歌集《こきんわかしゅう》	
生没年月日《せいぼつねんがっぴ》	不明《ふめい》	秋《あき》

解説《かいせつ》

この歌《うた》は秋《あき》のもの悲《がな》しさがテーマになっている。「秋《あき》はだれでも悲《かな》しい季節《きせつ》と思《おも》うだろうが、なぜか自分《じぶん》にだけ悲《かな》しみが集中《しゅうちゅう》してくるようだ」という、静《しず》かに心《こころ》が打《う》ちひしがれるような孤独感《こどくかん》が、美《うつく》しく表現《ひょうげん》されている。

漢学者《かんがくしゃ》であり歌人《かじん》

高名《こうめい》な漢学者《かんがくしゃ》である大江音《おおえのおと》人《んど》の子《こ》で、みずからも大学寮《だいがくりょう》(官僚《かんりょう》の育成機関《いくせいきかん》)で学《まな》び、同《おな》じく漢学者《かんがくしゃ》の道《みち》にすすんだ。歌人《かじん》でもあり、漢詩《かんし》の心《こころ》を和《わ》歌《か》に詠《よ》むのに優《すぐ》れていた。宇《う》多《だ》天皇《てんのう》の勅命《ちょくめい》で『古今和歌《こきんわか》集《しゅう》』の先駆《せんく》ともいえる『句題《くだい》和歌《わか》』を編集《へんしゅう》し、献上《けんじょう》した。

024

菅家《かんけ》

この度《たび》は　幣《ぬさ》もとりあへ《（え）》ず　手向山《たむけやま》　紅葉《もみぢ》《（もみじ）》の錦《にしき》　神《かみ》のまにまに

【ゴロ覚《おぼ》え】

このたむけ
やまの
もみぢ

意味《いみ》

今度《こんど》の旅《たび》は急《きゅう》なことで、お供《そな》えをする※「ぬさ」を用意《ようい》することができなかった。そこでこの手向山《たむけやま》の錦《にしき》のような紅葉《もみじ》をささげますので、神《かみ》さまの御心《みこころ》のままにお受《う》け取《と》りください。

重要単語《じゅうようたんご》

手向山《たむけやま》、
神《かみ》のまにまに

天神様《てんじんさま》としてまつられた
学問《がくもん》の神《かみ》さま

出身《しゅっしん》／職業《しょくぎょう》・役職《やくしょく》	不明《ふめい》／右大臣《うだいじん》
おさめられた和歌集《わかしゅう》	古今和歌集《こきんわかしゅう》
生没年月日《せいぼつねんがっぴ》	845年《ねん》8月《がつ》1日《たち》〜903年《ねん》3月《がつ》26日《にち》
旅《たび》	

波乱万丈《はらんばんじょう》の生涯《しょうがい》

菅家《かんけ》とは菅原道真《すがわらのみちざね》の尊称《そんしょう》。学者《がくしゃ》の最高位《さいこうい》である文章博士《もんじょうはかせ》や右大臣《うだいじん》にまで出世《しゅっせ》して善政《ぜんせい》を行《おこな》うが、身《み》に覚《おぼ》えのない罪《つみ》をきせられて太宰府《だざいふ》に左遷《させん》され、失意《しつい》のうちに亡《な》くなった。漢詩文《かんしぶん》に優《すぐ》れ、和歌《わか》にも通《つう》じ、死後《しご》は学問《がくもん》の神《かみ》さまとしてまつられた。

解説《かいせつ》

古今和歌集《こきんわかしゅう》によれば、この歌《うた》は宇多天皇《うだてんのう》が奈良《なら》（吉野《よしの》）に出《で》かけられたときに同行《どうこう》した作者《さくしゃ》が詠《よ》んだものだという。峠《とうげ》で見《み》た紅葉《こうよう》があまりにも美《うつく》しく、きらびやかなことに感動《かんどう》した作者《さくしゃ》の気持《きも》ちがストレートに伝《つた》わってくる。

※道祖神《どうそじん》に供《そな》えた紙《かみ》や布《ぬの》を小《ちい》さく切《き》ったもの

025

三《さん》条《じょうの》右《う》大《だい》臣《じん》

宮中《きゅうちゅう》の歌壇《かだん》を支《ささ》えた和歌《わ か》の中心的人物《ちゅうしんてきじんぶつ》

出身《しゅっしん》／職業《しょくぎょう》・役職《やくしょく》	不明《ふめい》／右大臣《うだいじん》
おさめられた和歌集《わかしゅう》	後撰和歌集《ごせんわかしゅう》
生没年月日《せいぼつねんがっぴ》	873～932年《ねん》9月《がつ》11日《にち》

恋《こい》

名《な》にしおは(わ)ば
逢《あふ》(おう)坂《さか》山《やま》の
さねかづ(ず)ら
人《ひと》にしられで
くるよしもがな

【ゴロ覚《おぼ》え】

なにしてるの
ひとに
しられるよ

意味《いみ》

「逢《あ》う」という言葉《ことば》が入《はい》った逢坂山《おうさかやま》に生《は》えるさねかずらよ。つるをたぐりよせるように、だれにも知《し》られずにあの人《ひと》が私《わたし》のもとへ来《く》る方法《ほうほう》はないものか。

重要単語《じゅうようたんご》

さねかづら、もがな

解《かい》説《せつ》

さまざまな和歌《わか》の技巧《ぎこう》をふんだんに用《もち》いて、恋人《こいびと》に逢《あ》いたくても逢《あ》えない苦《くる》しさや、つのる思《おも》いを詠《うた》っている。「さねかずら」は、つるがからみあう様子《ようす》が恋人同士《こいびとどうし》を連想《れんそう》させることから、恋《こい》の悩《なや》みなどに関連《かんれん》して使《つか》われる。

紀貫之《きのつらゆき》らの後援者《こうえんしゃ》

本名《ほんみょう》は藤原定方《ふじわらのさだかた》。父《ちち》の藤原《ふじわらの》高藤《たかふじ》にはさしたる業績《ぎょうせき》はなかったが、娘《むすめ》が宇多天皇《うだてんのう》と結婚《けっこん》して皇太子《こうたいし》（醍醐天皇《だいごてんのう》）を生《う》むと内大臣《ないだいじん》に昇進《しょうしん》。息子《むすこ》である定方《さだかた》も立身出世《りっしんしゅっせ》をとげた。定方《さだかた》は政治家《せいじか》というより、和《わ》歌《か》や管弦《かんげん》で名高《なだか》い文化人《ぶんかじん》で、紀貫之《きのつらゆき》らの後援者《こうえんしゃ》だった。

026

貞《てい》信《しん》公《こう》

藤《ふじ》原《わら》氏《し》全《ぜん》盛《せい》の基《き》礎《そ》をきずいた貴《き》族《ぞく》歌《か》人《じん》

出身《しゅっしん》／職業《しょくぎょう》・役職《やくしょく》	不明《ふめい》／関白《かんぱく》
おさめられた和歌集《わかしゅう》	拾遺和歌集《しゅういわかしゅう》
生没年月日《せいぼつねんがっぴ》	880年《ねん》～949年《ねん》9月《がつ》9日《か》
秋《あき》	

小《を》（お）倉《ぐら》山《やま》　峰《みね》のもみぢ（じ）葉《ば》　心《こころ》あらば
今《いま》ひとたびの　みゆき待《ま》たなむ

【ゴロ覚《おぼ》え】

おぐらすきな
いまい
みゆきさん

意味《いみ》

小倉山《おぐらやま》の峰《みね》の紅葉《もみじ》よ。もしもお前《まえ》に物事《ものごと》を理《り》解《かい》する心《こころ》があるのなら、もう一度《いちど》、天皇《てんのう》の行《ぎょう》幸《こう》があるまで、どうかそのまま散《ち》らずに待《ま》っていてほしい。

重要単語《じゅうようたんご》

小倉山《をぐらやま》、
みゆき

朝政《ちょうせい》のトップに立《た》つ

本名《ほんみょう》は藤原忠平《ふじわらのただひら》。天皇《てんのう》4代《だい》にわたり、朝廷《ちょうてい》の実権《じっけん》をにぎった関白《かんぱく》・藤原基経《ふじわらのもとつね》の四男《よんなん》。おさないころから聡明《そうめい》で知《し》られ、醍醐天皇《だいごてんのう》の時代《じだい》には朝政《ちょうせい》のトップに立《た》ち、「延喜《えんぎ》の治《ち》」という政治改革《せいじかいかく》を行《おこな》った。文《ぶん》化《か》への造詣《ぞうけい》も深《ふか》く、みずから も貴族歌人《きぞくかじん》として活躍《かつやく》した。

解《かい》説《せつ》

宇多天皇《うだてんのう》が小倉山《おぐらやま》のふもとに流《なが》れる大井川《おおいがわ》に行幸《ぎょうこう》して、紅《こう》葉《よう》の光景《こうけい》に感動《かんどう》し、子《こ》の醍醐《だいご》天皇《てんのう》にも見《み》せたいと願《ねが》う気持《きも》ちを作者《さくしゃ》が代弁《だいべん》して歌《うた》にしたもの。調《しら》べが非常《ひじょう》に美《うつく》しく、風雅《ふうが》の香《かお》りもただよう格調高《かくちょうたか》い作品《さくひん》である。

027

中《ちゅう》納《な》言《ごん》兼《かね》輔《すけ》

紫《むらさき》式部《しきぶ》の曽祖父《そうそふ》にあたる平安貴族《へいあんきぞく》

みかの原《はら》　わきて流《なが》るる　泉《いづみ》川《がは》(いずみ　がわ)
いつみきとてか　恋《こひ》(こい)しかるらむ(ん)

【ゴロ覚《おぼ》え】

みかの
こいはいつ

意味《いみ》

みかの原《はら》を分《わ》けるように、わき出《で》て流《なが》れる泉《いずみ》川《かわ》よ。いつ逢《あ》ったというわけでもないのに、どうしてこんなにもあの人《ひと》を恋《こい》しく思《おも》うのだろう。

重要単語《じゅうようたんご》

みかの原《はら》、泉川《いづみがは》

出身《しゅっしん》／職業《しょくぎょう》・役職《やくしょく》	不明《ふめい》／中納言《ちゅうなごん》
おさめられた和歌集《わかしゅう》	新古今和歌集《しんこきんわかしゅう》
生没年月日《せいぼつねんがっぴ》	877年《ねん》～933年《ねん》3月《がつ》21日《にち》

恋《こい》

解説《かいせつ》

この歌《うた》は、うわさで耳《みみ》にしただけで、まだ逢《あ》ったことがない美《うつく》しい女性《じょせい》を恋《こい》しく思《おも》った作者《さくしゃ》が、まだ見《み》ぬ恋《こい》への熱《あつ》い心情《しんじょう》を詠《うた》ったものである。当時《とうじ》は、顔《かお》を知《し》らない女性《じょせい》に恋《こい》をするのはめずらしいことではなかった。

歌壇《かだん》の中心的存在《ちゅうしんてきそんざい》

本名《ほんみょう》は藤原兼輔《ふじわらのかねすけ》。三十六歌仙《さんじゅうろっかせん》の一人《ひとり》。醍醐天皇《だいごてんのう》の側近《そっきん》としてはたらき、中納言《ちゅうなごん》まで出世《しゅっせ》した。賀茂川《かもがわ》の近《ちか》くに邸宅《ていたく》があったことから堤中納言《つつみちゅうなごん》とも呼《よ》ばれる。和歌《わか》と管弦《かんげん》に優《すぐ》れ、紀貫之《きのつらゆき》ら多《おお》くの歌人《かじん》と交流《こうりゅう》を持《も》ち、当時《とうじ》の歌壇《かだん》の中心的存在《ちゅうしんてきそんざい》だった。

028

源《みなもとの》宗《むね》于《ゆき》朝臣《あそん》

和歌《わか》はうまいが
出世《しゅっせ》に恵《めぐ》まれなかった

山里《やまざと》は　冬《ふゆ》ぞ寂《さび》しさ　まさりける
人目《ひとめ》も草《くさ》も　かれぬと思《おも》へ《（え）》ば

【ゴロ覚《おぼ》え】

やまざとを
ひとめみたい

意味《いみ》

山里《やまざと》は冬《ふゆ》になるといっそう、さびしさを強《つよ》く感《かん》じるものだなあ。たまに訪《たず》ねてくれた人《ひと》たちも姿《すがた》を見《み》せなくなり、草《くさ》も枯《か》れてしまうと思《おも》うと。

重要単語《じゅうようたんご》

山里《やまざと》、かれね

出身《しゅっしん》／職業《しょくぎょう》・役職《やくしょく》	不明《ふめい》／右京大夫《うきょうのだいぶ》
おさめられた和歌集《わかしゅう》	古今和歌集《こきんわかしゅう》
生没年月日《せいぼつねんがっぴ》	不明《ふめい》～940年《ねん》1月《がつ》5日《か》
冬《ふゆ》	

天皇《てんのう》に出世《しゅっせ》を願《ねが》う

光孝天皇《こうこうてんのう》の孫《まご》で、三十六歌仙《さんじゅうろっかせん》の一人《ひとり》。皇族出身《こうぞくしゅっしん》ながら、官位《かんい》にめぐまれなかったため、宇多天皇《うだてんのう》に昇進《しょうしん》をお願《ねが》いする歌《うた》を献上《けんじょう》したという話《はなし》が『大和物語《やまとものがたり》』にある。ただ、不《ふ》遇《ぐう》な境遇《きょうぐう》に文句《もんく》を言《い》っているが、歌《うた》や恋愛《れんあい》にいそしみ、人《じん》生《せい》を楽《たの》しんだようである。

解説《かいせつ》

当時《とうじ》、景色《けしき》のいい山里《やまざと》に別荘《べっそう》を建《た》てることが貴族《きぞく》の間《あいだ》で流《りゅう》行《こう》したが、山里《やまざと》という用語《ようご》は、孤独《こどく》やさびしさ、愁《うれ》いなどの気持《きも》ちを表《あらわ》すものとして使《つか》われる。ここでは山里《やまざと》と冬《ふゆ》の組《く》み合《あ》わせによって、強《つよ》い孤独《こどく》感《かん》とさびしさを表現《ひょうげん》している。

百人一首《ひゃくにんいっしゅ》のマメ知識《ちしき》⑤

歌人《かじん》たちの恋愛《れんあい》&親子関係相関図《おやこかんけいそうかんず》

百人一首《ひゃくにんいっしゅ》の歌人《かじん》の恋愛事情《れんあいじじょう》と血縁関係《けつえんかんけい》をまとめてみよう！

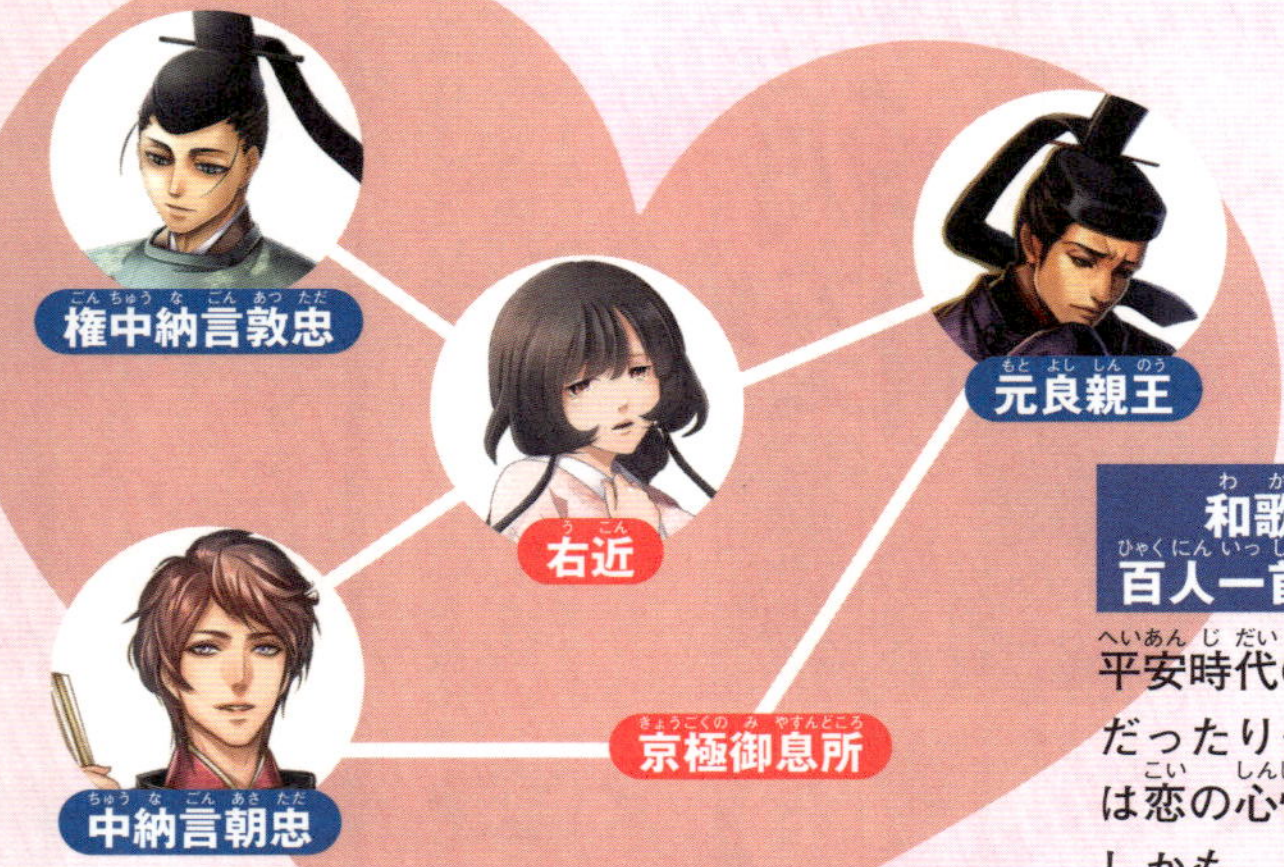

恋多《こいおお》きハンサムとして有名《ゆうめい》な元良親王《もとよししんのう》。宇《う》多天皇《だてんのう》の后《きさき》・京極御息所《きょうごくのみやすんどころ》と密通《みっつう》し、右近《うこん》とも関係《かんけい》があった。その右近《うこん》もまた中納言朝《ちゅうなごんあさ》忠《ただ》など多《おお》くの男性《だんせい》と浮名《うきな》を流《なが》した。

和歌《わか》はラブレター！ 百人一首《ひゃくにんいっしゅ》には恋《こい》の歌《うた》が多《おお》い

平安時代《へいあんじだい》の和歌《わか》は、ラブレターだったりもしたので、出《だ》した人《ひと》は恋《こい》の心情《しんじょう》を歌《うた》の中《なか》に込《こ》めた。しかも、さまざまな技巧《ぎこう》や趣向《しゅこう》を凝《こ》らして相手《あいて》にアピールした。そのため、恋《こい》の歌《うた》には秀歌《しゅうか》が多《おお》く、百人一首《ひゃくにんいっしゅ》にも恋《こい》の歌《うた》が多《おお》くなっている。

だれもが虜《とりこ》になった伊勢《いせ》

美《うつく》しく魅力《みりょく》的《てき》で教養《きょうよう》があった伊勢《いせ》に言《い》いよる男性《だんせい》は多《おお》かった。しかもみな高位《こうい》の人《ひと》たちで、時《とき》の最高権力者《さいこうけんりょくしゃ》・藤原《ふじわら》氏《し》の貴公子《きこうし》たちとは別《わか》れたものの、宇多《うだ》天皇《てんのう》とその皇子《おうじ》の敦《あつ》慶親王《よししんのう》の后《きさき》となり、子《こ》も産《う》んでいる。

伊勢《いせ》に恋《こい》した人々《ひとびと》

- 藤原仲平《ふじわらのなかひら》
- 藤原時平《ふじわらのときひら》
- 敦慶親王《あつよししんのう》
- 宇多天皇《うだてんのう》

歌人《かじん》の親子関係《おやこかんけい》

百人一首《ひゃくにんいっしゅ》の歌人《かじん》には親子《おやこ》や兄弟《きょうだい》などの血縁関係《けつえんかんけい》が多《おお》い。藤原俊成《ふじわらのとしなり》と定家《ていか》のように、歌《うた》の才能《さいのう》は親《おや》から子《こ》へ引《ひ》きつがれるということか。また百人一首《ひゃくにんいっしゅ》は、いきなり１番《ばん》の天智天皇《てんじてんのう》と２番《ばん》の持統天皇《じとうてんのう》の親子《おやこ》から始《はじ》まっている。99番《ばん》の後鳥羽院《ごとばいん》と100番《ばん》の順徳院《じゅんとくいん》も親子《おやこ》なので、最初《さいしょ》と最後《さいご》に天皇親子《てんのうおやこ》を置《お》いているのが興味深《きょうみぶか》い。

親《おや》		子《こ》		孫《まご》
天智天皇《てんじてんのう》	―	持統天皇《じとうてんのう》		
僧正遍昭《そうじょうへんじょう》	―	素性法師《そせいほうし》		
陽成院《ようぜいいん》	―	元良親王《もとよししんのう》		
文屋康秀《ふんやのやすひで》	―	文屋朝康《ふんやのあさやす》		
三条院《さんじょういん》	―	中納言朝忠《ちゅうなごんあさただ》		
壬生忠岑《みぶのただみね》	―	壬生忠見《みぶのただみ》		
清原元輔《きよはらのもとすけ》	―	清少納言《せいしょうなごん》		
謙徳公《けんとくこう》	―	藤原義孝《ふじわらのよしたか》		
大納言公任《だいなごんきんとう》	―	権中納言定頼《ごんちゅうなごんさだより》		
和泉式部《いずみしきぶ》	―	小式部内侍《こしきぶのないし》		
紫 式部《むらさきしきぶ》	―	大弐三位《だいにのさんみ》		
大納言経信《だいなごんつねのぶ》	―	源 俊頼朝臣《みなもとのとしよりあそん》	―	俊恵法師《しゅんえほうし》
法性寺入道前《ほっしょうじにゅうどうさきの》関白太政大臣《かんぱくだじょうだいじん》	―	前大僧正慈円《さきのだいそうじょうじえん》		
左 京 大夫顕輔《さきょうのだいぶあきすけ》	―	藤原清輔朝臣《ふじわらのきよすけあそん》		
皇太后宮大夫俊成《こうたいごうぐうのだいぶとしなり》	―	権中納言定家《ごんちゅうなごんていか》		
後鳥羽院《ごとばいん》	―	順徳院《じゅんとくいん》		

権中納言定頼《ごんちゅうなごんさだより》は、結婚生活《けっこんせいかつ》が破《は》たんして離婚《りこん》した相模《さがみ》と、秘《ひそ》かに恋愛関係《れんあいかんけい》にあった。

歌人《かじん》として有名《ゆうめい》な貴公子《きこうし》で、女性《じょせい》にもてた藤原実方朝臣《ふじわらのさねかたあそん》は、清少納言《せいしょうなごん》と恋歌《こいうた》のやりとりをしていた。

式子内親王《しょくしないしんのう》は、和歌《わか》の師匠《ししょう》であった藤原定家《ふじわらのていか》をひそかに恋《こ》い慕《した》っていたという説《せつ》がある。

道真《みちざね》が神《かみ》になった経緯《けいい》

歌人《かじん》の
㊙エピソード
2

菅《すが》原《わらの》道《みち》真《ざね》

幼少《ようしょう》のころから優《すぐ》れた才能《さいのう》を発揮《はっき》していた菅原道真《すがわらのみちざね》。家柄《いえがら》で官職《かんしょく》を決《き》められる当時《とうじ》の宮《きゅう》中《ちゅう》で異例《いれい》の抜《ばっ》てきを受《う》け、人《ひと》もうらやむ出世《しゅっせ》を果《は》たして行《い》った。そんな道真をうらやみ妬《ねた》む人《ひと》たちもいた。道真《みちざね》の運命《うんめい》はどうなっていくのであろうか。

その後《あと》も宇多天皇《うだてんのう》の
信任《しんにん》を受《う》け要職《ようしょく》につき
政治家《せいじか》として
華々《はなばな》しく活躍《かつやく》していった
道真《みちざね》は本当《ほんとう》に
よく働《はたら》いてくれる
なくてはならぬ
存在《そんざい》だ
宇多天皇《うだてんのう》
日本《にっぽん》の第《だい》59代天皇《だいてんのう》。
平安時代前期《へいあんじだいぜんき》の政治《せいじ》を執《と》り行《おこな》う

ついに右大臣《うだいじん》にまで昇進《しょうしん》されたか
なんとうらやましい…さすが道真《みちざね》どのだ
そんな道真《みちざね》を藤原氏《ふじわらし》の面々《めんめん》はわずらわしく思《おも》っていた
そして宇多天皇《うだてんのう》から醍醐天皇《だいごてんのう》へ皇位《こうい》が継承《けいしょう》されたことにより
事態《じたい》は一変《いっぺん》する

貴様《きさま》の謀《はかりごと》などお見通《みとお》しだ!!
馬鹿《ばか》な…そのような事実《じじつ》はありえぬ!!
藤原時平《ふじわらのときひら》に罪《つみ》をでっち上《あ》げられ
道真《みちざね》は失脚《しっきゃく》太宰府《だざいふ》へ——
息子《むすこ》たちも流刑《るけい》に処《しょ》された
道真《みちざね》は失意《しつい》のまま
太宰府《だざいふ》で生涯《しょうがい》を終《お》える

道真《みちざね》の死後《しご》 道真《みちざね》の左遷《させん》の首謀者《しゅぼうしゃ》である藤原時平《ふじわらのときひら》や源光《みなもとのひかる》
醍醐天皇《だいごてんのう》の皇子《おうじ》…さらには天皇自身《てんのうじしん》までもが次々《つぎつぎ》と亡《な》くなっていった
祟《たた》りだ…
道真《みちざね》の祟《たた》りにちがいない…！
祟《たた》りを恐《おそ》れた朝廷《ちょうてい》は 道真《みちざね》の罪《つみ》を許《ゆる》して官位《かんい》を贈《おく》り
さらに流刑《るけい》となっていた息子《むすこ》たちも京《きょう》へ呼《よ》び戻《もど》した

その後《ご》道真《みちざね》を天神《てんじん》として敬《うやま》う天神信仰《てんじんしんこう》が広《ひろ》まり
道真《みちざね》が亡《な》くなった太宰府《だざいふ》には「太宰府天満宮《だざいふてんまんぐう》」が建立《こんりゅう》された
太宰府天満宮《だざいふてんまんぐう》は道真《みちざね》を神《かみ》さまとしてまつっており
道真《みちざね》を慕《した》う多《おお》くの人《ひと》が毎年《まいとし》参拝《さんぱい》に訪《おとず》れている――

029

凡《おおし》河《こう》内《ち》躬《み》恒《つね》

平《へい》安《あん》期《き》を代《だい》表《ひょう》する和《わ》歌《か》の名《めい》人《じん》

出身《しゅっしん》／職業《しょくぎょう》・役職《やくしょく》	不明《ふめい》／和泉権大掾《いずみごんのだいじょう》	
おさめられた和歌集《わかしゅう》	古今和歌集《こきんわかしゅう》	
生没年月日《せいぼつねんがっぴ》	不明《ふめい》	秋《あき》

能力《のうりょく》パラメータ

心《こころ》あてに　折《を》(お)らばや折《を》(お)らむ(ん)　初霜《はつしも》の
置《お》きまどは(わ)せる　白菊《しらぎく》の花《はな》

【ゴロ覚《おぼ》え】

こころにいつも
しらぎくのはな

意味《いみ》

もし折《お》るというのであれば、あてずっぽうに折《お》ってみようか。真《ま》っ白《しろ》な初霜《はつしも》が一面《いちめん》におりて、見分《みわ》けがつかなくなっている白菊《しらぎく》の花《はな》を。

和歌《わか》の分野《ぶんや》で大活躍《だいかつやく》

平安時代前期《へいあんじだいぜんき》の代表的歌人《だいひょうてきかじん》で、三十六歌仙《さんじゅうろっかせん》の一人《ひとり》に数《かぞ》えられているが、生没年《せいぼつねん》や父祖《ふそ》の名前《なまえ》はわかっていない。官《かん》位《い》は低《ひく》かったが、歌人《かじん》として活躍《かつやく》。『古今和歌集《こきんわかしゅう》』の撰者《せんじゃ》の一人《ひとり》でもあり、勅撰和歌集《ちょくせんわかしゅう》におさめられている歌《うた》の数《かず》は1 90首以上《しゅいじょう》にのぼる。即興歌《そっきょうか》人《じん》としても定評《ていひょう》があり、天皇《てんのう》から歌《うた》に関《かん》する質問《しつもん》を受《う》けたとき、すぐさま奇抜《きばつ》なアイデアとユーモアをまじえた歌《うた》で答《こた》え、大《おお》いにほめられたという話《はなし》が残《のこ》っている。口《くち》から出《で》る言葉《ことば》がすべて歌《うた》になってしまうような、和歌《わか》の天才《てんさい》だったという。

解説《かいせつ》

秋《あき》の終《お》わりごろの早朝《そうちょう》に、白菊《しらぎく》の咲《さ》く庭《にわ》に初霜《はつしも》がおりた風景《ふうけい》を詠《よ》んだもの。作者《さくしゃ》は霜《しも》の白《しろ》さに白菊《しらぎく》の白《しろ》さがまぎれて見分《みわ》けがつかないとしている。誇張《こちょう》した表現《ひょうげん》だが、幻想的《げんそうてき》に描《えが》くことによって、花《はな》と霜《しも》の白《しろ》の美《うつく》しさがきわだっている。

重要《じゅうよう》単語《たんご》

心《こころ》あてに、白菊《しらぎく》の花《はな》

030

壬《み》生《ぶ》忠《ただ》岑《みね》

官位《かんい》は低《ひく》かったが
和歌《わか》の実力《じつりょく》は超一流《ちょういちりゅう》

有明《ありあけ》の
つれなく見《み》えし
別《わか》れより
暁《あかつき》ばかり
憂《う》きものはなし

【ゴロ覚《おぼ》え】

ありあけは
あかつきばかり

意味《いみ》

有明《ありあけ》の月《つき》が残《のこ》っていたあの夜《よる》のつれない別《わか》れのときから、私《わたし》には有明《ありあけ》の月《つき》が見《み》える夜明《よあ》けほどつらいものはない。

重要単語《じゅうようたんご》

つれなく、
暁《あかつき》

出身《しゅっしん》／職業《しょくぎょう》・役職《やくしょく》	不明《ふめい》／右衛門府生《うえもんふしょう》	
おさめられた和歌集《わかしゅう》	古今和歌集《こきんわかしゅう》	
生没年月日《せいぼつねんがっぴ》	不明《ふめい》	恋《こい》

解説《かいせつ》

恋《こ》い慕《した》う女性《じょせい》に逢《あ》えなかったか、あるいは女性《じょせい》につれなくされて帰《かえ》った。そのときから男性《だんせい》は暁《あかつき》（まもなく明《あか》るくなりそうなころ）がうらめしくなったという歌《うた》。恋人《こいびと》との別《わか》れを思《おも》い出《だ》す男性《だんせい》の切《せつ》ない心《しん》情《じょう》が詠《うた》われている。

歌人《かじん》として高《たか》い名声《めいせい》

平安時代前期《へいあんじだいぜんき》の代表的《だいひょうてき》な歌《か》人《じん》で、『古今和歌集《こきんわかしゅう》』の撰者《せんじゃ》の一人《ひとり》。三十六歌仙《さんじゅうろっかせん》にも数《かぞ》えられている。生涯《しょうがい》を通《とお》して官位《かんい》は低《ひく》いままで、くわしい業績《ぎょうせき》はほとんどわかっていないが、歌人《かじん》としては超一流《ちょういちりゅう》で、勅撰《ちょくせん》和歌集《わかしゅう》に多数《たすう》の歌《うた》が収録《しゅうろく》されている。

031

坂《さかの》上《うえの》是《これ》則《のり》

和歌《わか》の名手《めいしゅ》にして
蹴鞠《けまり》の達人《たつじん》だった趣味人《しゅみじん》

出身《しゅっしん》／職業《しょくぎょう》・役職《やくしょく》	不明《ふめい》／加賀介《かがのすけ》	
おさめられた和歌集《わかしゅう》	古今和歌集《こきんわかしゅう》	
生没年月日《せいぼつねんがっぴ》	不明《ふめい》	冬《ふゆ》

朝《あさ》ぼらけ　有明《ありあけ》の月《つき》と　見《み》るまでに
吉《よし》野《の》の里《さと》に　降《ふ》れる白雪《しらゆき》

【ゴロ覚《おぼ》え】

あさ
ぼーっとみる
よしののさと

意味《いみ》

夜《よる》がほのぼのと明《あ》けてくるころ、明《あ》け方《がた》の月《つき》の光《ひかり》の明《あか》るさと思《おも》ってしまうほど、吉野《よしの》の里《さと》に白《しろ》い雪《ゆき》が降《ふ》り積《つ》もっている。

重要単語《じゅうようたんご》

朝《あさ》ぼらけ、
吉野《よしの》の里《さと》

坂上《さかのうえの》田村麻呂《たむらまろ》の子孫《しそん》!?

平安時代前期《へいあんじだいぜんき》の代表的《だいひょうてき》な貴《き》族《ぞく》歌人《かじん》で、三十六歌仙《さんじゅうろっかせん》の一《ひと》人《り》。坂上田村麻呂《さかのうえのたむらまろ》の子孫《しそん》ともいわれている。くわしい生涯《しょうがい》はわかっていないが、下級官《かきゅうかん》吏《り》から出世《しゅっせ》して地方長官《ちほうちょうかん》になっている。蹴鞠《けまり》の名人《めいじん》で、御《ご》前《ぜん》蹴鞠《けまり》で２０６回《かい》も蹴《け》り上《あ》げ、天皇《てんのう》から賞《しょう》をもらった。

解《かい》説《せつ》

冬《ふゆ》に吉野《よしの》を訪《おとず》れ、宿《やど》に泊《と》まった坂上是則《さかのうえのこれのり》。夜《よ》明《あ》けに目《め》を覚《さ》ましたところ外《そと》は一面《いちめん》の雪景《ゆきげ》色《しき》になっており、その目《め》もくらむような美《うつく》しさを月《つき》の光《ひかり》にたとえて詠《よ》んだ。「白雪《しらゆき》」という語句《ごく》で体言止《たいげんど》めを用《もち》いて軽《かる》い驚《おどろ》きを表現《ひょうげん》している。

【ゴロ覚《おぼ》え】

やまがわに
ながれる
もみじ

山《やま》がは（わ）に　風《かぜ》のかけたる　しがらみは
流《なが》れもあへ（え）ぬ　紅葉《もみぢ》（もみじ）なりけり

意味《いみ》

山《やま》あいを流《なが》れる川《かわ》に、風《かぜ》がかけた川《かわ》をせき止《と》めるためのしがらみは、流《なが》れることができずにたまっている紅葉《もみじ》だった。

重要単語《じゅうようたんご》

山《やま》がは、しがらみ

032

春《はる》道《みちの》列《つら》樹《き》

名《な》のある歌人《かじん》ではないが技巧的《ぎこうてき》な歌《うた》が持《も》ち味《あじ》

出身《しゅっしん》／職業《しょくぎょう》・役職《やくしょく》	不明《ふめい》／壱岐守《いきのかみ》
おさめられた和歌集《わかしゅう》	古今和歌集《こきんわかしゅう》
生没年月日《せいぼつねんがっぴ》	不明《ふめい》〜920年《ねん》
秋《あき》	

解説《かいせつ》

京《きょう》から大津《おおつ》への山越《やまご》え（志賀《しが》の山越《やまご》え）のときに詠《よ》まれた歌《うた》だといわれている。風《かぜ》を人《ひと》に見立《みた》てる擬人法《ぎじんほう》を用《もち》い、川《かわ》の細《ほそ》い流《なが》れにたまった紅葉《こうよう》の美《うつく》しさを詠《うた》った。上《かみ》の句《く》が問《と》いかけ、下《しも》の句《く》がその答《こた》えというかたちになっている。

伝《つた》わる歌《うた》は5首《しゅ》のみ

くわしい経歴《けいれき》は不明《ふめい》だが、官《かん》吏《り》登用《とうよう》の試験《しけん》に合格《ごうかく》して官《かん》吏《り》となり、醍醐天皇《だいごてんのう》の時代《じだい》に壱岐守《いきのかみ》に任《にん》じられたが、赴任《ふにん》しないうちに亡《な》くなったという。列樹《つらき》の歌《うた》は『古今和歌集《こきんわかしゅう》』と『後撰和歌集《ごせんわかしゅう》』に5首《しゅ》を残《のこ》すのみで、掛詞《かけことば》や縁語《えんご》など技巧《ぎこう》をこらしている歌《うた》が多《おお》い。

033

紀《きの》友《とも》則《のり》

紀貫之《きのつらゆき》のいとこで『古今和歌集《こきんわかしゅう》』の撰者《せんじゃ》

出身《しゅっしん》／職業《しょくぎょう》・役職《やくしょく》	不明《ふめい》／大内記《だいないき》	
おさめられた和歌集《わかしゅう》	古今和歌集《こきんわかしゅう》	
生没年月日《せいぼつねんがっぴ》	不明《ふめい》～907年《ねん》	春《はる》

久方《ひさかた》の　光《ひかり》のどけき　春《はる》の日《ひ》に
しづ《(ず)》ごころなく　花《はな》の散《ち》るらむ《(ん)》

【ゴロ覚《おぼ》え】

しずかな
こころの
ひさかたさん

意味《いみ》

陽《ひ》の光《ひかり》もあたたかでのどかな春《はる》の日《ひ》なのに、桜《さくら》の花《はな》びらはなぜ落《お》ち着《つ》きもなく、散《ち》り急《いそ》いでいるのだろう。

重要単語《じゅうようたんご》

久方《ひさかた》の、しづごころなく

40歳《さいす》過《す》ぎまで無冠《むかん》

紀貫之《きのつらゆき》のいとこで、三十六歌仙《さんじゅうろっかせん》の一人《ひとり》。官人《かんにん》としては40歳過《さいす》ぎまで無官《むかん》でパッとしなかったが、歌人《かじん》としては有名《ゆうめい》で、多《おお》くの歌合《うたあわせ》に参加《さんか》して歌《うた》を詠《よ》んでいる。貫之《つらゆき》とともに『古今和歌集《こきんわかしゅう》』の撰者《せんじゃ》の一人《ひとり》となったが、その完成《かんせい》を見《み》ずに亡《な》くなったという。

解説《かいせつ》

作者《さくしゃ》の視線《しせん》は、地《ち》を埋《う》める桜《さくら》の花《はな》びらから次第《しだい》に梢《こずえ》にうつる。作者《さくしゃ》はそれらを鑑賞《かんしょう》しながら、なぜ桜《さくら》は急《いそ》いで散《ち》るのかという疑問《ぎもん》をなだらかで美《うつく》しい調《しら》べの歌《うた》に詠《よ》んでいる。言葉《ことば》のひびきやリズムが心地《ここち》いい作品《さくひん》である。

034

藤《ふじ》原《わらの》興《おき》風《かぜ》

歌《うた》にゆかりの家《いえ》柄《がら》出《しゅっ》身《しん》
当《とう》代《だい》有《ゆう》数《すう》の和《わ》歌《か》の名《めい》手《しゅ》

出身《しゅっしん》／職業《しょくぎょう》・役職《やくしょく》	不明《ふめい》／下総権大掾《しもうさごんのだいえん》
おさめられた和歌集《わかしゅう》	古今和歌集《こきんわかしゅう》
生没年月日《せいぼつねんがっぴ》	不明《ふめい》
その他《た》	★

能力《のうりょく》パラメータ

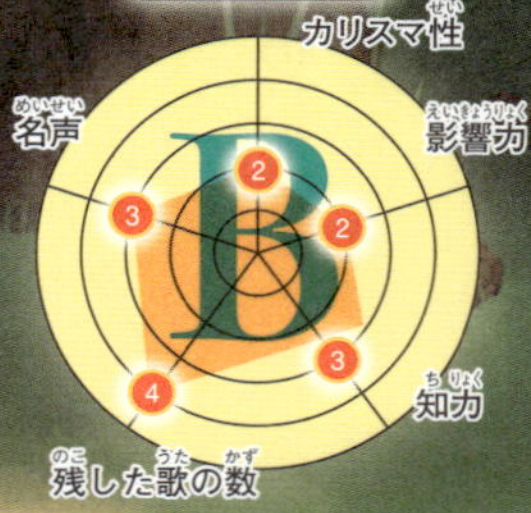

誰《たれ》をかも 知《し》る人《ひと》にせむ《（ん）》 高砂《たかさご》の
松《まつ》も昔《むかし》の 友《とも》ならなくに

ゴロ覚《おぼ》え

たれを
まつとも

意味《いみ》

年老《としお》いた私《わたし》は、これからいったいだれを友人《ゆうじん》にすればいいのだろう。昔《むかし》を知《し》る相手《あいて》といったら高砂《たかさご》の松《まつ》くらいしかないが、その松《まつ》でさえ、昔《むかし》からの友《とも》ではないのに。

琴《こと》が得意《とくい》だった歌人《かじん》

くわしい経歴《けいれき》や業績《ぎょうせき》は伝《つた》わっていないが、官人《かんにん》としては主《おも》に地方官《ちほうかん》を歴任《れきにん》するなど、官位《かんい》はそれほど高《たか》くなかった。それでも歌人《かじん》としては三《さん》十六歌仙《じゅうろっかせん》の一人《ひとり》に数《かぞ》えられるほどで、当代有数《とうだいゆうすう》の和歌《わか》の名《めい》手《しゅ》でもあった。歌合《うたあわせ》への参加《さんか》も多《おお》く、勅撰和歌集《ちょくせんわかしゅう》に38首《しゅ》の歌《うた》がおさめられているほか、個人《こじん》の和歌《わか》をまとめた家集《かしゅう》『興風集《おきかぜしゅう》』がある。

日本最古《にほんさいこ》の歌論書《かろんしょ》『歌経標《かきょうひょう》式《しき》』の著者《ちょしゃ》である藤原浜成《ふじわらのはまなり》の曾孫《ひまご》で、歌《うた》にゆかりのある家《いえ》柄《がら》の出身《しゅっしん》ということもあり、管弦《かんげん》（とくに琴《こと》）の技量《ぎりょう》にも秀《ひい》でていたという。

解説《かいせつ》

高砂《たかさご》の松《まつ》は長寿《ちょうじゅ》とされ、めでたいものとして歌《うた》に詠《よ》まれるが、この作品《さくひん》では松《まつ》を老《お》いの孤独《こどく》と悲哀《ひあい》の対象《たいしょう》にしている。長《なが》く生《い》きてきた松《まつ》は神々《こうごう》しく立派《りっぱ》だが、何《なに》を語《かた》るでもなく、老人《ろうじん》のさびしさをなぐさめてくれる存在《そんざい》ではないということ。

重要《じゅうよう》単語《たんご》

高砂《たかさご》、
友《とも》ならなくに

百人一首《ひゃくにんいっしゅ》のマメ知識《ちしき》⑥

和歌《わか》の優劣《ゆうれつ》を競《きそ》った歌合《うたあわせ》って何《なん》だろう？

歌人《かじん》のひのき舞台《ぶたい》ともいえる歌合《うたあわせ》で、その技量《ぎりょう》は磨《みが》かれていった！

遊戯《ゆうぎ》から真剣勝負《しんけんしょうぶ》に変《か》わっていった

和歌《わか》を詠《よ》みあってその優劣《ゆうれつ》を競《きそ》い合《あ》う、いわば「歌合戦《うたがっせん》」、「歌勝負《うたしょうぶ》」である歌合《うたあわせ》は、平安時代《へいあんじだい》から鎌倉時代《かまくらじだい》にかけて盛《さか》んに行《おこな》われた。

最古《さいこ》の歌合《うたあわせ》は885年《ねん》ごろに開催《かいさい》された「民部卿《みんぶのきょう》行平家歌合《ゆきひらけうたあわせ》」といわれており、その当時《とうじ》は遊戯《ゆうぎ》の要素《ようそ》が強《つよ》かった。それがやがて宮中《きゅうちゅう》の晴《は》れの儀式《ぎしき》になると、真剣勝負《しんけんしょうぶ》の場《ば》となり、歌人《かじん》が知識《ちしき》と才能《さいのう》、技量《ぎりょう》を競《きそ》い合《あ》った。こうして歌合《うたあわせ》は貴族《きぞく》の間《あいだ》で大《おお》いに盛《も》り上《あ》がり、大規模《だいきぼ》な大《たい》会《かい》もどんどん開催《かいさい》されていった。

歌合《うたあわせ》では参加《さんか》した歌人《かじん》を左右《さゆう》2組《くみ》に分《わ》け、テーマ（前《まえ》もって提示《ていじ》されたり、その場《ば》で提示《ていじ》されることもあった）ごとに詠《よ》んだ歌《うた》を一番《いちばん》ずつ比《くら》べて、判者《はんざ》が勝《か》ち負《ま》けを決《き》めた。小規模《しょうきぼ》で個人的《こじんてき》な歌合《うたあわせ》では、判者《はんざ》の好《この》みで勝《か》ち負《ま》けを決《き》めたりしていたが、公式《こうしき》な歌合《うたあわせ》となれば、教養《きょうよう》と学問《がくもん》に秀《ひい》でた歌人《かじん》（和歌《わか》の専門家《せんもんか》）が判者《はんざ》をつとめた。

歌合《うたあわせ》の用語《ようご》

●方人《かたうど》

歌合《うたあわせ》の歌《うた》を提出《ていしゅつ》する人《ひと》。念人《おもいびと》と同一視《どういつし》されることも多《おお》い。

●念人《おもいびと》

自陣《じじん》の歌《うた》をほめ、相手方《あいてかた》の歌《うた》の欠点《けってん》を指摘《してき》する役《やく》。方人《かたうど》と同一視《どういつし》されることも多《おお》い。

●判者《はんざ》

左右《さゆう》の歌《うた》の優劣《ゆうれつ》を批評《ひひょう》して、勝負《しょうぶ》の判定《はんてい》を下《くだ》す人《ひと》。歌壇《かだん》の重鎮《じゅうちん》が選《えら》ばれることが多《おお》い。

●講師《こうじ》

歌《うた》を吟《ぎん》じて披露《ひろう》する役《やく》。主《おも》に実力《じつりょく》を認《みと》められた歌人《かじん》が務《つと》めた。

●判詞《はんし》

判定《はんてい》を下《くだ》した時《とき》の理由《りゆう》。当日《とうじつ》に記《しる》す当日判《とうじつばん》と後日《ごじつ》に記《しる》す後日判《ごじつばん》がある。

●題《だい》

歌合《うたあわせ》の題材《だいざい》。前《まえ》もって提示《ていじ》される場合《ばあい》と、その場《ば》で提示《ていじ》される場合《ばあい》がある。

●左方《ひだりかた》・右方《みぎかた》

歌合《うたあわせ》におけるチームの呼称《こしょう》。左方《ひだりかた》は青《あお》の装束《しょうぞく》、右方《みぎかた》は赤《あか》の装束《しょうぞく》を着用《ちゃくよう》する。

明治時代《めいじじだい》の宮中歌会《きゅうちゅううたかい》

明治維新後《めいじいしんご》も、宮中《きゅうちゅう》で歌合《うたあわせ》（歌会《うたかい》）が開催《かいさい》され、新年《しんねん》の歌会始《うたかいはじめ》では一般国民《いっぱんこくみん》の詠出《えいしゅつ》も認《みと》められた。

対決《たいけつ》は勝《か》てば天国《てんごく》 負《ま》ければ地獄《じごく》！

歌合《うたあわせ》では歌人《かじん》の力量《りきりょう》が試《ため》されるので、負《ま》けるのは不名誉《ふめいよ》なこととされた。また、歌合《うたあわせ》で勝《か》てば、官位《かんい》の低《ひく》い人《ひと》なら出世《しゅっせ》のきっかけとなり、有名《ゆうめい》な歌人《かじん》なら最高《さいこう》の名誉《めいよ》となった。

そのため、歌合《うたあわせ》ではたびたび悲喜交々《ひきこもごも》のシーンが見《み》られた。たとえば960年《ねん》に村上天皇《むらかみてんのう》が開催《かいさい》した「天徳内裏歌合《てんとくだいりうたあわせ》」での、平兼盛《たいらのかねもり》と壬生忠見《みぶのただみ》による「恋《こい》」をテーマとした勝負《しょうぶ》では、勝《か》った兼盛《かねもり》が踊《おど》るように喜《よろこ》んで会場《かいじょう》を後《あと》にしたのとは対照的《たいしょうてき》に、一世一代《いっせいちだい》の気概《きがい》でのぞんで敗北《はいぼく》した忠見《ただみ》は、ショックのあまり食《た》べ物《もの》がのどに通《とお》らなくなって死《し》んだという噂《うわさ》が立《た》ったほど、落《お》ち込《こ》んだといわれている。

ただ、こうした歌合《うたあわせ》での歌人《かじん》たちの命《いのち》がけの勝負《しょうぶ》があったからこそ、和歌《わか》は日本《にほん》を代表《だいひょう》する文化《ぶんか》・芸術《げいじゅつ》として昇華《しょうか》していったのである。

壬生忠見《みぶのただみ》

歌合《うたあわせ》の敗戦《はいせん》により、不食《ふしょく》の病《やまい》で死《し》んだとうわさされた。

035

紀《きの》貫《つら》之《ゆき》

仮《か》名《な》文《ぶん》学《がく》を広《ひろ》めた
平《へい》安《あん》歌《か》人《じん》の第《だい》一《いち》人《にん》者《しゃ》

出身《しゅっしん》／職業《しょくぎょう》・役職《やくしょく》	不明《ふめい》／木工権頭《もくのごんのかみ》
おさめられた和歌集《わかしゅう》	古今和歌集《こきんわかしゅう》
生没年月日《せいぼつねんがっぴ》	866年《ねん》ごろ～945年《ねん》6月《がつ》30日《にち》
	春《はる》

能力《のうりょく》パラメータ

人《ひと》はいさ　心《こころ》もしらず　ふるさとは
花《はな》ぞ昔《むかし》の　香《か》ににほ《(お)》ひ《(い)》ける

ゴロ覚《おぼ》え

ひとは
はなをいける

意味《いみ》

あなたの気持《きも》ちは、昔《むかし》のままなんでしょうか。私《わたし》にはわからない。でも、昔《むかし》なじみのこの里《さと》では、梅《うめ》の花《はな》だけが昔《むかし》と変《か》わらない香《かお》りで咲《さ》いているなあ。

仮名文学《かなぶんがく》の先駆者《せんくしゃ》

平安時代《へいあんじだい》を代表《だいひょう》する歌人《かじん》で、三十六歌仙《さんじゅうろっかせん》の一人《ひとり》。六歌《ろっか》仙《せん》の撰者《せんじゃ》でもある。紀氏《きのし》は飛《あす》鳥《か》時代《じだい》以来《いらい》の名門《めいもん》貴族《きぞく》だったが、藤原氏《ふじわらし》の隆盛《りゅうせい》によって没《ぼつ》落《らく》したため、貫之《つらゆき》の身分《みぶん》は低《ひく》かった。それでも和歌《わか》の才能《さいのう》を醍醐天皇《だいごてんのう》に認《みと》められ、『古今《こきん》和歌集《わかしゅう》』編《へん》さんの中心的人物《ちゅうしんてきじんぶつ》となった。勅撰歌集《ちょくせんかしゅう》には歌人《かじん》として最多《さいた》の４４１首《しゅ》の和歌《わか》がおさめられている。

日本《にほん》の仮名文学《かなぶんがく》のパイオニアでもあり、９３５年《ねん》に土佐《とさの》守《かみ》の任期《にんき》を終《お》えて帰京《ききょう》するまでの出来事《できごと》をまとめた『土佐《とさ》日記《にっき》』は、日本最古《にほんさいこ》の仮名日《かなにっ》記《き》として知《し》られている。

解説《かいせつ》

作者《さくしゃ》が奈良《なら》の長谷寺《はせでら》に参詣《さんけい》したとき、泊《と》まった宿《やど》の主人《しゅじん》にいわれた、(親《した》しみをこめた)いやみへのユーモアあふれる返答《へんとう》の歌《うた》である。変《か》わりやすい人《ひと》の気持《きも》ちと変《か》わらない自然《しぜん》を対比《たいひ》しながら、梅《うめ》の美《うつく》しさを見事《みごと》に詠《よ》んでいる。

重要《じゅうよう》単語《たんご》　ふるさと、にほひ

036 清《きよ》原《はらの》深《ふか》養《や》父《ぶ》

琴《こと》と和歌《わか》に長《た》けた清少納言《せいしょうなごん》の曾祖父《そうそふ》

夏《なつ》の夜《よ》は
まだ宵《よひ》(よい)ながら
あけぬるを
雲《くも》のいづ(ず)こに
月《つき》宿《やど》るらむ(ん)

ゴロ覚《おぼ》え

なつの くも

意味《いみ》

夏《なつ》の夜《よる》は短《みじか》くて、まだ夜《よる》だと思《おも》っているうちに明《あ》けてしまったけれど、これでは月《つき》は西《にし》の山《やま》の端《は》に行《い》きつけないではないか。月《つき》は雲《くも》のどのあたりに宿《やど》をとっているのだろうか。

重要単語《じゅうようたんご》

夏《なつ》の夜《よ》、宿《やど》る

出身《しゅっしん》／職業《しょくぎょう》・役職《やくしょく》	不明《ふめい》／内蔵大允《ないくらのだいじょう》	
おさめられた和歌集《わかしゅう》	古今和歌集《こきんわかしゅう》	
生没年月日《せいぼつねんがっぴ》	不明《ふめい》	夏《なつ》

解説《かいせつ》

歌《うた》が詠《よ》まれた季節《きせつ》は夏《なつ》（旧暦《きゅうれき》6月《がつ》）で、夜《よる》になったかと思《おも》えば、夜《よる》が明《あ》けるのも早《はや》い。作者《さくしゃ》は日《ひ》がもう出《で》ているのに、月《つき》はまだ空《そら》にあるという暁《あかつき》の風景《ふうけい》を見《み》て、月《つき》を擬人化《ぎじんか》するユーモアをまじえながら、夏《なつ》の夜《よる》の短《みじか》さを惜《お》しんでいる。

歌人《かじん》としての高《たか》い評価《ひょうか》

清少納言《せいしょうなごん》の父《ちち》・清原元輔《きよはらのもとすけ》の祖父《そふ》。琴《こと》の名手《めいしゅ》だった歌人《かじん》で、官吏《かんり》としての人生《じんせい》は不遇《ふぐう》だったが、勅撰《ちょくせん》の和歌集《わかしゅう》には多《おお》くの歌《うた》がおさめられている。紀貫之《きのつらゆき》や凡河内躬恒《おおしこうちのみつね》などの歌人《かじん》と親交《しんこう》があり、高《たか》く評《ひょう》価《か》をうけた歌人《かじん》だったが、三《さん》十六歌仙《じゅうろっかせん》には選《えら》ばれていない。

037

文屋朝康《ふんやのあさやす》

【ゴロ覚《おぼ》え】

しらたま

白《しら》露《つゆ》に　風《かぜ》の吹《ふ》きしく　秋《あき》の野《の》は
つらぬきとめぬ　玉《たま》ぞ散《ち》りける

意味《いみ》

草葉《くさば》の上《うえ》の白露《しらつゆ》に風《かぜ》が吹《ふ》きつける秋《あき》の野《の》は、ひもを通《とお》してとめていない白《しろ》い宝石《ほうせき》が散《ち》らばっているようだ。

重要単語《じゅうようたんご》

白露《しらつゆ》、玉《たま》

出身《しゅっしん》／職業《しょくぎょう》・役職《やくしょく》	不明《ふめい》／大膳少進《たいぜんしょうしん》
おさめられた和歌集《わかしゅう》	後撰和歌集《ごせんわかしゅう》
生没年月日《せいぼつねんがっぴ》	不明《ふめい》

秋《あき》

天皇《てんのう》のお抱《かか》え歌人《かじん》

22番《ばん》の文屋康秀《ふんやのやすひで》の子《こ》。くわしい経歴《けいれき》はわかっていないが、家柄《いえがら》もあって宇多《うだ》・醍醐天皇《だいごてんのう》お抱《かか》えの歌人《かじん》となり、多《おお》くの歌合《うたあわせ》に参加《さんか》したといわれている。しかし、勅撰和歌集《ちょくせんわかしゅう》には『古今和歌集《こきんわかしゅう》』に1首《しゅ》、『後撰《ごせん》和歌集《わかしゅう》』に2首《しゅ》しか歌《うた》が残《のこ》っていない。

解説《かいせつ》

玉《たま》を真珠《しんじゅ》とする訳《やく》もあるが、水晶《すいしょう》に見立《みた》てたという訳《やく》もある。いずれにしろ、玉《たま》が散《ち》らばった美《うつく》しさは人工《じんこう》のもの、白露《しらつゆ》の美《うつく》しさは自然《しぜん》のもので、人工《じんこう》と自然双方《しぜんそうほう》の美《び》をからませながら、きよらかな世《せ》界《かい》を表現《ひょうげん》している。

038

右《う》近《こん》

恋《こい》の歌《うた》を多《おお》く残《のこ》した恋《こい》多《おお》き女《じょ》流《りゅう》歌《か》人《じん》

出身《しゅっしん》／職業《しょくぎょう》・役職《やくしょく》	不明《ふめい》／女房《にょうぼう》
おさめられた和歌集《わかしゅう》	拾遺和歌集《しゅういわかしゅう》
生没年月日《せいぼつねんがっぴ》	不明《ふめい》

恋《こい》

能力《のうりょく》パラメータ

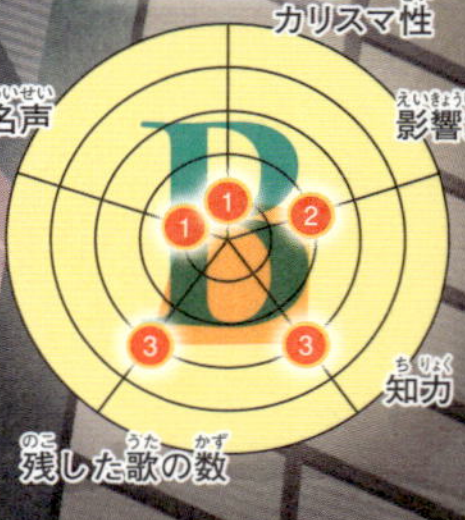

忘《わす》らるる　身《み》をば思《おも》は《(わ)》ず　誓《ちか》ひ《(い)》てし　人《ひと》の命《いのち》の　惜《を》《(お)》しくもあるかな

ゴロ覚《おぼ》え

わすれられる
ひとのいのち

意味《いみ》

あなたに忘《わす》れられていく自分《じぶん》をつらいとは思《おも》わない。ただ、いつまでも私《わたし》を愛《あい》してくれると神《かみ》に誓《ちか》ったあなたの命《いのち》が、神《かみ》の怒《いか》りにふれてなくなってしまうのではないか心配《しんぱい》だ。

重要単語《じゅうようたんご》

忘《わす》らるる、誓《ちか》ひてし

権力者《けんりょくしゃ》との悲《かな》しき恋《こい》

平安時代中期《へいあんじだいちゅうき》の女流歌人《じょりゅうかじん》。実名《じつめい》や生没年《せいぼつねん》はわかっておらず、右近少将《うこんしょうしょう》・藤原季縄《ふじわらのすえただ》の娘《むすめ》(姉《あね》か妹《いもうと》という説《せつ》もある)ということで、「右近《うこん》」と呼《よ》ばれている。

歌人《かじん》として醍醐天皇《だいごてんのう》の中宮《ちゅうぐう》穏子《やすこ》に仕《つか》えた。恋多《こいおお》き女性《じょせい》で、元良親王《もとよししんのう》・藤原敦忠《ふじわらのあつただ》・藤原師輔《ふじわらのもろすけ》・藤原朝忠《ふじわらのあさただ》・源順《みなもとのしたごう》らと恋愛関係《れんあいかんけい》にあったことから、恋《こい》の歌《うた》を多《おお》く残《のこ》している。

この作品《さくひん》は『大和物語《やまとものがたり》』のなかでストーリー化《か》されており、相手《あいて》は当時《とうじ》の左大臣《さだいじん》・藤原時平《ふじわらのときひら》の御曹司《おんぞうし》、藤原敦忠《ふじわらのあつただ》(43番《ばん》の歌《うた》の作者《さくしゃ》)ということがわかっている。

解説《かいせつ》

「神《かみ》の怒《いか》りにふれて死《し》んでしまうでしょう」というのは、自分《じぶん》を冷《つめ》たくあしらった男性《だんせい》に対《たい》する皮肉《ひにく》という解釈《かいしゃく》がある一方《いっぽう》、相手《あいて》の身《み》を案《あん》じる作者《さくしゃ》の真心《まごころ》が表現《ひょうげん》されているという解釈《かいしゃく》もある。どちらが右近《うこん》の本音《ほんね》なのだろう？

039

参《さん》議《ぎ》等《ひとし》

官職《かんしょく》の名《な》がついた
影《かげ》の薄《うす》い無《む》名《めい》歌《か》人《じん》

浅《あさ》茅《ぢ（じ）》生《ふ（う）》の　小《を（お）》野《の》の篠《しの》原《はら》　しのぶれど
あまりてなどか　人《ひと》の恋《こひ（こい）》しき

【ゴロ覚《おぼ》え】

あさに
おのがあまる

意味《いみ》

浅茅《あさぢ》の生《は》えている野《の》の篠原《しのはら》の「しの」のように、私《わたし》は恋《こい》をしのんできたが、もうどうにも気《き》持《も》ちがおさえられない。どうして、あなたのことがこんなに恋《こい》しいのだろう。

重要単語《じゅうようたんご》

浅《あさ》茅《ぢ》生《ふ》の、しのぶれど

出身《しゅっしん》／職業《しょくぎょう》・役職《やくしょく》	不明《ふめい》／参議《さんぎ》
おさめられた和歌集《わかしゅう》	後撰和歌集《ごせんわかしゅう》
生没年月日《せいぼつねんがっぴ》	880年《ねん》～951年《ねん》4月《がつ》18日《にち》

恋《こい》

解説《かいせつ》

この歌《うた》は、人《ひと》に知《し》られてはいけない恋《こい》をしてしまった作者《さくしゃ》が、内《うち》に秘《ひ》めている女性《じょせい》へのこらえきれない恋心《こいごころ》とやるせなさを詠《よ》んだもの。荒野《こうや》に立《た》つわびしさと、しのぶ恋《こい》のつらさがまじり、切《せつ》ない思《おも》いがひしひしと伝《つた》わってくる。

嵯峨天皇《さがてんのう》の血筋《ちすじ》

本名《ほんみょう》は源等《みなもとのひとし》。嵯峨天皇《さがてんのう》のひ孫《まご》にあたり、父《ちち》は中納言《ちゅうなごん》の源希《みなもとのまれ》。９４７年《ねん》、68歳《さい》で参議《さんぎ》となり、その４年後《ねんご》に亡《な》くなっている。くわしい経歴《けいれき》はほとんどわかっておらず、歌《うた》も『後撰和歌集《ごせんわかしゅう》』に４首《しゅ》がおさめられているのみで、歌人《かじん》としては無名《むめい》に近《ちか》い。

040

平《たいらの》兼《かね》盛《もり》

忍《しの》ぶれど　色《いろ》に出《い》でにけり　わが恋《こひ》(こい)は
ものや思《おも》ふ(う)と　人《ひと》の問《と》ふ(う)まで

【ゴロ覚《おぼ》え】

しのぶくんは
わがもの

意味《いみ》

心《こころ》に秘《ひ》めてきたが、私《わたし》の恋心《こいごころ》は顔《かお》に出《で》てしまっていたようだ。「恋《こい》のなやみがあるのか？」と人《ひと》に聞《き》かれてしまうほどに。

重要単語《じゅうようたんご》

忍《しの》ぶれど、
ものや思《おも》ふと

出身《しゅっしん》／職業《しょくぎょう》・役職《やくしょく》	不明《ふめい》／駿河守《するがのかみ》
おさめられた和歌集《わかしゅう》	拾遺和歌集《しゅういわかしゅう》
生没年月日《せいぼつねんがっぴ》	不明《ふめい》～991年《ねん》1月《がつ》16日《にち》

恋《こい》

壬生忠見《みぶのただみ》との恋歌対決《こいうたたいけつ》

父《ちち》は『古今和歌集《こきんわかしゅう》』の歌人《かじん》・平篤行《たいらのあつゆき》。当時《とうじ》の代表的歌人《だいひょうてきかじん》で、三十六歌仙《さんじゅうろっかせん》の一人《ひとり》。後世《こうせい》の模範《もはん》とされる歌合《うたあわせ》「天徳内裏歌合《てんとくだいりうたあわせ》」の当事者《とうじしゃ》で、壬生忠見《みぶのただみ》（41番《ばん》）と恋《こい》を題材《だいざい》に歌《うた》を詠《よ》みあった勝負《しょうぶ》は、どちらの歌《うた》が優《すぐ》れていたのか、今《いま》でも論争《ろんそう》になっている。

解説《かいせつ》

この歌《うた》は、内裏《だいり》での歌合《うたあわせ》で発表《はっぴょう》されたもの。はじめに「恋心《こいごころ》が顔《かお》に出《で》ている」と結論《けつろん》をいって、つぎに「恋《こい》をしているのでは？」と人《ひと》に指摘《してき》されたと理由《りゆう》をのべている。複雑《ふくざつ》な会話《かいわ》と倒置法《とうちほう》で、恋心《こいごころ》をたくみに表現《ひょうげん》した作品《さくひん》である。

はかない想《おも》い出《で》!? 身分《みぶん》ちがいの恋《こい》の行方《ゆくえ》は…

名歌誕生《めいかたんじょう》ストーリー 2

右《う》近《こん》

醍醐天皇《だいごてんのう》の中宮《ちゅうぐう》穏子《やすこ》に仕《つか》えた女房《にょうぼう》であった右近《うこん》は、多《おお》くの恋愛《れんあい》を経験《けいけん》したことが伝《つた》えられている。その中《なか》でも権中納言《ごんちゅうなごん》敦忠《あつただ》との恋愛《れんあい》は別格《べっかく》だったようだ。敦忠《あつただ》は身分《みぶん》が高《たか》く美貌《びぼう》であり、和歌《わか》と管絃《かんげん》をよくおさめた。これは、その敦忠《あつただ》を詠《よ》んだ恋《こい》の歌《うた》だ。

これほど才能《さいのう》ある美《うつく》しい人《ひと》がこの世《よ》にいたなんて
あなただけです
これからはいつも音楽《おんがく》はあなたのために演奏《えんそう》します
歌《うた》はあなたのために詠《よ》みます
けっして心《こころ》変《が》わりはしません
神仏《しんぶつ》にかけて誓《ちか》います

権中納言《ごんちゅうなごん》さまの演奏《えんそう》はほんとに素敵《すてき》ね
名家《めいか》の子息《しそく》で歌《うた》にも音楽《おんがく》にも優《すぐ》れていてしかも美《うつく》しくてほれぼれするわねえ
敦忠《あつただ》さま…
あ、こちらに気《き》づいたわ
ふっ
えっ!?
敦忠《あつただ》さま…?
敦忠《あつただ》さまから文《ふみ》の返事《へんじ》がない
ほかの女房《にょうぼう》と楽《たの》しそうに…
なぜ私《わたし》のところに来《き》てくれないの
なぜ
なぜ!?
——ほかに好《す》きな人《ひと》ができたのよ

それじゃ右近《うこん》どのは捨《す》てられたの？
仕方《しかた》ないわ もともと身分《みぶん》ちがいだもの 権中納言《ごんちゅうなごん》さまも本気《ほんき》だったわけないわ
あなただけです
神仏《しんぶつ》にかけて誓《ちか》います

カタッ
忘《わす》らるる
身《み》をば思《おも》はず
誓《ちか》ひてし
人《ひと》の命《いのち》の
惜《を》しくもあるかな
忘《わす》れられる私《わたし》のことは
どうでもいい
でも「神仏《しんぶつ》にかけて」と
誓《ちか》ったあなたの命《いのち》が
罰《ばつ》を受《う》けて失《うしな》われる
のが惜《お》しいのです

私《わたし》も誓《ちか》いましょう
これまでたくさんの人《ひと》と恋《こい》をしてきたけれど
この先《さき》思《おも》うのはあなただけ
短《みじか》いけれどすばらしかったあなたとの恋《こい》の思《おも》い出《で》とともに生《い》きることを…

百人一首《ひゃくにんいっしゅ》のマメ知識《ちしき》⑦

和歌《わか》に登場《とうじょう》する動物《どうぶつ》&植物《しょくぶつ》

歌《うた》で詠《よ》まれる植物《しょくぶつ》や動物《どうぶつ》は、
どれも私《わたし》たちになじみの深《ふか》いものばかり。

動物編《どうぶつへん》

●カササギ(歌《うた》006)
七夕《たなばた》の夜《よる》に彦星《ひこぼし》と織姫《おりひめ》の橋《はし》渡《わた》しをするといわれる鳥《とり》。

●ヤマドリ(歌《うた》003)
雄《おす》と雌《めす》が谷《たに》を隔《へだ》てて寝《ね》るということから、孤独《こどく》を表《あらわ》す。

●シカ(歌《うた》005、083)
雄《おす》が雌《めす》を求《もと》める鳴《な》き声《ごえ》が、さびしい境遇《きょうぐう》を連想《れんそう》させた。

●ホトトギス(歌《うた》081)
さえずりが激情的《げきじょうてき》なこともあり、多《おお》くの歌《うた》に詠《よ》まれた。

●チドリ(歌《うた》078)
その鳴《な》き声《ごえ》は友《とも》を呼《よ》び、親《おや》を慕《した》う声《こえ》といわれていた。

●ニワトリ(歌《うた》062)
古代中国《こだいちゅうごく》の故事《こじ》にも詠《よ》まれた、夜明《よあ》けを告《つ》げる鳥《とり》。

自然《しぜん》を愛《あい》した昔《むかし》の日本人《にほんじん》

百人一首《ひゃくにんいっしゅ》には、多《おお》くの植物《しょくぶつ》や動物《どうぶつ》が詠《よ》まれている。それらは和歌《わか》に込《こ》められた心情《しんじょう》やイメージを伝《つた》える役割《やくわり》を持《も》っているが、何《なに》より昔《むかし》の日本人《にほんじん》が植物《しょくぶつ》や動物《どうぶつ》、そして季節《きせつ》といった自然《しぜん》の営《いとな》みを愛《あい》し、大切《たいせつ》にしながら共存《きょうぞん》していたことの証《あかし》だろう。

●コオロギ(キリギリス)(歌《うた》091)
秋《あき》の到来《とうらい》を告《つ》げる虫《むし》で、鳴《な》き声《ごえ》がさびしさを強調《きょうちょう》する。

●松《まつ》(歌《うた》016、034、042、097)

長寿《ちょうじゅ》を象《しょう》ちょうする植物《しょくぶつ》として、和歌《わか》に詠《よ》まれる。

●紅葉《もみじ》(歌《うた》005、024、026、032、069)

その景色《けしき》は、もの悲《がな》しい秋《あき》をはなやかに彩《いろど》っている。

●桜《さくら》(歌《うた》009、033、061、066、073、096)

はなやかさとはかなさで、歌人《かじん》を惹《ひ》きつける春《はる》の花《はな》。

●さしも草《ぐさ》(歌《うた》051、075)

よもぎ。長時間燃《ちょうじかんも》えることから、燃《も》える想《おも》いを表《あらわ》す。

●稲《いね》(歌《うた》001、071)

秋《あき》に刈《か》り入《い》れられる稲《いね》は、実《みの》りの象《しょう》ちょうでもある。

●葦《あし》(歌《うた》019、071、088)

水辺《みずべ》に生《は》える草《くさ》で、難波江《なにわえ》や旅寝《たびね》の恋《こい》とからんでくる。

●梅《うめ》(歌《うた》035)

奈良時代《ならじだい》の花《はな》といえば梅《うめ》。古来《こらい》から日本人《にほんじん》に好《この》まれた。

●菊《きく》(歌《うた》029)

秋《あき》の花《はな》の代表《だいひょう》で、百人一首《ひゃくにんいっしゅ》では白菊《しらぎく》が詠《よ》まれている。

●しのぶ草《くさ》(歌《うた》014、100)

シダの一種《いっしゅ》で、その名《な》の通《とお》り、たえしのぶ意味《いみ》がある。

その他《た》の植物《しょくぶつ》

●若菜《わかな》(歌《うた》０１５)
春《はる》に芽吹《めぶ》く野草《やそう》で、食用《しょくよう》にするものを若菜《わかな》と呼《よ》んだ。

●さねかずら(歌《うた》０２５)
つるが生《は》えた低木《ていぼく》。複雑《ふくざつ》な恋《こい》の悩《なや》みを表現《ひょうげん》する。

●八重葎《やえむぐら》(歌《うた》０４７)
幾重《いくえ》にも茂《しげ》ったつる草《くさ》の雑草《ざっそう》で、さびしさを表現《ひょうげん》する。

●浅茅《あさぢ》・篠《しの》(歌《うた》０３９)
浅茅《あさぢ》は野原《のはら》に生《は》えた低《ひく》いチガヤ。篠《しの》は茎《くき》が細《ほそ》い竹笹《たけざさ》。

●笹《ささ》(歌《うた》０５８)
「ささ」という音《おと》が、風《かぜ》に吹《ふ》かれる様子《ようす》を表《あらわ》した。

●真木《まき》(歌《うた》０８７)
良質《りょうしつ》の材木《ざいもく》として重宝《ちょうほう》された、杉《すぎ》やヒノキなどの総称《そうしょう》。

●藻《も》(歌《うた》０９７)
海《うみ》の植物《しょくぶつ》だが、百人一首《ひゃくにんいっしゅ》では「藻塩《もしお》」として詠《よ》まれた。

覚《おぼ》えられたかな？

和《わ》歌《か》虫《むし》食《く》いクイズ①

問《とい》1

田子《たご》の浦《うら》に
打《うち》出《い》でてみれば
□□の
ふじの高《たか》嶺《ね》に
雪《ゆき》は降《ふ》りつつ

問《とい》2

花《はな》の色《いろ》は
移《うつ》りにけりな
いたづらに
□□□世《よ》にふる
□□□せしまに

問《とい》3

□□□
ふりさけ見《み》れば
春日《かすが》なる
□□□□□に
出《い》でし月《つき》かも

問《とい》4

君《きみ》□□□
春《はる》の野《の》に出《い》でて
若菜《わかな》つむ
□□□手《て》に
雪《ゆき》は降《ふ》りつつ

問《とい》5

名《な》にしおはば
□□□の
さねかづら
□□□□□□
くるよしもがな

こたえ
問《とい》1：白妙《しろたへ》　問《とい》2：我《わ》が身《み》／ながめ　問《とい》3：天《あま》の原《はら》／みかさの山《やま》　問《とい》4：がため／わが衣《ころも》　問《とい》5：逢坂山《あふさかやま》／人《ひと》にしられで

第《だい》3章《しょう》

四《よん》十《じゅう》一《いち》番《ばん》〜六《ろく》十《じゅう》番《ばん》

041 壬《み》生《ぶの》忠《ただ》見《み》
042 清《きよ》原《はらの》元《もと》輔《すけ》
043 権《ごん》中《ちゅう》納《な》言《ごん》敦《あつ》忠《ただ》
044 中《ちゅう》納《な》言《ごん》朝《あさ》忠《ただ》
045 謙《けん》徳《とく》公《こう》
046 曾《そ》禰《ねの》好《よし》忠《ただ》
047 恵《え》慶《ぎょう》法《ほう》師《し》
048 源《みなもとの》 重《しげ》之《ゆき》
049 大《おお》中《なか》臣《とみの》能《よし》宣《のぶ》朝臣《あそん》
050 藤《ふじ》原《わらの》義《よし》孝《たか》

051 藤《ふじ》原《わらの》実《さね》方《かた》朝臣《あそん》
052 藤《ふじ》原《わらの》道《みち》信《のぶ》朝臣《あそん》
053 右《う》大《だい》将《しょう》道《みち》綱《つなの》母《はは》
054 儀《ぎ》同《どう》三《さん》司《しの》母《はは》
055 大《だい》納《な》言《ごん》公《きん》任《とう》
056 和泉《いずみ》式《しき》部《ぶ》
057 紫《むらさき》式《しき》部《ぶ》
058 大《だい》弐《にの》三《さん》位《み》
059 赤《あか》染《ぞめ》衛《え》門《もん》
060 小《こ》式《しき》部《ぶの》内《ない》侍《し》

041

壬《み》生《ぶの》忠《ただ》見《み》

一《いっ》世《せい》一《いち》代《だい》の歌《うた》勝《しょう》負《ぶ》に負《ま》けた悲《ひ》運《うん》の歌《か》人《じん》

出身《しゅっしん》／職業《しょくぎょう》・役職《やくしょく》	不明《ふめい》／摂津大目《せっつのだいさかん》	
おさめられた和歌集《わかしゅう》	拾遺和歌集《しゅういわかしゅう》	
生没年月日《せいぼつねんがっぴ》	不明《ふめい》	恋《こい》

能力《のうりょく》パラメータ

カリスマ性《せい》 2
影響力《えいきょうりょく》 2
知力《ちりょく》 4
残《のこ》した歌《うた》の数《かず》 3
名声《めいせい》 4
A

恋《こひ》（こい）すてふ（ちょう）
わが名《な》はまだき　立《た》ちにけり
人《ひと》知《し》れずこそ　思《おも》ひ（い）そめしか

ゴロ覚《おぼ》え

こいする
ちょうは
ひとおもい

意味《いみ》

私《わたし》が恋《こい》をしているといううわさがもう立《た》ってしまった。だれにも知《し》られないように、あの人《ひと》にひそかに恋心《こいごころ》を抱《いだ》いたばかりなのに。

重要《じゅうよう》単語《たんご》

恋《こひ》すてふ、
立《た》ちにけり

後世《こうせい》に伝《つた》えられる勝負《しょうぶ》

『古今和歌集《こきんわかしゅう》』の撰者《せんじゃ》の一人《ひとり》で、第《だい》30番《ばん》の歌人《かじん》である壬生《みぶの》忠岑《ただみね》の子《こ》。父《ちち》とともに三十六《さんじゅうろっ》歌仙《かせん》の一人《ひとり》。幼少《ようしょう》のころから歌《うた》がうまいと評判《ひょうばん》だったが、家《いえ》は貧《まず》しく、官位《かんい》には恵《めぐ》まれなかった。

960年《ねん》、忠見《ただみ》は村上天皇《むらかみてんのう》が行《おこな》った「天徳内裏歌合《てんとくだいりうたあわせ》」に、歌《うた》の才能《さいのう》を評価《ひょうか》され、勅命《ちょくめい》で召《め》し上《あ》げられた。しかし、平《たいらの》兼盛《かねもり》との「恋《こい》」を題材《だいざい》にした歌勝負《うたしょうぶ》に負《ま》け、ショックのあまり「不食《ふしょく》の病《やまい》」となったという。一世一代《いっせいちだい》の勝負《しょうぶ》には負《ま》けてしまったが、この勝負《しょうぶ》によって、忠見《ただみ》の名《な》は後世《こうせい》に残《のこ》ることになった。

解《かい》説《せつ》

作者《さくしゃ》は恋《こい》をした女性《じょせい》への正直《しょうじき》な気持《きも》ちと、とまどいを歌《うた》にしている。自《じ》分《ぶん》の恋《こい》する気持《きも》ちがこんなにも早《はや》く世間《せけん》に知《し》られてしまったことで、この恋《こい》は成就《じょうじゅ》しないだろうと、作者《さくしゃ》は絶望感《ぜつぼうかん》にうちひしがれている。悲《かな》しい恋《こい》の歌《うた》である。

042

清《きよ》原《はらの》元《もと》輔《すけ》

ユーモア豊《ほう》富《ふ》で明《あか》るく優《ゆう》雅《が》な歌《か》人《じん》

出身《しゅっしん》／職業《しょくぎょう》・役職《やくしょく》	不明《ふめい》／肥後守《ひごのかみ》
おさめられた和歌集《わかしゅう》	後拾遺和歌集《ごしゅういわかしゅう》
生没年月日《せいぼつねんがっぴ》	908年《ねん》～990年《ねん》6月《がつ》

恋《こい》

能力《のうりょく》パラメータ

カリスマ性《せい》 2
影響力《えいきょうりょく》 3
知力《ちりょく》 5
残《のこ》した歌《うた》の数《かず》 4
名声《めいせい》 3

A

契《ちぎ》りきな　かたみに袖《そで》を　しぼりつつ
末《すゑ》（すえ）の松《まつ》山《やま》　浪《なみ》こさじとは

【ゴロ覚《おぼ》え】

ちぎる
そでとまつ

意味《いみ》

約束《やくそく》しましたよね。おたがいに泣《な》いて涙《なみだ》にぬれた着物《きもの》の袖《そで》をしぼりながら、あの末《すえ》の松山《まつやま》を波《なみ》が越《こ》すことがないように、私《わたし》たちも心変《こころが》わりしないと。

重要《じゅうよう》単語《たんご》

契《ちぎ》り、末《すゑ》の松《まつ》山《やま》

歌人《かじん》として名《な》を上《あ》げる

第《だい》36番《ばん》の歌人《かじん》、清原深養父《きよはらのふかやぶ》の孫《まご》で、清少納言《せいしょうなごん》の父《ちち》。三十《さんじゅう》六歌仙《ろっかせん》の一人《ひとり》で、『万葉集《まんようしゅう》』の解読《かいどく》や『後撰和歌集《ごせんわかしゅう》』の編《へん》さん事業《じぎょう》にたずさわった梨壺《なしつぼ》の五人《ごにん》の一人《ひとり》。歌人《かじん》として名《な》をあげ、パトロンであった大貴《だいき》族《ぞく》の家《いえ》に出入《でい》りしては、賀歌《がのうた》や屏風歌《びょうぶうた》、贈答歌《ぞうとうか》を献上《けんじょう》していたという。

性格《せいかく》は、明《あか》るくユーモラス。賀茂祭《かものまつり》の最中《さいちゅう》に落馬《らくば》した元輔《もとすけ》は、ハゲ頭《あたま》だったために冠《かんむり》がすべり落《お》ちてしまったが、それを直《なお》さずに周囲《しゅうい》に弁明《べんめい》してまわったという。見物人《けんぶつにん》はそんな元輔《もとすけ》を面白《おもしろ》がったという話《はなし》が伝《つた》わっている。

解《かい》説《せつ》

この作品《さくひん》は、心変《こころが》わりした女性《じょせい》へ歌《うた》を送《おく》りたいと、ある男性《だんせい》の代理《だいり》で作《さく》者《しゃ》が詠《よ》んだもの。冒頭《ぼうとう》こそ相手《あいて》を強《つよ》く責《せ》めているが、下《しも》の句《く》になるにつれて、やさしいグチに変《か》わっており、再《ふたた》び仲良《なかよ》くしたいという男性《だんせい》の願《ねが》いが込《こ》められている。

043

権《ごん》中《ちゅう》納《な》言《ごん》敦《あつ》忠《ただ》

和歌《わか》と琵琶《びわ》に優《すぐ》れた 平安《へいあん》きっての美男子《びなんし》

逢《あ》ひ《(い)》みての
後《のち》の心《こころ》に　くらぶれば
昔《むかし》はものを　思《おも》は《(わ)》ざりけり

【ゴロ覚《おぼ》え】
あいは むかし

意味《いみ》

あなたと逢《あ》って、ともに一夜《いちや》を過《す》ごしたあとの、ますますつのる恋《こい》しい気持《きも》ちにくらべると、あなたに逢《あ》う以前《いぜん》の恋《こい》のなやみはなんでもないものだったなあ。

重要単語《じゅうようたんご》

逢《あ》ひみて、くらぶれば

出身《しゅっしん》／職業《しょくぎょう》・役職《やくしょく》	不明《ふめい》／権中納言《ごんちゅうなごん》
おさめられた和歌集《わかしゅう》	拾遺和歌集《しゅういわかしゅう》
生没年月日《せいぼつねんがっぴ》	906年《ねん》～943年《ねん》4月《がつ》18日《にち》

恋《こい》

解説《かいせつ》

恋人《こいびと》と逢《あ》った翌朝《よくあさ》に詠《よ》まれた歌《うた》。当時《とうじ》は、相思相愛《そうしそうあい》の男女《だんじょ》でも別々《べつべつ》に住《す》んでいた。恋《こい》する女性《じょせい》と一夜《いちや》を過《す》ごして、喜《よろこ》びだけでなく、切《せつ》なさも増《ま》してしまった心情《しんじょう》を表現《ひょうげん》しているが、恋人《こいびと》だった右近《うこん》へ送《おく》った歌《うた》かはわからない。

若《わか》くして亡《な》くなった

左大臣《さだいじん》・藤原時平《ふじわらのときひら》の三男《さんなん》で三十六歌仙《さんじゅうろっかせん》の一人《ひとり》。37歳《さい》で権《ごん》中納言《ちゅうなごん》に出世《しゅっせ》したが、翌年《よくねん》に亡《な》くなった（菅原道真《すがわらのみちざね》の祟《たた》りと恐《おそ》れられた）。和歌《わか》と琵琶《びわ》の名手《めいしゅ》として知《し》られ、美貌《びぼう》の持《も》ち主《ぬし》でもあったことから、第《だい》38番《ばん》の右近《うこん》をはじめ、多《おお》くの女性《じょせい》と恋仲《こいなか》になった。

044

中《ちゅう》納《な》言《ごん》朝《あさ》忠《ただ》

読《どく》書《しょ》家《か》で笙《しょう》の名《めい》手《しゅ》だった中《ちゅう》納《な》言《ごん》

逢《あ（お）》ふ《（う）》ことの　絶《た》えてしなくは　なかなかに
人《ひと》をも身《み》をも　恨《うら》みざらまし

【ゴロ覚《おぼ》え】

あうひとを
うらむ

意味《いみ》

もし逢《あ》って愛《あい》しあうことがなかったならば、あの人《ひと》のつれなさも自分《じぶん》の運命《うんめい》のつらさも、うらむことはなかったのに。

重要単語《じゅうようたんご》

逢《あ》ふ、
なかなかに

出身《しゅっしん》／職業《しょくぎょう》・役職《やくしょく》	不明《ふめい》／中納言《ちゅうなごん》	
おさめられた和歌集《わかしゅう》	拾遺和歌集《しゅういわかしゅう》	
生没年月日《せいぼつねんがっぴ》	910年《ねん》～967年《ねん》1月《がつ》15日《にち》	恋《こい》

肥満《ひまん》で苦《くる》しんだ

父《ちち》は第《だい》25番《ばん》の歌人《かじん》で、三条《さんじょうの》右大臣《うだいじん》の藤原定方《ふじわらのさだかた》。三十六歌《さんじゅうろっか》仙《せん》の一人《ひとり》。座《すわ》るのも苦《くる》しいほどの肥満《ひまん》だったといわれ、中《ちゅう》納《な》言《ごん》にまで出世《しゅっせ》したものの、脳《のう》の障害《しょうがい》で政務《せいむ》につくことができず、58歳《さい》で亡《な》くなった。読書家《どくしょか》で、音楽《おんがく》にも優《すぐ》れ、※笙《しょう》の名手《めいしゅ》だったという。

解説《かいせつ》

恋《こい》の歌《うた》は「いまだ逢《あ》わざる恋《こい》（深《ふか》い仲《なか》になってない恋《こい》）」「逢《あ》うて逢《あ》わざる恋《こい》（深《ふか》い仲《なか》になったがままならぬ状況《じょうきょう》を嘆《なげ》く恋《こい》）」がテーマになるが、この作品《さくひん》は「逢《あ》うて逢《あ》わざる恋《こい》」の歌《うた》。「恋《こい》」という文字《もじ》を使《つか》わずに恋愛《れんあい》を表現《ひょうげん》した。

※17本《ほん》の細《ほそ》い竹管《ちくかん》を円形《えんけい》に配置《はいち》し、竹管《ちくかん》に空《あ》けられた指穴《ゆびあな》を押《お》さえるリコーダーのような楽器《がっき》

【ゴロ覚《おぼ》え】

あわれな
みになる

045 謙《けん》徳《とく》公《こう》

哀《あは》(あわ)れとも　いふ(う)べき人《ひと》は　おもほ(お)えで
身《み》のいたづ(ず)らに　なりぬべきかな

意味《いみ》

私《わたし》のことを哀《あわ》れだと同情《どうじょう》してくれそうな人《ひと》は、一人《ひとり》として思《おも》い浮《う》かばない。あなたに恋《こ》いこがれながら、きっと私《わたし》はこのままむなしく死《し》んでいくのだろう。

重要単語《じゅうようたんご》

哀《あは》れ、いたづらに

出身《しゅっしん》／職業《しょくぎょう》・役職《やくしょく》	不明《ふめい》／摂政《せっしょう》・太政大臣《だじょうたいじん》
おさめられた和歌集《わかしょう》	拾遺和歌集《しゅういわかしゅう》
生没年月日《せいぼつねんがっぴ》	924年《ねん》～972年《ねん》12月《がつ》9日《にち》

恋《こい》

解説《かいせつ》

愛《あい》しあっていた女性《じょせい》が心変《こころが》わりして冷《つめ》たくなり、逢《あ》ってもくれなくなった。そんなつれない女性《じょせい》の態度《たいど》を嘆《なげ》いた傷心《しょうしん》の歌《うた》である。恋《こい》こがれて死《し》を思《おも》う男性《だんせい》は弱々《よわよわ》しく感《かん》じるが、平安時代《へいあんじだい》の貴族《きぞく》にすれば当《あ》たり前《まえ》の心情《しんじょう》だったようだ。

梨壺《なしつぼ》の五人《ごにん》を監督《かんとく》

本名《ほんみょう》は藤原伊尹《ふじわらのこれただ》で、謙徳公《けんとくこう》は諡《おくりな》（死後《しご》にその徳《とく》をたたえておくる称号《しょうごう》）。大貴族《だいきぞく》の家柄《いえがら》に生《う》まれて順調《じゅんちょう》に出世《しゅっせ》。歌人《かじん》としても有名《ゆうめい》で、和歌所《わかしょ》の長官《ちょうかん》となって、梨壺《なしつぼ》の五人《ごにん》の事業《じぎょう》（万葉集《まんようしゅう》の解読《かいどく》と後撰和歌集《ごせんわかしゅう》の編《へん》さん）を監督《かんとく》した。美男《びなん》で学才《がくさい》にも優《すぐ》れていた。

046

由良《ゆら》の戸《と》を　わたる舟《ふな》人《びと》　楫《かぢ》（かじ）をたえ
行方《ゆくへ》（ゆくえ）もしらぬ　恋《こひ》（こい）の道《みち》かな

【ゴロ覚《おぼ》え】

ゆらゆらする　ふねのゆくえ

意味《いみ》

潮《しお》の流《なが》れが早《はや》い由良《ゆら》の瀬戸《せと》（水《みず》が出入《でい》りする海峡《かいきょう》）をこいでわたる舟《ふな》のりが、かじを失《うしな》ってただようように、私《わたし》の恋《こい》の行方《ゆくえ》も、これから先《さき》どうなるのかわからない。

重要単語《じゅうようたんご》

由良《ゆら》、楫《かぢ》

曾《そ》禰《ねの》好《よし》忠《ただ》

変《か》わり者《もの》で評判《ひょうばん》の異端歌人《いたんかじん》

出身《しゅっしん》／職業《しょくぎょう》・役職《やくしょく》	不明《ふめい》／丹後掾《たんごのじょう》
おさめられた和歌集《わかしゅう》	新古今和歌集《しんこきんわかしゅう》
生没年月日《せいぼつねんがっぴ》	不明《ふめい》

恋《こい》

革新的《かくしんてき》な歌風《かふう》で知《し》られる

平安中期《へいあんちゅうき》の歌人《かじん》。当時《とうじ》の歌《うた》の概念《がいねん》からかけはなれた進歩《しんぽ》的《てき》な歌風《かふう》で知《し》られ、のちの和《わ》歌《か》の革新《かくしん》に大《おお》きな影響《えいきょう》をあたえた。性格《せいかく》はへんくつで、自《じ》分《ぶん》の才能《さいのう》に強《つよ》い自信《じしん》を持《も》っており、役人《やくにん》や歌人《かじん》として、日《ひ》の当《あ》たる場所《ばしょ》に出《で》られないことをなげいていたという。

解説《かいせつ》

前半《ぜんはん》では、由良《ゆら》に「ゆらゆら」をかけ、早《はや》い潮《しお》の流《なが》れとかじを失《うしな》った舟《ふね》を詠《よ》んで、不安《ふあん》と孤独《こどく》を暗示《あんじ》している。それが後半《こうはん》の男性《だんせい》の心情《しんじょう》にひびき合《あ》って、女性《じょせい》にゆさぶられている恋《こい》の不安感《ふあんかん》を、美《うつく》しく詠《よ》みあげている。

047

恵《え》慶《ぎょう》法《ほう》師《し》

仏典《ぶってん》の講師《こうし》をしていた僧侶《そうりょ》にして歌人《かじん》

出身《しゅっしん》／職業《しょくぎょう》・役職《やくしょく》	不明《ふめい》／僧侶《そうりょ》
おさめられた和歌集《わかしゅう》	拾遺和歌集《しゅういわかしゅう》
生没年月日《せいぼつねんがっぴ》	不明《ふめい》

秋《あき》

八重《やへ(え)》葎《むぐら》　しげれる宿《やど》の　さびしきに
人《ひと》こそ見《み》えね　秋《あき》はきにけり

【ゴロ覚《おぼ》え】

やえさんは さびしきひと

意味《いみ》

つる草《くさ》が幾重《いくえ》にも生《お》いしげったこのさびしい家《いえ》に、だれ一人《ひとり》として訪《おとず》れることはないが、それでも秋《あき》だけは訪《おとず》れてきたのだなあ。

重要単語《じゅうようたんご》

八重葎《やへむぐら》、人《ひと》こそ見《み》えね

有名《ゆうめい》歌人《かじん》と交流《こうりゅう》

平安時代中期《へいあんじだいちゅうき》の僧侶《そうりょ》・歌人《かじん》で、くわしい経歴《けいれき》は不明《ふめい》だが、播磨《はりま》（兵庫県《ひょうごけん》）の国分寺《こくぶんじ》で仏典《ぶってん》の講師《こうじ》をしていたとされる。清原元輔《きよはらのもとすけ》や平兼盛《たいらのかねもり》、曾禰好忠《そねのよしただ》ら有名歌人《ゆうめいかじん》と交流《こうりゅう》があり、自身《じしん》も歌合《うたあわせ》に参加《さんか》したり、天皇《てんのう》の行幸《ぎょうこう》につきそって歌《うた》を詠《よ》んだりしていたという。

解説《かいせつ》

この歌《うた》は「河原院《かわらのいん》」に住《す》んでいる友人《ゆうじん》の家《いえ》に行《い》った作者《さくしゃ》が詠《よ》んだものである。河原院《かわらのいん》は第《だい》14番《ばん》の歌人《かじん》、河原左大臣《かわらのさだいじん》（源融《みなもとのとおる》）の邸宅《ていたく》だったが、このころは荒《あ》れ果《は》てていたのだろう。世《よ》のなかの栄枯盛衰《えいこせいすい》をしみじみと詠《よ》みあげている。

百人一首《ひゃくにんいっしゅ》のマメ知識《ちしき》⑧

和《わ》歌《か》の達人《たつじん》たち〈六歌仙《ろっかせん》〉

歌人《かじん》の中《なか》で、とくに優《すぐ》れた歌《うた》を詠《よ》む名手《めいしゅ》に選《えら》ばれた「六歌仙《ろっかせん》」て、どんな人《ひと》たち？

喜撰法師《きせんほうし》

貫之評《つらゆきひょう》「歌《うた》の始《はじ》めと終《お》わりがあやふやでわからない」

小野小町《おののこまち》

貫之評《つらゆきひょう》「しみじみと情趣《じょうしゅ》はあるが、力強《ちからづよ》さがない」

文屋康秀《ふんやのやすひで》

貫之評《つらゆきひょう》「言葉使《ことばづか》いは技巧《ぎこう》を凝《こ》らしているが中身《なかみ》がない」

百人一首《ひゃくにんいっしゅ》に選《えら》ばれていない

大伴黒主《おおとものくろぬし》

勅撰和歌集《ちょくせんわかしゅう》にも歌《うた》がのせられた近江出身《おうみしゅっしん》の歌人《かじん》・官人《かんにん》。貫之評《つらゆきひょう》「歌《うた》が俗《ぞく》っぽくて、その姿《すがた》に品《ひん》がない」。

在原業平朝臣《ありわらのなりひらあそん》

貫之評《つらゆきひょう》「詩情《しじょう》にあふれているが、言葉《ことば》が十分《じゅうぶん》ではない」

僧正遍昭《そうじょうへんじょう》

貫之評《つらゆきひょう》「歌《うた》の内容《ないよう》はあるが、真実味《しんじつみ》に欠《か》けている」

紀貫之《きのつらゆき》が今後《こんご》に期待《きたい》した6人《にん》

六歌仙《ろっかせん》とは、『古今和歌《こきんわか》集《しゅう》』の仮名序《かなじょ》で、紀貫之《きのつらゆき》が挙《あ》げた6人《にん》の歌人《かじん》のこと。ただ、仮名序《かなじょ》では柿《かきの》本人《もとのひと》麻呂《まろ》と山部赤人《やまべのあかひと》のみが「歌仙《かせん》」と呼《よ》ばれ、この6人《にん》は「近《ちか》き世《よ》にその名《な》聞《き》こえたる人《ひと》」として紹介《しょうかい》された。つまり、六《ろっ》歌仙《かせん》の名称《めいしょう》は、後世《こうせい》の人《ひと》がつけたものである。

紀貫之《きのつらゆき》は6人《にん》を選《えら》ぶ際《さい》、官位《かんい》の高《たか》い人《ひと》を除《のぞ》いて、当時《とうじ》すでに名《な》が知《し》られた歌人《かじん》を選《えら》んだ。にもかかわらず、貫之《つらゆき》の彼《かれ》らへの評価《ひょうか》（上記《じょうき》）は辛辣《しんらつ》だ。ただそれは、貫之流《つらゆきりゅう》の愛《あい》のムチなのだろう。

ライバル同士《どうし》の恋《こい》の歌合《うたあわせ》一本勝負《いっぽんしょうぶ》

歌人《かじん》の㊙エピソード3

平兼盛《たいらのかねもり》VS壬生忠見《みぶのただみ》

歴史《れきし》に残《のこ》る天徳内裏《てんとくだいり》での恋《こい》の歌合《うたあわせ》は、判者《はんざ》が優劣《ゆうれつ》をつけることができなかった世紀《せいき》の一本勝負《いっぽんしょうぶ》だった。忠見《ただみ》は出世《しゅっせ》がかかっているし、ライバルの兼盛《かねもり》はプライドにかけて「勝《か》ち」を取《と》りに行《い》った。勝負《しょうぶ》の行方《ゆくえ》は…。

対《たい》して
訪《おとず》れたのが…
ひょこっ
間《ま》に合《あ》った…
かな？
そろ…
田舎者《いなかもの》の格好《かっこう》で
やってきたぞ
ヒソ
まぁ
なんと粗末《そまつ》な
ヒソ
忠見《ただみ》は身分《みぶん》の低《ひく》い
地方役人《ちほうやくにん》であった
壬生忠見《みぶのただみ》
まわりの声なんて
気《き》にしちゃ
いかんいかん…！
フル
フル
やっと巡《めぐ》ってきた
千載一遇《せんざいいちぐう》の
チャンスなんだ
気持ちを
きりかえよう
歌合《うたあわせ》が始《はじ》まり
二組《ふたくみ》に分《わ》かれた歌人《かじん》たちが
事前《じぜん》に知《し》らされた
テーマにそった歌《うた》を詠《よ》んで
優劣《ゆうれつ》を争《あらそ》っていく

そうして二人《ふたり》の番《ばん》――
忠見《ただみ》
続《つづ》いて兼盛《かねもり》
判者《はんざ》
テーマは秘密《ひみつ》の恋《こい》
こんな田舎者《いなかもの》に負《ま》けるものか！
この日《ひ》のために一番《いちばん》の歌《うた》を用意《ようい》してきたんだ…
出世《しゅっせ》のためにも絶対《ぜったい》に負《ま》けられない…！
忍《しの》ぶれど　色《いろ》に出《い》でにけり　わが恋《こひ》は
ものや思《おも》ふと　人《ひと》の問《と》ふまで
（訳《やく》）心《こころ》に秘《ひ》めて来《き》たが、私《わたし》の恋心《こいごころ》は顔《かお》に出《で》てしまっていたようだ。「恋《こい》のなやみがあるのか？」と人《ひと》に聞《き》かれてしまうほどに。

恋《こひ》すてふ　わが名《な》はまだき　立《た》ちにけり
人知《ひとし》れずこそ　思《おも》ひそめしか
(訳《やく》) 私《わたし》が恋《こい》をしているといううわさがもう立《た》ってしまった。だれにも知《し》られないように、あの人《ひと》にひそかに恋心《こいごころ》を抱《だ》いたばかりなのに。
ザワッ
おおお…っ
どちらもすばらしい…！
判者《はんざ》はどちらを選《えら》ぶのだ!?
むぅ…なんとも判定《はんてい》しがたい…どっちを選《えら》べば…！
すラッ
忍《しの》ぶれど…

天皇《てん のう》さま!?
パッ
勝者《しょうしゃ》兼盛《かねもり》!
よっしゃ〜!
ぐっ
わあぁっ
……………

この歌合《うたあわせ》の後《あと》
忠見《ただみ》は
「病気《びょうき》になって死《し》んだ」と
うわさが立《た》つほどに
落《お》ち込《こ》んだといわれている
トボ
トボ
しかし
負《ま》けたとはいえ
忠見《ただみ》の歌《うた》も優《すぐ》れていると
評判《ひょうばん》になり
いまだに兼盛《かねもり》、忠見《ただみ》の
どちらの歌《うた》が
優《すぐ》れているかで
論争《ろんそう》が起《お》こるという

048

源《みなもとの》重《しげ》之《ゆき》

地方官《ちほうかん》を歴任《れきにん》して見聞《けんぶん》を広《ひろ》めた歌人《かじん》

出身《しゅっしん》／職業《しょくぎょう》・役職《やくしょく》	不明《ふめい》／筑前権守《ちくぜんのごんのかみ》	
おさめられた和歌集《わかしゅう》	詞花和歌集《しかわかしゅう》	
生没年月日《せいぼつねんがっぴ》	不明《ふめい》	恋《こい》

能力《のうりょく》パラメータ

風《かぜ》をいたみ　岩《いは》（いわ）うつ浪《なみ》の　おのれのみ　砕《くだ》けてものを　思《おも》ふ（う）頃《ころ》かな

ゴロ覚《おぼ》え

かぜを
くだけ

意味《いみ》

あまりにも風《かぜ》が激《はげ》しいときに、岩《いわ》に当《あ》たる波《なみ》が打《う》ちくだかれるように、私《わたし》も心《こころ》がくだけんばかりに、思《おも》いなやんでいるこのごろだなあ。

重要《じゅうよう》単語《たんご》

風《かぜ》をいたみ、
おのれのみ

全国《ぜんこく》をまわった地方官《ちほうかん》

平安時代中期《へいあんじだいちゅうき》の貴族《きぞく》・歌人《かじん》で、清和天皇《せいわてんのう》の子《こ》である貞元親王《じょうげんしんのう》の孫《まご》。三十六歌仙《さんじゅうろっかせん》の一人《ひとり》で、勅撰和歌集《ちょくせんわかしゅう》に66首《しゅ》がおさめられ、『重之集《しげゆきしゅう》』という家集《かしゅう》もある。多《おお》くの歌人《かじん》と親交《しんこう》を持《も》っていたようで、第《だい》40番《ばん》の作者《さくしゃ》、平兼盛《たいらのかねもり》とは歌《うた》を送《おく》りあう間柄《あいだがら》だった。

皇族《こうぞく》の血《ち》をひいているものの、地位《ちい》は低《ひく》く、冷泉天皇《れいぜいてんのう》の近衛将監《このえしょうげん》（宮中警衛《きゅうちゅうけいえい》や行幸《ぎょうこう》につきしたがう役職《やくしょく》）に抜《ばっ》てきされた後《のち》は、地方官《ちほうかん》としてあちこちに赴任《ふにん》した。最後《さいご》は陸奥守《むつのかみ》に左遷《させん》された藤原実方《ふじわらのさねかた》とともに陸奥国《むつのくに》にくだり、当地《とうち》で亡《な》くなった。

解説《かいせつ》

片思《かたおも》いの恋《こい》に思《おも》いなやむ男性《だんせい》の切《せつ》ない心情《しんじょう》を表現《ひょうげん》している作品《さくひん》。岩《いわ》に押《お》しよせる波《なみ》とそれを受《う》け止《と》める岩《いわ》が、ちっともふりむいてくれない女性《じょせい》の冷《つめ》たさと、女性《じょせい》を思《おも》い続《つづ》けずにはいられない男性《だんせい》の激《はげ》しい情熱《じょうねつ》を表《あらわ》している。

【ゴロ覚《おぼ》え】

みかが
ひるにきえた

意味《いみ》

御所《ごしょ》の門《もん》を守《まも》る兵士《へいし》がたくかがり火《び》が、夜《よる》は燃《も》えて昼《ひる》は消《き》えているように、私《わたし》の恋《こい》の炎《ほのお》も、夜《よる》は燃《も》えあがり、昼《ひる》は身《み》も心《こころ》も消《き》えそうなほどに思《おも》いなやんでいる。

重要単語《じゅうようたんご》

御垣守《みかきもり》、
ものをこそ思《おも》へ

御垣《みかき》守《もり》
衛士《ゑじ》(え)のたく火《ひ》の
夜《よる》はもえ
昼《ひる》は消《き》えつつ
ものをこそ思《おも》へ(え)

049
大《おお》中《なか》臣《とみの》能《よし》宣《のぶ》朝臣《あそん》

和歌《わか》の名手《めいしゅ》と名高《なだか》い
伊勢神宮《いせじんぐう》の祭主《さいしゅ》

出身《しゅっしん》／職業《しょくぎょう》・役職《やくしょく》	不明《ふめい》／祭主《さいしゅ》・神祇大副《じんぎたいふ》
おさめられた和歌集《わかしゅう》	詞花和歌集《しかわかしゅう》
生没年月日《せいぼつねんがっぴ》	921年《ねん》～991年《ねん》8月《がつ》

恋《こい》

解説《かいせつ》

恋《こい》の激《はげ》しさを炎《ほのお》にたとえた作品《さくひん》。宮中《きゅうちゅう》の夜《よる》は、暗《くら》くなるにつれてたかれるかがり火《び》から始《はじ》まる。そんな警護《けいご》のためにたかれる火《ひ》が、人々《ひとびと》が胸《むね》に秘《ひ》めた思《おも》いを象《しょう》ちょうするかのように、恋《こい》に揺《ゆ》れ動《うご》いている気持《きも》ちをよく表現《ひょうげん》している。

多《おお》くの有名歌人《ゆうめいかじん》と交流《こうりゅう》

伊勢神宮《いせじんぐう》の祭主《さいしゅ》で、三十六歌仙《さんじゅうろっかせん》の一人《ひとり》。梨壺《なしつぼ》の五人《ごにん》に選《えら》ばれて、万葉集《まんようしゅう》の解読《かいどく》と『後撰和歌集《ごせんわかしゅう》』の編《へん》さんにあたった。勅撰和歌集《ちょくせんわかしゅう》に多《おお》くの歌《うた》がおさめられているほか、家集《かしゅう》に『能宣集《よしのぶしゅう》』があり、それによると20人以上《にんいじょう》の有名歌人《ゆうめいかじん》と親交《しんこう》があったという。

050

藤原《ふじわらの》義孝《よしたか》

和歌《わか》の才能《さいのう》に優《すぐ》れた
薄命《はくめい》の貴公子《きこうし》

君《きみ》がため
惜《を》(お)しからざりし
命《いのち》さへ(え)
長《なが》くもがなと
思《おも》ひ(い)けるかな

【ゴロ覚《おぼ》え】

きみを
ながくおもう

意味《いみ》

あなたに逢《あ》うためならどうなってもいいと思《おも》っていた私《わたし》の命《いのち》だが、逢《あ》うことがかなった今《いま》は、長《なが》く生《い》きていたいと思《おも》うようになった。

重要単語《じゅうようたんご》

君《きみ》がため、
もがな

出身《しゅっしん》／職業《しょくぎょう》・役職《やくしょく》	不明《ふめい》／右《う》少将《しょうしょう》正《せい》五《ご》位《い》以下《いか》
おさめられた和歌集《わかしゅう》	後拾遺和歌集《ごしゅういわかしゅう》
生没年月日《せいぼつねんがっぴ》	954年《ねん》～974年《ねん》11月《がつ》8日《か》

恋《こい》

仏教《ぶっきょう》への強《つよ》い信仰心《しんこうしん》

第《だい》45番《ばん》の謙徳公《けんとくこう》・藤原伊尹《ふじわらのこれただ》の子《こ》で、書道《しょどう》の名人《めいじん》（三蹟《さんせき》）の藤原行成《ふじわらのゆきなり》の父《ちち》。仏教《ぶっきょう》への信《しん》仰心《こうしん》がとてもあつかった人《ひと》で、和歌《わか》の才能《さいのう》にも優《すぐ》れていたが、流行《はや》り病《やまい》にかかって21歳《さい》の若《わか》さで亡《な》くなった。美男子《びなんし》だったことから、「薄命《はくめい》の貴公《きこう》子《し》」とも呼《よ》ばれる。

解説《かいせつ》

恋《こい》する女性《じょせい》と深《ふか》い関係《かんけい》になったことで、作者《さくしゃ》はこの喜《よろこ》びをずっと感《かん》じていたいため、命《いのち》が長《なが》くあればと願《ねが》うようになった。純情《じゅんじょう》な恋《こい》の歌《うた》だが、21歳《さい》という若《わか》さで亡《な》くなった作《さく》者《しゃ》の歌《うた》だけに、哀《あわ》れさを強《つよ》く感《かん》じてしまう。

【ゴロ覚《おぼ》え】

かくをさします

意味《いみ》

こんなにあなたを慕《した》っていることが言《い》えないのだから、伊吹山《いぶきやま》のさしも草《ぐさ》のように燃《も》えあがっている私《わたし》の気持《きも》ちをあなたはご存《ぞん》じないでしょう。

重要単語《じゅうようたんご》

かくとだに、さしも草《ぐさ》

かくとだに　えやはいぶきの　さしも草《ぐさ》
さしも知《し》らじな　もゆる思《おも》ひ(い)を

051

藤《ふじ》原《わらの》実《さね》方《かた》朝《あ》臣《そん》

多《おお》くの女性《じょせい》と恋愛《れんあい》した和歌《わか》に優《すぐ》れた風流人《ふうりゅうじん》

出身《しゅっしん》／職業《しょくぎょう》・役職《やくしょく》	不明《ふめい》／左近衛中将《さこんえのちゅうじょう》
おさめられた和歌集《わかしゅう》	後拾遺和歌集《ごしゅういわかしゅう》
生没年月日《せいぼつねんがっぴ》	不明《ふめい》〜999年《ねん》1月《がつ》2日《か》

恋《こい》

解《かい》説《せつ》

恋《こい》の心情《しんじょう》を相手《あいて》にうったえている歌《うた》だが、熱《あつ》い思《おも》いをストレートにぶつけるのではなく、掛詞《かけことば》、縁語《えんご》、序詞《じょことば》、倒置法《とうちほう》といった技巧《ぎこう》を駆使《くし》して、遠慮《えんりょ》がちに恋心《こいごころ》を伝《つた》えている。難解《なん》《かい》な歌《うた》だが、男性《だんせい》の切《せつ》ない思《おも》いが強《つよ》く感《かん》じられる。

一条天皇《いちじょうてんのう》の怒《いか》りをかう

花山天皇《かざんてんのう》や一条天皇《いちじょうてんのう》に仕《つか》えた貴族《きぞく》、歌人《かじん》。恋多《こいおお》き男性《だんせい》で、『源氏物語《げんじものがたり》』の主人公《しゅじんこう》・光源氏《ひかるげんじ》のモデルの一人《ひとり》といわれている。殿上《てんじょう》で和歌《わか》のことで口論《こうろん》になり、暴力《ぼうりょく》をふるったことで一条天皇《いちじょうてんのう》の怒《いか》りをかい、陸《む》奥守《つのかみ》に左遷《させん》させられたというエピソードがある。

052

藤《ふじ》原《わらの》道《みち》信《のぶ》朝《あ》臣《そん》

人柄《ひとがら》が愛《あい》された
薄命《はくめい》の青年歌人《せいねんかじん》

出身《しゅっしん》／職業《しょくぎょう》・役職《やくしょく》	不明《ふめい》／左近衛中将《さこんえのちゅうじょう》
おさめられた和歌集《わかしゅう》	後拾遺和歌集《ごしゅういわかしゅう》
生没年月日《せいぼつねんがっぴ》	972年《ねん》〜994年《ねん》8月《がつ》20日《か》

恋《こい》

明《あ》けぬれば　くるるものとは　知《し》りながら
なほ《(お)》恨《うら》めしき　朝《あさ》ぼらけかな

【ゴロ覚《おぼ》え】

あけがたが
うらめしい

意味《いみ》

夜《よる》が明《あ》ければ、やがて日《ひ》は暮《く》れてまた夜《よる》がくるもの。そうなれば、またあなたに逢《あ》えるのはわかっているが、それでも別《わか》れなければならなくなる明《あ》け方《がた》がうらめしい。

重要単語《じゅうようたんご》

明《あ》けぬれば、
朝《あさ》ぼらけ

宮廷《きゅうてい》で広《ひろ》く愛《あい》された

太政大臣《だじょうだいじん》の藤原為光《ふじわらのためみつ》の三男《さんなん》で、謙徳公《けんとくこう》・藤原伊尹《ふじわらのこれただ》の孫《まご》。和歌《わか》の才能《さいのう》にめぐまれ、かつ奥《おく》ゆかしい性格《せいかく》であったことから、宮廷《きゅうてい》の人々《ひとびと》にたいそう愛《あい》されたという。若《わか》くして武官《ぶかん》を歴任《れきにん》し、順調《じゅんちょう》に出世《しゅっせ》していったが、流行《はや》り病《やまい》（天然痘《てんねんとう》）のため、23歳《さい》で亡《な》くなった。

解説《かいせつ》

作者《さくしゃ》は、一夜《いちや》を過《す》ごした女性《じょせい》の家《いえ》を出《で》て、冬《ふゆ》の雪《ゆき》が降《ふ》りつもった道《みち》を自宅《じたく》へ帰《かえ》り、女性《じょせい》のもとに歌《うた》を送《おく》った。夜《よる》がもっとも長《なが》い冬《ふゆ》、一緒《いっしょ》に過《す》ごせる時間《じかん》が長《なが》いのに、それでも朝《あさ》が来《く》るのがつらいという素直《すなお》な気持《きも》ちを詠《よ》んでいる。

053

右《う》大《だい》将《しょう》道《みち》綱《つなの》母《はは》

『蜻《かげ》蛉《ろう》日《にっ》記《き》』の作《さく》者《しゃ》で才《さい》色《しょく》兼《けん》備《び》の歌《か》人《じん》

出身《しゅっしん》／職業《しょくぎょう》・役職《やくしょく》	不《ふ》明《めい》／藤原兼家《ふじわらのかねいえ》の妻《つま》	
おさめられた和歌集《わかしゅう》	拾遺和歌集《しゅういわかしゅう》・蜻蛉日記《かげろうにっき》	
生没年月日《せいぼつねんがっぴ》	936年《ねん》～995年《ねん》6月《がつ》2日《か》	恋《こい》

嘆《なげ》きつつ
独《ひと》りぬる夜《よ》の　明《あ》くるまは
いかに久《ひさ》しき　ものとかは知《し》る

ゴロ覚《おぼ》え

なげきの
いか

意味《いみ》

あなたがおいでにならないのをなげきながら、一人《ひとり》で寝《ね》る夜《よる》が明《あ》けるまでの間《あいだ》がどんなに長《なが》いことか、あなたは知《し》っていますか。おそらく知《し》らないでしょうね。

自我《じが》の強《つよ》い女性《じょせい》

平安時代中期《へいあんじだいちゅうき》の歌人《かじん》。藤原倫寧《ふじわらのともやす》の娘《むすめ》で、摂政《せっしょう》の藤原兼家《ふじわらのかねいえ》の妻《つま》となり、右大臣道綱《うだいじんみちつな》を生《う》んだ。

本朝三美人《ほんちょうさんびじん》（日本《にほん》でもっとも美《うつく》しい三人《さんにん》の女性《じょせい》のうちの一人《ひとり》）といわれるほどの美人《びじん》で、和歌《わか》についても「きわめたる歌《うた》の上手《じょうず》」と評《ひょう》されるほどの名手《めいしゅ》という、まさしく才《さい》色兼備《しょくけんび》の女性《じょせい》だった。

藤原兼家《ふじわらのかねいえ》との結婚生活《けっこんせいかつ》をつづった『蜻蛉日記《かげろうにっき》』の作者《さくしゃ》で、そのなかでほかの妻《つま》に嫉妬《しっと》したり、愛人《あいじん》を呪《のろ》ったり、尼《あま》になろうとするなど、とても勝《か》ち気《き》で自我《じが》の強《つよ》い女性《じょせい》だったことがわかる。

解説《かいせつ》

作者《さくしゃ》が藤原兼家《ふじわらのかねいえ》と結婚《けっこん》してすぐのころ、なかなか自分《じぶん》のところに通《かよ》ってこない夫《おっと》に腹《はら》を立《た》てて詠《よ》んだ歌《うた》である。兼家《かねいえ》は何人《なんにん》もの愛人《あいじん》がいたプレイボーイで、この歌《うた》からは、作者《さくしゃ》の夫《おっと》への精一杯《せいいっぱい》の抗議《こうぎ》と、妻《つま》としてのプライドが読《よ》み取《と》れる。

重要《じゅうよう》単語《たんご》

嘆《なげ》きつつ、
明《あ》くるまは

054

儀《ぎ》同《どう》三《さん》司《し》母《はは》

和歌《わか》と詩文《しぶん》に秀《ひい》でた インテリ女性《じょせい》

【ゴロ覚《おぼ》え】

わすれじ きょうを

忘《わす》れじの　行《ゆく》末《すゑ》《（すえ）》までは　難《かた》ければ　今日《けふ》《（きょう）》を限《かぎ》りの　命《いのち》ともがな

意味《いみ》

いつまでも忘《わす》れない、というあなたの言葉《ことば》が、遠《とお》い将来《しょうらい》も変《か》わらないことは難《むずか》しいでしょうから、今日《きょう》を最後《さいご》に命《いのち》がつきてしまえばいいのに。

重要単語《じゅうようたんご》

忘《わす》れじの、命《いのち》ともがな

出身《しゅっしん》／職業《しょくぎょう》・役職《やくしょく》	不明《ふめい》／高内侍《こうないし》・藤原道隆《ふじわらのみちたか》の妻《つま》
おさめられた和歌集《わかしゅう》	新古今和歌集《しんこきんわかしゅう》
生没年月日《せいぼつねんがっぴ》	不明《ふめい》～996年《ねん》10月《がつ》
恋《こい》	

解説《かいせつ》

通《かよ》い婚《こん》の風習《ふうしゅう》があった平安時《へいあんじ》代《だい》に生《い》きる女性《じょせい》ならではの、激《はげ》しい恋《こい》の歌《うた》である。男性《だんせい》は女性《じょせい》を前《まえ》にして永遠《えいえん》の愛《あい》をちかうが、女性《じょせい》は愛《あい》の終《お》わりとともに傷《きず》つく自分《じぶん》の姿《すがた》を想像《そうぞう》している。それだけに今《いま》の幸《しあわ》せを大切《たいせつ》にしようと願《ねが》うのだ。

権力者《けんりょくしゃ》の妻《つま》となる

高階成忠《たかしなのなりただ》の娘《むすめ》で、本名《ほんみょう》は高《たか》階貴子《しなのたかこ》。和歌《わか》と詩文《しぶん》に優《すぐ》れ、円融天皇《えんゆうてんのう》の内侍《ないし》（後宮《こうきゅう》の女官《にょかん》）をつとめた後《あと》、関白《かんぱく》の藤原道《ふじわらのみち》隆《たか》の妻《つま》となり、藤原伊周《ふじわらのこれちか》（儀《ぎ》同三司《どうさんし》）、藤原隆家《ふじわらのたかいえ》、一条天皇《いちじょうてんのう》の中宮定子《ちゅうぐうさだこ》を生《う》んだ。夫《おっと》の道《みち》隆《たか》が病死《びょうし》した後《あと》は、不遇《ふぐう》の晩《ばん》年《ねん》を過《す》ごした。

055

大《だい》納《な》言《ごん》公《きん》任《とう》

博《はく》学《がく》多《た》才《さい》で知《し》られた超《ちょう》エリート貴《き》族《ぞく》

出身《しゅっしん》／職業《しょくぎょう》・役職《やくしょく》	不明《ふめい》／権大納言《ごんだいなごん》
おさめられた和歌集《わかしゅう》	拾遺和歌集《しゅういわかしゅう》
生没年月日《せいぼつねんがっぴ》	966年《ねん》～1041年《ねん》2月《がつ》4日《か》
その他《た》	★

滝《たき》の音《おと》は　たえて久《ひさ》しく　なりぬれど
名《な》こそ流《なが》れて　なほ《(お)》聞《き》こえけれ

【ゴロ覚《おぼ》え】

たきの
ながれが
きこえる

意味《いみ》

滝《たき》の音《おと》が聞《き》こえなくなってから長《なが》い月日《つきひ》がたったが、その滝《たき》の名声《めいせい》だけは世間《せけん》に流《なが》れ伝《つた》わり、今《いま》もなお人々《ひとびと》の口《くち》から聞《き》こえてくることだ。

重要単語《じゅうようたんご》

滝《たき》、
名《な》こそ流《なが》れて

負《ま》けん気《き》の強《つよ》い人《ひと》

本名《ほんみょう》は藤原公任《ふじわらのきんとう》。関白太政《かんぱくだじょう》大臣《だいじん》・藤原頼忠《ふじわらのよりただ》の子《こ》。博学多《はくがくた》才《さい》で知《し》られ、三船《さんせい》の才《さい》（漢詩《かんし》・和歌《わか》・管弦《かんげん》に優《すぐ》れている）とうたわれた。歌人《かじん》・評論家《ひょうろんか》としても高名《こうめい》で、死《し》んだ後《のち》も歌《か》道《どう》の師範《しはん》と尊敬《そんけい》された。その才能《さいのう》ゆえ、人一倍《ひといちばい》負《ま》けん気《き》の強《つよ》い人《ひと》でもあったという。

解《かい》説《せつ》

もともと嵯峨天皇《さがてんのう》の離宮《りきゅう》だった大覚寺《だいかくじ》を訪《おとず》れた作者《さくしゃ》が、水《みず》がかれていた滝《たき》を見《み》て、はなやかだったころの宮殿《きゅうでん》に思《おも》いをはせて詠《よ》んだ歌《うた》である。後《のち》に大覚寺《だいかくじ》の滝《たき》はこの歌《うた》によって、「名古曽《なこそ》の滝《たき》」と呼《よ》ばれるようになった。

平安時代《へいあんじだい》に栄《さか》えた国風文化《こくふうぶんか》

貴族《きぞく》・王朝文化《おうちょうぶんか》が花盛《はなざか》り。大陸《たいりく》の文化《ぶんか》をベースに、日本特有《にほんとくゆう》の文化《ぶんか》が育《はぐく》まれていった。

遣唐使《けんとうし》の廃止《はいし》から始《はじ》まった新潮流《しんちょうりゅう》

平安時代《へいあんじだい》の中《なか》ごろ、菅原道真《すがわらのみちざね》の提案《ていあん》で遣唐使《けんとうし》が廃止《はいし》された。そのため大陸《たいりく》からの文化《ぶんか》の影響《えいきょう》が少《すく》なくなり、国内《こくない》ではそれまでの大陸文化《たいりくぶんか》を踏《ふ》まえて、日本特有《にほんとくゆう》の貴族《きぞく》・王朝文化《おうちょうぶんか》が形成《けいせい》されていった。それが「国風文化《こくふうぶんか》」である。

国風文化《こくふうぶんか》の特《とく》ちょうは、日本的《にほんてき》な優美《ゆうび》さにあるといってもいい。国風《こくふう》文化《ぶんか》の形成《けいせい》に大《おお》きく寄与《きよ》したのは、仮名文字《かなもじ》の発明《はつめい》である。仮名文字《かなもじ》によって従来《じゅうらい》よりも自由《じゆう》な表現《ひょうげん》が可能《かのう》になり、国文学《こくぶんがく》が発展《はってん》。優《すぐ》れた作家《さっか》が次々《つぎつぎ》と出現《しゅつげん》して活躍《かつやく》した。著名《ちょめい》なところでは、『源氏物語《げんじものがたり》』を書《か》いた紫式部《むらさきしきぶ》、『枕草子《まくらのそうし》』を書《か》いた清少納言《せいしょうなごん》、『更級日記《さらしなにっき》』を書《か》いた菅原孝標女《すがわらのたかすえのむすめ》などの女流作家《じょりゅうさっか》や、仮名《かな》で紀行文《きこうぶん》『土佐日記《とさにっき》』を書《か》いた紀貫之《きのつらゆき》。また、作者《さくしゃ》は不明《ふめい》だが、日本最古《にほんさいこ》の物語文学《ものがたりぶんがく》として知《し》られる『竹取物語《たけとりものがたり》』、説話集《せつわしゅう》の『今昔物語《こんじゃくものがたり》』もこの時期《じき》に書《か》かれた作品《さくひん》である。さらに漢詩《かんし》に代《か》わって和歌《わか》が盛《さか》んになり、先《さき》の紀貫之《きのつらゆき》らによって『古今和歌集《こきんわかしゅう》』も編《へん》さんされた。

一方《いっぽう》、宗教面《しゅうきょうめん》でも最澄《さいちょう》や空海《くうかい》の天台宗《てんだいしゅう》や真言宗《しんごんしゅう》がみりょくを失《うしな》い、代《か》わって阿弥陀仏《あみだぶつ》に祈願《きがん》して極楽浄土《ごくらくじょうど》への往生《おうじょう》を説《と》いた浄土教《じょうどきょう》が広《ひろ》まり、貴族《きぞく》のみならず庶民《しょみん》にも広《ひろ》まっていった。

●白居易《はくきょい》

国風文化《こくふうぶんか》の作品《さくひん》に、唐《とう》の白居易《はくきょい》は大《おお》きな影響《えいきょう》を与《あた》えている。

日本最古《にほんさいこ》の物語文学《ものがたりぶんがく》『竹取物語《たけとりものがたり》』

作者《さくしゃ》は不明《ふめい》。竹取《たけとり》の翁《おきな》によって竹《たけ》から出《だ》されたかぐや姫《ひめ》をめぐる物語《ものがたり》。

美術《びじゅつ》や習俗《しゅうぞく》にも変化《へんか》が生《う》まれた

さらに、美術《びじゅつ》や建築《けんちく》の面《めん》でも新《あら》たな流行《りゅうこう》が生《う》まれた。彫刻《ちょうこく》では、分《わ》けて作《つく》った部品《ぶひん》を組《く》み立《た》てる寄木造《よせぎづくり》の技法《ぎほう》が用《もち》いられ、阿弥陀如来像《あみだにょらいぞう》など多《おお》くの仏像《ぶつぞう》が作《つく》られた。絵画《かいが》では、大和絵《やまとえ》と呼《よ》ばれる画風《がふう》がおこり、『源氏物語絵巻《げんじものがたりえまき》』などの優《すぐ》れた絵《え》巻物《まきもの》が作《つく》られた。

建築《けんちく》では、美《うつく》しい庭園《ていえん》を持《も》つ「寝殿造《しんでんづくり》」の邸宅《ていたく》が貴族《きぞく》に大流行《だいりゅうこう》した。その代表的《だいひょうてき》な建築物《けんちくぶつ》が「平等院鳳凰堂《びょうどういんほうおうどう》」である。また、貴族《きぞく》の服装《ふくそう》にも変化《へんか》が現《あらわ》れ、国風化《こくふうか》が進《すす》んで、男子《だんし》の正装《せいそう》は「衣冠束帯《いかんそくたい》」、女子《じょし》は「十二単《じゅうにひとえ》」となった。

おもな国風文学《こくふうぶんがく》

●『宇津保物語《うつぼものがたり》』970年《ねん》ごろ
作者不詳《さくしゃふしょう》。遣唐使《けんとうし》・清原俊蔭《きよはらのとしかげ》が主人公《しゅじんこう》の、日本最古《にほんさいこ》の長編物語《ちょうへんものがたり》。

●『伊勢物語《いせものがたり》』年代不詳《ねんだいふしょう》
作者不詳《さくしゃふしょう》。ある男《おとこ》（在原業平《ありわらのなりひら》といわれている）が主人公《しゅじんこう》の歌物語《うたものがたり》。

●『蜻蛉日記《かげろうにっき》』974年《ねん》ごろ
藤原道綱母《ふじわらのみちつなのはは》が、夫《おっと》の藤原兼家《ふじわらのかねいえ》との生活《せいかつ》をつづった日記《にっき》

●『枕草子《まくらのそうし》』996年《ねん》ごろ
多彩《たさい》な文章《ぶんしょう》による清少納言《せいしょうなごん》作《さく》の随筆《ずいひつ》。日本三大随筆《にほんさんだいずいひつ》の一《ひと》つ。

●『源氏物語《げんじものがたり》』1004年《ねん》ごろ
紫式部《むらさきしきぶ》作《さく》の王朝《おうちょう》を舞台《ぶたい》にした長編恋愛小説《ちょうへんれんあいしょうせつ》。日本文学《にほんぶんがく》の最高傑作《さいこうけっさく》。

⇒詳細《しょうさい》はP006

056

和《い》泉《ずみ》式《しき》部《ぶ》

天《てん》才《さい》的《てき》感《かん》覚《かく》を持《も》った 平《へい》安《あん》時《じ》代《だい》屈《くっ》指《し》の女《じょ》流《りゅう》歌《か》人《じん》

出身《しゅっしん》／職業《しょくぎょう》・役職《やくしょく》	不明《ふめい》／女房《にょうぼう》、藤原保昌《ふじわらのやすまさ》の妻《つま》	
おさめられた和歌集《わかしゅう》	後拾遺和歌集《ごしゅういわかしゅう》	
生没年月日《せいぼつねんがっぴ》	978年《ねん》ごろ～不明《ふめい》	恋《こい》

能力《のうりょく》パラメータ

あらざらむ(ん)　この世《よ》のほかの　思《おも》ひ(い)出《で》に
今《いま》一《ひと》たびの　逢《あ》ふ(おう)ことも　がな

【ゴロ覚《おぼ》え】

あら
いまあうかな

意味《いみ》

私《わたし》はもう間《ま》もなく死《し》んでしまうだろう。だからあの世《よ》へ持《も》っていく思《おも》い出《で》にするために、せめてもう一度《いちど》だけ、あなたにお逢《あ》いしたい。

皇子《おうじ》二人《ふたり》との恋《こい》

平安時代中期《へいあんじだいちゅうき》の女流歌人《じょりゅうかじん》。越前守《えちぜんのかみ》の大江雅致《おおえまさむね》の娘《むすめ》。はじめ両親《りょうしん》の仕《つか》えた昌子内親王《しょうしないしんのう》（冷泉天皇《れいぜいてんのう》の中宮《ちゅうぐう》）の女房《にょうぼう》となり、やがて父《ちち》の同僚《どうりょう》だった和泉守《いずみのかみ》・橘道貞《たちばなみちさだ》と結婚《けっこん》して娘《むすめ》（小式部《こしきぶ》）を生《う》んだ。しかし、幸《しあわ》せもつかの間《ま》、冷泉天皇《れいぜいてんのう》の皇子《おうじ》二人《ふたり》との恋愛《れんあい》に走《はし》り、夫《おっと》とは離別《りべつ》。父親《ちちおや》に勘当《かんどう》をいいわたされてしまう。

宮廷《きゅうてい》をさわがすスキャンダルで非難《ひなん》にさらされた式部《しきぶ》だったが、彼女《かのじょ》ほどの才女《さいじょ》を上《じょう》流貴族《りゅうきぞく》は放《ほう》っておかず、藤原《ふじわらの》道長《みちなが》のお声《こえ》がかりで一条天皇《いちじょうてんのう》の中宮彰子《ちゅうぐうしょうし》に仕《つか》え、道長《みちなが》の家《か》臣《しん》の藤原保昌《ふじわらのやすまさ》と再婚《さいこん》した。

解説《かいせつ》

この歌《うた》は、作者《さくしゃ》の和泉式部《いずみしきぶ》が病床《びょうしょう》にあって、「もしかしたらこのまま自分《じぶん》は死《し》んでしまうかも」と心細《こころぼそ》くなり、恋人《こいびと》に送《おく》ったもの。死《し》を意識《いしき》しつつ、恋《こい》しい人《ひと》への激《はげ》しい愛情《あいじょう》をストレートに詠《うた》っている、恋多《こいおお》き式部《しきぶ》らしい歌《うた》である。

重要《じゅうよう》単語《たんご》　あらざらむ、逢《あ》ふ

057

紫《むらさき》式《しき》部《ぶ》

世《せ》界《かい》的《てき》名《めい》著《ちょ》『源《げん》氏《じ》物《もの》語《がたり》』を書《か》いた一《いち》流《りゅう》の教《きょう》養《よう》人《じん》

出身《しゅっしん》／職業《しょくぎょう》・役職《やくしょく》	不明《ふめい》／藤原宣孝《ふじわらののぶたか》の妻《つま》、女房《にょうぼう》
おさめられた和歌集《わかしゅう》	新古今和歌集《しんこきんわかしゅう》
生没年月日《せいぼつねんがっぴ》	不明《ふめい》

★ その他《た》

能力《のうりょく》パラメータ

カリスマ性《せい》	4
影響力《えいきょうりょく》	5
知力《ちりょく》	5
残《のこ》した歌《うた》の数《かず》	4
名声《めいせい》	5

S

めぐり逢《あ》ひ《(い)》て　見《み》しやそれとも　わかぬまに
雲《くも》がくれにし　夜《よ》半《は(わ)》の月《つき》かな

【ゴロ覚《おぼ》え】

くもとつきが
めぐりあい

意《い》味《み》

見《み》たのかどうかもわからないうちに雲隠《くもがく》れしてしまう夜中《よなか》の月《つき》のように、昔《むかし》なじみのあなたは久《ひさ》しぶりに会《あ》ったのに、あっという間《ま》にいなくなってしまった。

重《じゅう》要《よう》単《たん》語《ご》

めぐり逢《あ》ひて、
夜《よ》半《は》の月《つき》

世界的《せかいてき》な文学者《ぶんがくしゃ》

平安時代中期《へいあんじだいちゅうき》の女流作家《じょりゅうさっか》で歌人《かじん》。世界初《せかいはつ》の長編恋愛小説《ちょうへんれんあいしょうせつ》といわれる『源氏物語《げんじものがたり》』の作《さく》者《しゃ》として有名《ゆうめい》。父《ちち》は学者《がくしゃ》から越前守《えちぜんのかみ》になった藤原為時《ふじわらのためとき》で、式部《しきぶ》もおさないころから文学《ぶんがく》的才能《てきさいのう》を発揮《はっき》し、とくに漢文《かんぶん》が得意《とくい》だったという。

22歳《さい》のときに藤原宣孝《ふじわらののぶたか》と結《けっ》婚《こん》して、娘《むすめ》の賢子《けんし》（第《だい》58番《ばん》の大弐三位《だいにのさんみ》）を生《う》んだ。しかし夫《おっと》に先立《さきだ》たれ、そのさびしさから『源氏物語《げんじものがたり》』を書《か》き始《はじ》めたといわれている。その後《ご》、一条天皇《いちじょうてんのう》の中宮彰子《ちゅうぐうしょうし》に女房兼《にょうぼうけん》家庭教師《かていきょうし》として仕《つか》え、この宮《みや》仕《づか》えの体験《たいけん》が『紫式部日記《むらさきしきぶにっき》』につづられている。

解《かい》説《せつ》

この歌《うた》は、久《ひさ》しぶりに会《あ》ったおさななじみが、月《つき》が雲《くも》に隠《かく》れてしまうようにあわただしく帰《かえ》ってしまった名《な》残《ごり》おしさを詠《よ》んだ。「めぐり逢《あ》ひて」という言葉《ことば》は「友《とも》だちと会《あ》う」ことのほかに「月《つき》がめぐる」という意味《いみ》も持《も》っている。

百人一首《ひゃくにんいっしゅ》のマメ知識《ちしき》⑩

まだまだいる和歌《わか》の達人《たつじん》 三十六歌仙《さんじゅうろっかせん》ってどんな人《ひと》?

六歌仙《ろっかせん》だけじゃない!
和歌《わか》の名人《めいじん》と称《しょう》された三十六人《さんじゅうろくにん》の歌人《かじん》とは?

藤原公任《ふじわらのきんとう》が選定《せんてい》した三十六人《さんじゅうろくにん》の優秀歌人《ゆうしゅうかじん》

小倉百人一首《おぐらひゃくにんいっしゅ》には、三《さん》十六歌仙《じゅうろっかせん》に数《かぞ》えられる歌《か》人《じん》のうち、二十五人《にじゅうごにん》の歌《うた》が含《ふく》まれている。

三十六歌仙《さんじゅうろっかせん》とは、平安《へいあん》時代半《じだいなか》ばに歌人《かじん》・歌論者《かろんしゃ》として活躍《かつやく》した藤原公任《ふじわらのきんとう》(百人一首《ひゃくにんいっしゅ》では大納言公《だいなごんきん》任《とう》)に選《えら》ばれた和歌《わか》の名《めい》人《じん》のことである。選《えら》ばれた歌人《かじん》の時代《じだい》は飛鳥時代《あすかじだい》から平安時代中《へいあんじだいなか》ごろと幅《はば》広《ひろ》く、六歌仙《ろっかせん》の在原業《ありわらのなり》平《ひら》、僧正遍昭《そうじょうへんじょう》、小野小町《おののこまち》の三人《さんにん》も三十六歌仙《さんじゅうろっかせん》にも選《えら》ばれている。後世《こうせい》、三《さん》十六歌仙《じゅうろっかせん》にならって、中《ちゅう》古三十六歌仙《こさんじゅうろっかせん》、女房三十《にょうぼうさんじゅう》六歌仙《ろっかせん》などが選定《せんてい》された。

三十六歌仙《さんじゅうろっかせん》に選《えら》ばれた歌人《かじん》

入首《にゅうしゅ》している歌人《かじん》

- 柿本人麻呂《かきのもとのひとまろ》 歌《うた》003
- 山辺赤人《やまべのあかひと》 歌《うた》004
- 猿丸大夫《さるまるたいふ》 歌《うた》005
- 中納言家持《ちゅうなごんやかもち》 歌《うた》006
- 小野小町《おののこまち》 歌《うた》009
- 僧正遍昭《そうじょうへんじょう》 歌《うた》012
- 在原業平朝臣《ありわらのなりひらあそん》 歌《うた》017
- 藤原敏行朝臣《ふじわらのとしゆきあそん》 歌《うた》018
- 伊勢《いせ》 歌《うた》019
- 素性法師《そせいほうし》 歌《うた》021
- 藤原兼輔《ふじわらのかねすけ》 歌《うた》027
- 源 宗于《みなもとのむねゆき》 歌《うた》028
- 凡河内躬恒《おおしこうちのみつね》 歌《うた》029
- 壬生忠岑《みぶのただみね》 歌《うた》030
- 坂上是則《さかのうえのこれのり》 歌《うた》031
- 紀友則《きのとものり》 歌《うた》033
- 藤原興風《ふじわらのおきかぜ》 歌《うた》034
- 紀貫之《きのつらゆき》 歌《うた》035
- 平 兼盛《たいらのかねもり》 歌《うた》040
- 壬生忠見《みぶのただみ》 歌《うた》041
- 清原元輔《きよはらのもとすけ》 歌《うた》042
- 権中納言敦忠《ごんちゅうなごんあつただ》 歌《うた》043
- 中納言朝忠《ちゅうなごんあさただ》 歌《うた》044
- 源 重之《みなもとのしげゆき》 歌《うた》048
- 大中臣能宣朝臣《おおなかとみのよしのぶあそん》 歌《うた》049
- 大納言公任《だいなごんきんとう》 歌《うた》055

入首《にゅうしゅ》していない歌人《かじん》

- 大中臣頼基《おおなかとみのよりもと》
- 源 公忠《みなもとのきんただ》
- 藤原清正《ふじわらのきよただ》
- 源 信明《みなもとのさねあきら》
- 中務《なかつかさ》
- 源 順《みなもとのしたごう》
- 斎宮女御《さいぐうのにょうご》
- 藤原高光《ふじわらのたかみつ》
- 藤原元真《ふじわらのもとざね》
- 小大君《こだいのきみ》

藤原定家《ふじわらのていか》は百首《ひゃくしゅ》を採《と》る際《さい》、三十六歌仙《さんじゅうろっかせん》を参考《さんこう》にしたはず。それでも十人《じゅうにん》が漏《も》れた。いずれも名手《めいしゅ》だが、歌《うた》が定家《ていか》の好《この》みに合《あ》わなかったのだろう。

058

大《だい》弐《にの》三《さん》位《み》

母《はは》ゆずりの聡明《そうめい》さで宮中《きゅうちゅう》の人気《にんき》を博《はく》した女性《じょせい》

出身《しゅっしん》／職業《しょくぎょう》・役職《やくしょく》	不明《ふめい》／女房《にょうぼう》・乳母《うば》・高階成章《たかしなのなりあき》の妻《つま》
おさめられた和歌集《わかしゅう》	後拾遺和歌集《ごしゅういわかしゅう》
生没年月日《せいぼつねんがっぴ》	999年《ねん》ごろ～1082年《ねん》ごろ

恋《こい》

有馬山《ありまやま》　ゐ《い》なのささ原《はら》　風《かぜ》吹《ふ》けば
いでそよ人《ひと》を　忘《わす》れやはする

【ゴロ覚《おぼ》え】

ありまやまに
いないで

意味《いみ》

有馬山《ありまやま》の近《ちか》くにある猪名《いな》の笹原《ささはら》に風《かぜ》が吹《ふ》くと、笹《ささ》の葉《は》がそよそよと音《おと》を立《た》てる。そうよ、そうですよ。どうしてあなたのことを忘れたりするものですか

重要単語《じゅうようたんご》

ゐなのささ原《はら》、いでそよ

貴公子《きこうし》たちとの恋《こい》

本名《ほんみょう》は藤原賢子《ふじわらのけんし》。紫式部《むらさきしきぶ》の娘《むすめ》。若《わか》くして中宮彰子《ちゅうぐうしょうし》に仕《つか》え、この間《あいだ》、一流貴族《いちりゅうきぞく》の貴公子《きこうし》たちとつぎつぎに恋《こい》をし、藤原《ふじわらの》兼隆《かねたか》と結婚《けっこん》。一女《いちじょ》をもうけ、さらに後冷泉天皇《ごれいぜいてんのう》の乳母《うば》に選《えら》ばれた。後《のち》に高階成章《たかしなのなりあき》（正三位《しょうさんみ》大宰大弐《だざいのだいに》）と再婚《さいこん》し、大弐《だいにの》三位《さんみ》と呼《よ》ばれた。

解説《かいせつ》

作者《さくしゃ》に冷《つめ》たくなった男性《だんせい》が、間《ま》の悪《わる》さをごまかすつもりなのか、逆《ぎゃく》に「君《きみ》が自分《じぶん》を愛《あい》してくれているのかわからない」といったので、その返事《へんじ》として詠《よ》んだ歌《うた》である。技巧《ぎこう》を散《ち》りばめながら、男性《だんせい》への強《つよ》い反発《はんぱつ》を表《あらわ》している。

【ゴロ覚《おぼ》え】

やすいね
かったふく

意味《いみ》

来《こ》ないとわかっていたなら、ためらわずに寝《ね》てしまったでしょうに。あなたを待《ま》つうちに夜《よる》がふけて、とうとう西《にし》にかたむく月《つき》を見《み》てしまったわ。

重要単語《じゅうようたんご》

やすらはで、傾《かたぶ》くまでの

やすらは（わ）で　寝《ね》なましものを　小《さ》夜《よ》更《ふ》けて　傾《かたぶ》くまでの　月《つき》を見《み》しかな

059

赤《あか》染《ぞめ》衛《え》門《もん》

和泉《いずみ》式部《しきぶ》と並《なら》び称《しょう》される
平安《へいあん》中期《ちゅうき》を代表《だいひょう》する女流《じょりゅう》歌人《かじん》

出身《しゅっしん》／職業《しょくぎょう》・役職《やくしょく》	不明《ふめい》／大江匡衡《おおえのまさひら》の妻《つま》
おさめられた和歌集《わかしゅう》	後拾遺和歌集《ごしゅういわかしゅう》
生没年月日《せいぼつねんがっぴ》	不明《ふめい》

恋《こい》

解説《かいせつ》

相手《あいて》の男性《だんせい》である藤原道隆《ふじわらのみちたか》が「来《く》る」と約束《やくそく》して来《こ》なかった翌朝《よくあさ》、待《ま》ちぼうけとなった姉《し》妹《まい》の一人《ひとり》のために代作《だいさく》した歌《うた》である。といっても、強烈《きょうれつ》な反発心《はんぱつしん》はなくて、ものやわらかく知性的《ちせいてき》に相手《あいて》へ意志《いし》を伝《つた》えようとしている。

歌才《うたさい》・文才《ぶんさい》に優《すぐ》れる

赤染時用《あかぞめときもち》の娘《むすめ》で、文章博《もんじょうはか》士《せ》・大江匡衡《おおえのまさひら》の妻《つま》。父《ちち》が右衛《うえ》門尉《もんじょう》だったことから、赤染衛《あかぞめえ》門《もん》と呼《よ》ばれた。藤原道長《ふじわらのみちなが》の妻《つま》倫子《りんし》と中宮彰子《ちゅうぐうしょうし》に仕《つか》える。和泉式部《いずみしきぶ》と並《なら》び称《しょう》される女流《じょりゅう》歌人《かじん》で、多《おお》くの歌《うた》が勅撰和歌《ちょくせんわか》集《しゅう》におさめられている。『栄花《えいが》物語《ものがたり》』の作者《さくしゃ》という説《せつ》もある。

060

小《こ》式《しき》部《ぶ》内《ない》侍《し》

周囲《しゅうい》からやっかみを受《う》けるほどの和歌《わか》の名人《めいじん》

出身《しゅっしん》／職業《しょくぎょう》・役職《やくしょく》	不明《ふめい》／内侍《ないし》
おさめられた和歌集《わかしゅう》	金葉和歌集《きんようわかしゅう》
生没年月日《せいぼつねんがっぴ》	不明《ふめい》

★ その他《た》

大《おほ》（おお）江《え》山《やま》　いくのの道《みち》の　遠《とほ》（とお）ければ　まだふみも見《み》ず　天《あま》の橋《はし》立《だて》

【ゴロ覚《おぼ》え】

おおえやまに　まだいくの

意味《いみ》

大江山《おおえやま》をこえて、生野《いくの》を通《とお》っていく丹後《たんご》への道《みち》が都《みやこ》からは遠《とお》すぎて、まだ母《はは》のいる天《あま》の橋《はし》立《だて》に行《い》ったこともなければ、母《はは》からの手紙《てがみ》も見《み》ていません。

重要単語《じゅうようたんご》

大《おほ》江《え》山《やま》、天《あま》の橋《はし》立《だて》

母《はは》ゆずりの美貌《びぼう》と歌才《うたさい》

宮中《きゅうちゅう》の女官《にょかん》で女流歌人《じょりゅうかじん》。父《ちち》は橘道貞《たちばなのみちさだ》で、母《はは》は和泉式部《いずみしきぶ》。母《はは》ゆずりの美貌《びぼう》と歌《うた》の才能《さいのう》を持《も》ち合《あ》わせていたため、よくモテたらしく、母同様《ははどうよう》、多《おお》くの一流貴族《いちりゅうきぞく》と交際《こうさい》した。母《はは》とともに中宮彰子《ちゅうぐうしょうし》に仕《つか》えたが、母《はは》よりも早《はや》く25歳《さい》くらいで亡《な》くなったという。

解説《かいせつ》

作者《さくしゃ》の母《はは》である和泉式部《いずみしきぶ》が、藤原保昌《ふじわらのやすまさ》と再婚《さいこん》して丹後《たんご》にくだっていたとき、たまたま都《みやこ》で歌合《うたあわせ》があった。そのときに作者《さくしゃ》が即興《そっきょう》で詠《よ》んだ歌《うた》である。掛詞《かけことば》や縁語《えんご》のほか、地名《ちめい》までも詠《よ》み込《こ》んだ才能《さいのう》に、周《しゅう》囲《い》は舌《した》を巻《ま》いたという。

名歌誕生《めいかたんじょう》
ストーリー
3

幼《おさな》なじみとのつかの間《ま》の再会《さいかい》

紫式部《むらさきしきぶ》

率直《そっちょく》なもの言《い》いで有名《ゆうめい》な紫式部《むらさきしきぶ》。でも文学《ぶんがく》の世界《せかい》では人《ひと》の心《こころ》の機微《きび》に敏感《びんかん》な心《こころ》やさしい女性《じょせい》だった。ある日《ひ》、幼《おさな》なじみの友人《ゆうじん》と会《あ》った紫式部《むらさきしきぶ》。夜半《よわ》の月《つき》にたとえられた女性《じょせい》とはどのような人《ひと》だったのだろう。この歌《うた》は、私《わたし》たちの想像力《そうぞうりょく》を刺激《しげき》する一首《いっしゅ》となっている。

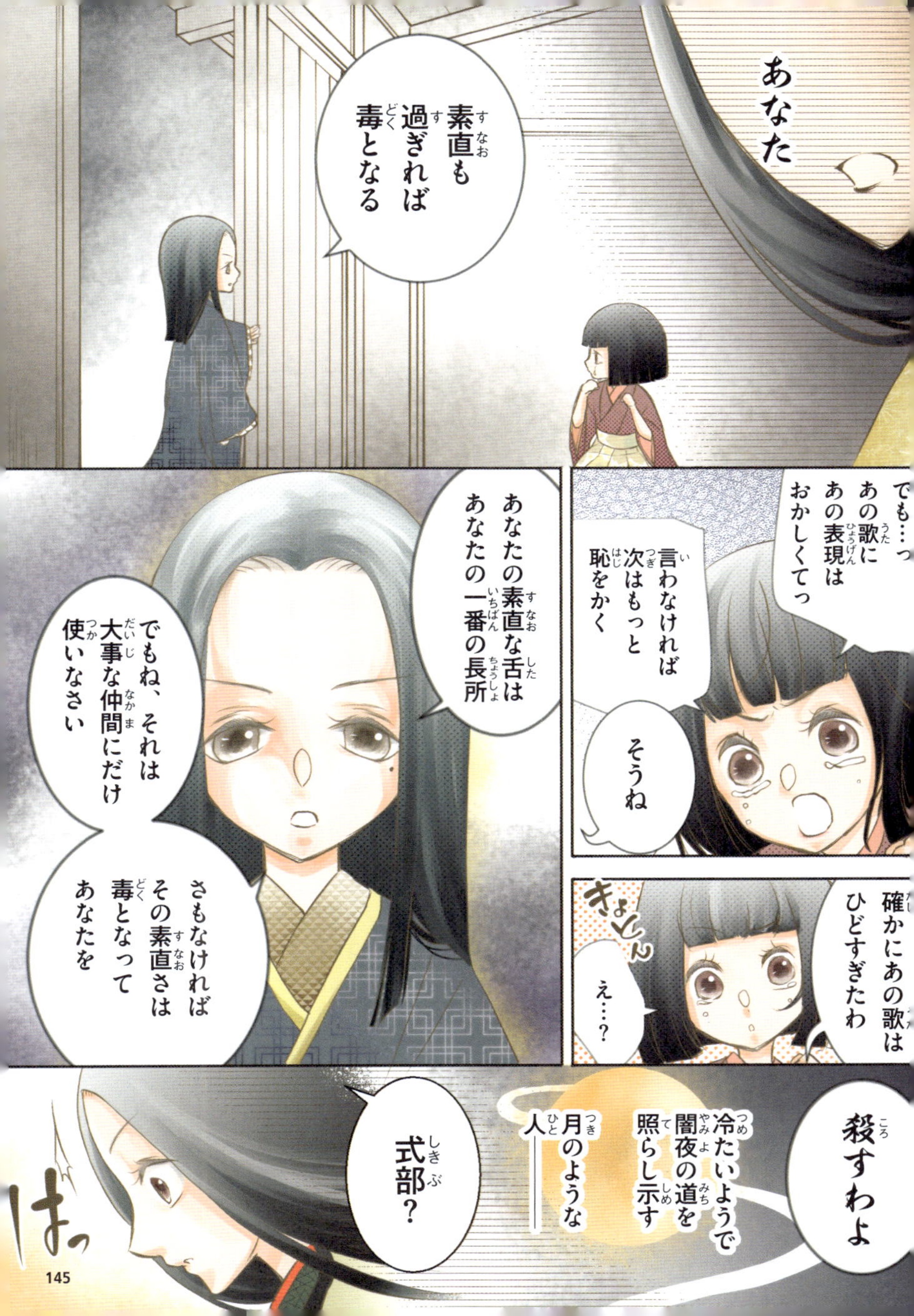

あなた
素直《すなお》も 過《す》ぎれば 毒《どく》となる
でも…っ あの歌《うた》に あの表現《ひょうげん》は おかしくてっ
言《い》わなければ 次《つぎ》はもっと 恥《はじ》をかく
そうね
確かにあの歌は ひどすぎたわ
きょとん
え…？
あなたの素直《すなお》な舌《した》は あなたの一番《いちばん》の長所《ちょうしょ》
でもね、それは 大事《だいじ》な仲間《なかま》にだけ 使《つか》いなさい
さもなければ その素直《すなお》さは 毒《どく》となって あなたを
殺《ころ》すわよ
冷《つめ》たいようで 闇夜《やみよ》の道《みち》を 照《て》らし示《しめ》す 月《つき》のような 人《ひと》——
式部《しきぶ》？
はっ

プイッ
宮中《きゅうちゅう》を下がった《やめた》人《ひと》が元《もと》の職場《しょくば》に何《なん》の用《よう》です？
…ふぅん
おもしろくない恋歌《こいうた》でももらって出来《でき》の悪《わる》さにむしゃくしゃしてたんでしょ
や～ね
っ
下手《へた》な歌《うた》をほめて浮《う》かれる男《おとこ》をわらう底意地《そこいじ》の悪《わる》いあなたには私《わたし》の気持《きも》ちはわからないでしょうね
こわいこわい
まぁ！
…
ふっ

くすくす
性格《せいかく》に難《なん》ありはお互《たが》いさまね
ついに旦那《だんな》さまに愛想《あいそ》をつかされて再就職《でもどり》かしら？
それじゃ
元気《げんき》そうでよかったわ！
えっ
あら私《わたし》ったら！
急《いそ》ぎのお届《とど》け物《もの》に上《あ》がったんだったわ
まっ
チチチ

晴《は》れわたった
昼間《ひるま》なのに
闇夜《やみよ》に浮《う》かぶ月《つき》が
さっと雲《くも》に
隠《かく》れてしまうように
あの人は
すぐに
いなくなって
しまった
カサ

サラッ
めぐり逢《あ》ひて
見《み》しやそれとも　わかぬまに
雲《くも》がくれにし
夜《よ》半《は》の月《つき》かな

百人一首《ひゃくにんいっしゅ》のマメ知識《ちしき》⑪

旧暦《きゅうれき》の呼《よ》び方《かた》&月《つき》の満《み》ち欠《か》け

百人一首《ひゃくにんいっしゅ》を深《ふか》く理解《りかい》するために、当時《とうじ》の暦《こよみ》と季節《きせつ》の移《うつ》り変《か》わりをしっかり頭《あたま》に入《い》れておこう！

●昔《むかし》の暦《こよみ》と季節《きせつ》の関係《かんけい》

季節《きせつ》	旧暦《きゅうれき》	月名《つきめい》	現代《げんだい》の暦《こよみ》
	1月《がつ》	睦月《むつき》	2/14～3/15
春《はる》	2月《がつ》	如月《きさらぎ》	3/16～4/13
	3月《がつ》	弥生《やよい》	4/14～5/13
	4月《がつ》	卯月《うづき》	5/14～6/11
夏《なつ》	5月《がつ》	皐月《さつき》	6/12～7/11
	6月《がつ》	水無月《みなづき》	7/12～8/9
	7月《がつ》	文月《ふみづき》	8/10～9/7
秋《あき》	8月《がつ》	葉月《はづき》	9/8～10/7
	9月《がつ》	長月《ながつき》	10/8～11/5
	10月《がつ》	神無月《かんなづき》	11/6～12/5
冬《ふゆ》	11月《がつ》	霜月《しもつき》	12/6～1/3
	12月《がつ》	師走《しわす》	1/4～2/2

月《つき》の満《み》ち欠《か》けで暦《こよみ》を決《き》めていた

現在使《げんざいつか》われている暦《こよみ》は、太陽《たいよう》の動《うご》きを基準《きじゅん》にした「太陽暦《たいようれき》」である。一方《いっぽう》、平安時代《へいあんじだい》から明治《めいじ》時代《じだい》まで、日本《にほん》の暦《こよみ》は「太《たい》陰暦《いんれき》」に基《もと》づいていた。太陰暦《たいいんれき》（旧暦《きゅうれき》）とは、月《つき》の満《み》ち欠《か》けに基《もと》づく暦《こよみ》で、昔《むかし》は月《つき》が新月《しんげつ》から満《まん》月《げつ》へ、満月《まんげつ》からまた新月《しんげつ》になる二十九《にじゅうきゅう》～三十日《さんじゅうにち》（正確《せいかく》には二十九《にじゅうきゅう》・五三《ごじゅうさん》日《にち》）を1カ月《げつ》として、暦《こよみ》を作《つく》っていた。また旧暦《きゅうれき》では、一《いち》～十二月《じゅうにがつ》までそれぞれの月《つき》に名前《なまえ》があり、さらに現代《げんだい》とは、各《かく》月《つき》と季節《きせつ》に一《いち》～二《に》カ月《げつ》ほどのずれがあった。

三夕《さんせき》の歌《うた》

「秋《あき》の夕暮《ゆうぐ》れ」で結《むす》ぶ歌《うた》には、名歌《めいか》と呼《よ》ばれるものが多《おお》く、『新古今和歌集《しんこきんわかしゅう》』には三首《さんしゅ》が入集《にゅうしゅう》し、それらは「三夕《さんせき》の歌《うた》」と賞《しょう》されている。当《とう》時《じ》、「秋《あき》はさびしいもの」とされ、「夕暮《ゆうぐ》れ」のさびしさと孤《こ》独感《どくかん》も相《あい》まって、「秋《あき》の夕暮《ゆうぐ》れ」は趣深《おもむきぶか》い時《とき》だとされた。

さびしさと孤独感《こどくかん》が漂《ただよ》う秋《あき》の夕暮《ゆうぐ》れ

月《つき》の満《み》ち欠《か》けと呼《よ》び名《な》

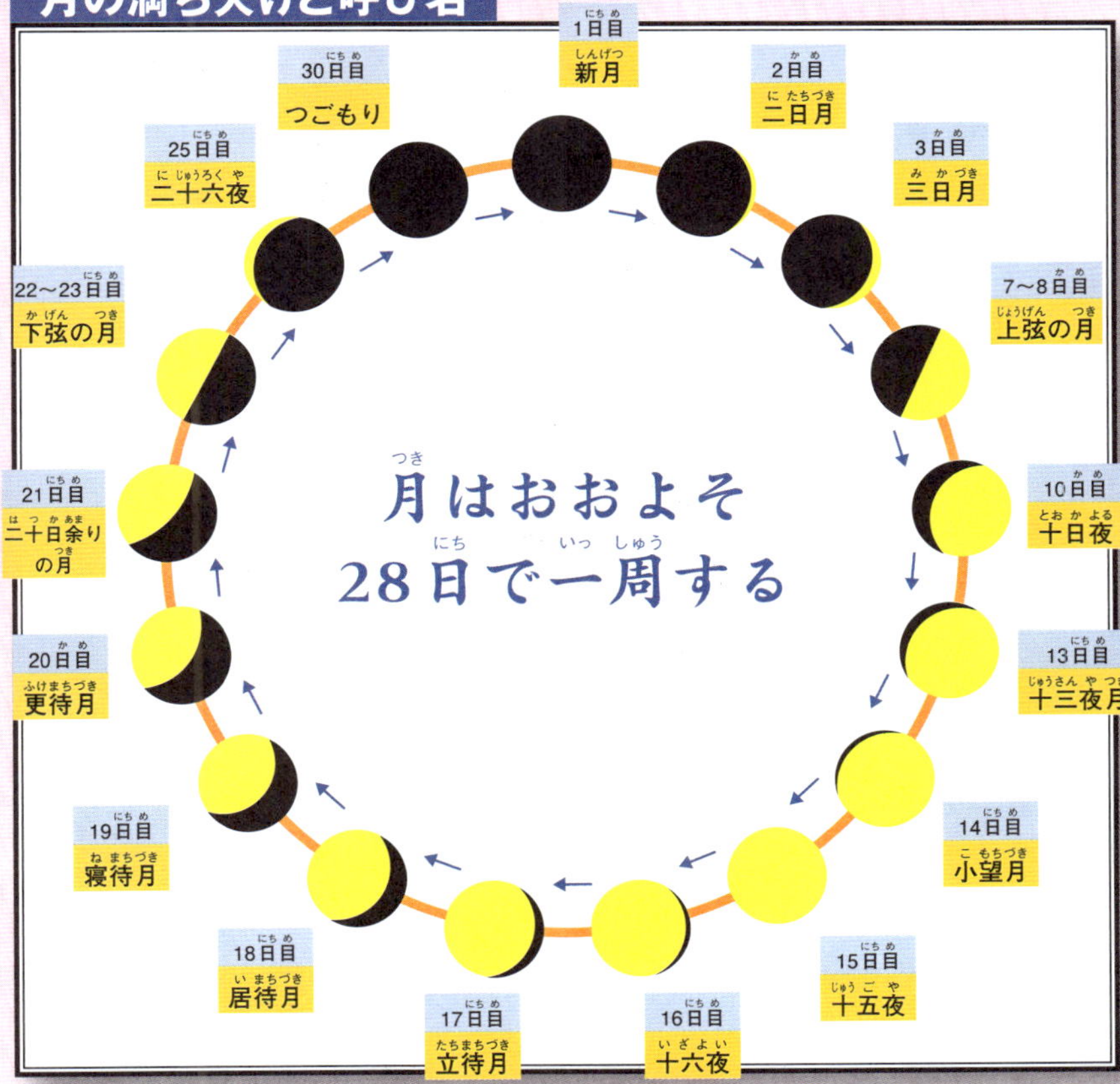

百人一首《ひゃくにんいっしゅ》で重要《じゅうよう》な月《つき》の呼《よ》び名《な》

●夕月夜《ゆうづくよ》
夕方《ゆうがた》に出《で》る月《つき》。または月《つき》が出《で》ている夕方《ゆうがた》。

●有明《ありあけ》の月《つき》
夜《よる》が明《あ》けても空《そら》に残《のこ》っている月《つき》のこと。

●新月《しんげつ》／つごもり
新月《しんげつ》は月《つき》が見《み》えない状態《じょうたい》。つごもりは月末《げつまつ》。

●十六夜《いざよい》の月《つき》
満月《まんげつ》の翌日《よくじつ》の月《つき》。旧暦十六日《きゅうれきじゅうろくにち》の夜《よる》の月《つき》。

●居待月《いまちづき》
満月《まんげつ》の三日後《みっかご》の月《つき》で、家《いえ》で座《すわ》って待《ま》つ月《つき》の意《い》。

●寝待月《ねまちづき》（臥待月《ふしまちつき》）
満月《まんげつ》の四日後《よっかご》の月《つき》で、家《いえ》で寝《ね》て待《ま》つ月《つき》の意《い》。

●更待月《ふけまちづき》（宵闇月《よいやみつき》）
満月《まんげつ》の五日後《いつかご》の月《つき》で、夜《よる》がふけないと出《で》ない月《つき》。

●上弦《じょうげん》の月《つき》
月《つき》を弓《ゆみ》に見立《みた》て、欠《か》け際《ぎわ》が上《うえ》を向《む》く三日月《みかづき》。

●下弦《かげん》の月《つき》
月《つき》を弓《ゆみ》に見立《みた》て、欠《か》け際《ぎわ》が下《した》を向《む》く三日月《みかづき》。

百人一首《ひゃくにんいっしゅ》のマメ知識《ちしき》⑫

百《ひゃく》人《にん》一《いっ》首《しゅ》に登《とう》場《じょう》する イケメン＆美《び》女《じょ》BEST3

ロマンスに彩《いろど》られた恋《こい》多《おお》き歌人《かじん》たち。だれが一番《いちばん》ハンサムで、美女《びじょ》だったのかを独断《どくだん》でランキング！

イケメンBEST3

3 藤原義孝《ふじわらのよしたか》

端正《たんせい》な顔立《かおだ》ちの御曹司《おんぞうし》で、ファッションセンスも抜群《ばつぐん》だった。

2 元良親王《もとよししんのう》

女房《にょうぼう》、人妻《ひとづま》たちと浮名《うきな》を流《なが》した、恋《こい》に情熱《じょうねつ》を燃《も》やすイケメン。

1 在原業平《ありわらのなりひら》

同時代《どうじだい》のイケメンの代表《だいひょう》。『伊《い》勢物語《せものがたり》』の主人公《しゅじんこう》といわれる。

美女《びじょ》BEST3

1 小野小町《おののこまち》

イケメンの在原業平《ありわらのなりひら》の誘《さそ》いをはねつけた、日本《にほん》を代表《だいひょう》する美女《びじょ》。

2 伊勢《いせ》

高《たか》い気品《きひん》と教養《きょうよう》、奥《おく》ゆかしさで、貴族《きぞく》のだれもが心《こころ》を奪《うば》われたという。

3 和泉式部《いずみしきぶ》

若《わか》い皇子《おうじ》が虜《とりこ》になってしまうほど、多《おお》くの男性《だんせい》にモテた女流《じょりゅう》歌人《かじん》。

第《だい》4章《しょう》

六《ろく》十《じゅう》一《いち》番《ばん》〜八《はち》十《じゅう》番《ばん》

- 061 伊《い》勢《せの》大《たい》輔《ふ》
- 062 清《せい》少《しょう》納《な》言《ごん》
- 063 左《さ》京《きょう》大《だい》夫《ぶ》道《みち》雅《まさ》
- 064 権《ごん》中《ちゅう》納《な》言《ごん》定《さだ》頼《より》
- 065 相模《さがみ》
- 066 大《だい》僧《そう》正《じょう》行《ぎょう》尊《そん》
- 067 周防《すおうの》内《ない》侍《し》
- 068 三《さん》条《じょう》院《いん》
- 069 能《のう》因《いん》法《ほう》師《し》
- 070 良《りょう》暹《ぜん》法《ほう》師《し》
- 071 大《だい》納《な》言《ごん》経《つね》信《のぶ》
- 072 祐《ゆう》子《し》内《ない》親《しん》王《のう》家《けの》紀《き》伊《い》
- 073 権《ごん》中《ちゅう》納《な》言《ごん》匡《まさ》房《ふさ》
- 074 源《みなもとの》 俊《とし》頼《より》朝臣《あそん》
- 075 藤原《ふじわらの》基《もと》俊《とし》
- 076 法《ほっ》性《しょう》寺《じ》入《にゅう》道《どう》前《さきの》関《かん》白《ばく》太《だ》政《じょう》大《だい》臣《じん》
- 077 崇《す》徳《とく》院《いん》
- 078 源《みなもとの》 兼《かね》昌《まさ》
- 079 左《さ》京《きょうの》 大《だい》夫《ぶ》顕《あき》輔《すけ》
- 080 待《たい》賢《けん》門《もん》院《いんの》堀《ほり》河《かわ》

061

伊《い》勢《せの》大《たい》輔《ふ》

歌人《かじん》の家柄《いえがら》に生《う》まれたサラブレッド

出身《しゅっしん》／職業《しょくぎょう》・役職《やくしょく》	不明《ふめい》／大輔《たいふ》	
おさめられた和歌集《わかしゅう》	詞花和歌集《しかわかしゅう》	
生没年月日《せいぼつねんがっぴ》	不明《ふめい》	春《はる》

能力《のうりょく》パラメータ

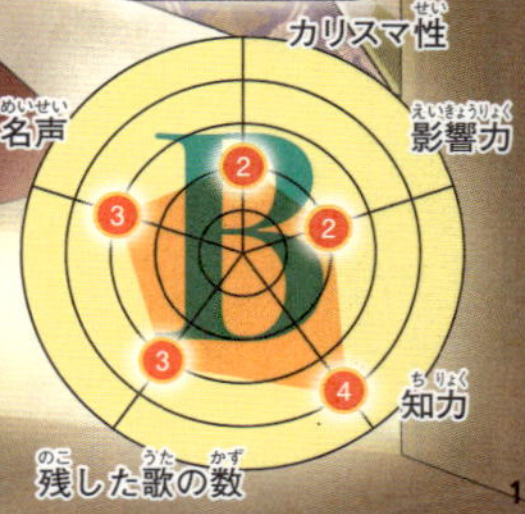

いにしへ《（え）》の　奈良《なら》の都《みやこ》の　八重《やへ》《（え）》ざくら
今日《けふ》《（きょう）》九《ここの》重《へ》《（え）》に　匂《にほ》ひ《（におい）》ぬるかな

【ゴロ覚《おぼ》え】

いにしえの
ここのにおい

意味《いみ》

昔《むかし》、奈良《なら》の都《みやこ》で咲《さ》いていた八重桜《やえざくら》が、今日《きょう》は平安《へいあん》の都《みやこ》の宮中《きゅうちゅう》で美《うつく》しく咲《さ》きほこっています。

重要単語《じゅうようたんご》　奈良《なら》の都《みやこ》、九重《ここのへ》

梨壺《なしつぼ》の五人《ごにん》の一人《ひとり》

代々《だいだい》、歌人《かじん》の家柄《いえがら》に生《う》まれ、父《ちち》は伊勢神宮《いせじんぐう》の祭主《さいしゅ》である大中臣輔親《おおなかとみのすけちか》で、祖父《そふ》は第《だい》49番《ばん》の大中臣能宣《おおなかとみのよしのぶ》。子《こ》の康資王母《やすすけおうのはは》・筑前乳母《ちくぜんのめのと》・源兼俊母《みなもとのかねとしのはは》も、歌《うた》が勅撰和歌集《ちょくせんわかしゅう》におさめられるなど、みなそろって歌人《かじん》のほまれが高《たか》い。自身《じしん》もさまざまな歌合《うたあわせ》で活躍《かつやく》し、その才能《さいのう》を高《たか》く評価《ひょうか》され、勅撰和歌集《ちょくせんわかしゅう》に51首《しゅ》がおさめられ、家集《かしゅう》『伊勢大輔集《いせのたいふしゅう》』もある。

一条天皇《いちじょうてんのう》の中宮彰子《ちゅうぐうしょうし》に仕《つか》え、和泉式部《いずみしきぶ》、紫式部《むらさきしきぶ》、赤染衛門《あかぞめえもん》、馬内侍《うまのないし》ら当代《とうだい》きっての才女《さいじょ》たちと交流《こうりゅう》があり、伊勢大輔《いせのたいふ》をふくめた五人《ごにん》で「梨壺《なしつぼ》の五歌仙《ごかせん》」と呼《よ》ばれていた。

解説《かいせつ》

中宮《ちゅうぐう》に仕《つか》えた女房《にょうぼう》としては新参者《しんざんもの》の作者《さくしゃ》が、奈良《なら》から届《とど》けられた八重桜《やえざくら》を使者《ししゃ》から受《う》けとり、御前《ごぜん》にささげる役目《やくめ》を紫式部《むらさきしきぶ》からゆずられ、緊張《きんちょう》しながら詠《よ》んだ歌《うた》である。その見事《みごと》なできばえに、場《ば》は大《おお》きな歓声《かんせい》に包《つつ》まれたという。

062

清《せい》少《しょう》納《な》言《ごん》

『枕草子《まくらのそうし》』を執筆《しっぴつ》した
勝《か》ち気《き》な女《じょ》流《りゅう》作《さっ》家《か》

出身《しゅっしん》／職業《しょくぎょう》・役職《やくしょく》	不明《ふめい》／女房《にょうぼう》
おさめられた和歌集《わかしゅう》	後拾遺和歌集《ごしゅういわかしゅう》
生没年月日《せいぼつねんがっぴ》	966年《ねん》ごろ～1025年《ねん》ごろ

★ その他《た》

夜《よ》をこめて　鳥《とり》のそら音《ね》は　はかるとも
よに逢《あふ》《(おう)》坂《さか》の　関《せき》はゆるさじ

【ゴロ覚《おぼ》え】

よお！
おうさかの
せきさん

意味《いみ》

夜《よる》がまだ明《あ》けないうちに、夜明《よあ》けを告《つ》げるにわとりの鳴《な》きまねをして私《わたし》をだまそうとしても、※函谷関《かんごくかん》ならともかく、逢坂《おうさか》の関《せき》が開《ひら》くことはありません。

重要《じゅうよう》単語《たんご》　鳥《とり》のそら音《ね》、逢坂《あふさか》

男性顔負《だんせいかおま》けの知性《ちせい》

平安時代《へいあんじだい》の女流作家《じょりゅうさっか》で歌人《かじん》。第《だい》42番《ばん》・清原元輔《きよはらのもとすけ》の娘《むすめ》で、幼少《ようしょう》のころから和歌《わか》や漢文《かんぶん》の英才教育《えいさいきょういく》をうけて育《そだ》ち、27歳《さい》のときに一条天皇《いちじょうてんのう》の中宮定子《ちゅうぐうていし》の教育係《きょういくがかり》として仕《つか》えた。本名《ほんみょう》はわかっていないが、「清原諾《きよはらのなぎ》子《こ》」という説《せつ》がある。

知性的《ちせいてき》な美《び》の世界《せかい》を描《えが》いた随筆《ずいひつ》『枕草子《まくらのそうし》』の作者《さくしゃ》として知《し》られ、王朝文学《おうちょうぶんがく》を代表《だいひょう》する作家《さっか》の一人《ひとり》だが、才能《さいのう》をほこるところがあり、勝《か》ち気《き》で男性《だんせい》をやりこめることも多々《たた》あったという。ほかの才女《さいじょ》に対《たい》するライバル心《しん》も強《つよ》く、とくに紫式部《むらさきしきぶ》とは犬猿《けんえん》の仲《なか》だったという話《はなし》もある。

解《かい》説《せつ》

作者《さくしゃ》のもとに藤原行成《ふじわらのゆきなり》が来《き》て話《はな》しこんでいるうちに夜《よる》もふけた。行成《ゆきなり》は用事《ようじ》があるからとあわてて帰《かえ》ったが、翌朝《よくあさ》、「昨晩《さくばん》はにわとりの声《こえ》にせかされて」といいわけが届《とど》いた。その返事《へんじ》の歌《うた》である。中国《ちゅうごく》の故事《こじ》をふまえた、二人《ふたり》の高《たか》い教養《きょうよう》が見《み》える。

※古代中国《こだいちゅうごく》の斉《せい》の孟嘗君《もうしょうくん》が食客《しょっかく》ににわとりの鳴《な》きまねをさせて門《もん》が開《ひら》いた

【ゴロ覚《おぼ》え】

いまは
ひとつ

今《いま》はただ　思《おも》ひ(い)絶《た》えなむ(ん)　とばかりを
人《ひと》づてならで　言《い》ふ(う)よしもがな

意味《いみ》

今《いま》はただあなたのことをあきらめてしまおうと決《き》めた。そのことを直接会《ちょくせつあ》って伝《つた》える方法《ほうほう》があればいいのに。

重要単語《じゅうようたんご》

思《おも》ひ絶《た》え、
人《ひと》づてならで

063 左《さ》京《きょう》大《だい》夫《ぶ》道《みち》雅《まさ》

悲恋《ひれん》に末《すえ》に乱行《らんぎょう》に
走《はし》った元貴公子《もときこうし》

出身《しゅっしん》／職業《しょくぎょう》・役職《やくしょく》	不明《ふめい》／左京大夫《さきょうのだいぶ》	
おさめられた和歌集《わかしゅう》	後拾遺和歌集《ごしゅういわかしゅう》	
生没年月日《せいぼつねんがっぴ》	992年《ねん》～1054年《ねん》8月《がつ》25日《にち》	恋《こい》

解説《かいせつ》

三条天皇《さんじょうてんのう》の皇女《こうじょ》・当子内親王《とうしないしんのう》との恋《こい》が天皇《てんのう》の怒《いか》りをかい、逢《あ》うことができなくなって詠《よ》んだ歌《うた》である。別《わか》れの言葉《ことば》だけでも相手《あいて》に伝《つた》えたいという切《せつ》ない願望《がんぼう》と、二度《にど》と内親王《ないしんのう》に近《ちか》づくことができない苦《くる》しみが表現《ひょうげん》されている。

恋《こい》の歌《うた》に優《すぐ》れる

第《だい》54番《ばん》、儀同三司母《ぎどうさんしのはは》の子《こ》。三条天皇《さんじょうてんのう》の皇女《こうじょ》・当子内親王《とうしないしんのう》との恋愛《れんあい》で天皇《てんのう》の怒《いか》りをかってしまい、出世《しゅっせ》の道《みち》が閉《と》ざされて乱行《らんぎょう》が目立《めだ》つようになったと伝《つた》えられる。歌人《かじん》として目立《めだ》つ存在《そんざい》ではなかったが、悲恋《ひれん》を題材《だいざい》にすばらしい歌《うた》を残《のこ》している。

064

権《ごん》中《ちゅう》納《な》言《ごん》定《さだ》頼《より》

軽率《けいそつ》なふるまいが多《おお》い
名門《めいもん》の御曹司《おんぞうし》

朝《あさ》ぼらけ　宇治《うぢ(じ)》の川霧《かは(かわ)ぎり》　絶《た》えだえに
あらは《(わ)》れ渡《わた》る　瀬々《せぜ》の網代木《あじろぎ》

【ゴロ覚《おぼ》え】

あさぼーっと
あらわれる

意味《いみ》

夜《よる》がほんのりと明《あ》けてくるころ、宇治川《うじかわ》に立《た》ちこめていた霧《きり》が晴《は》れてきて、浅瀬《あさせ》にかけている網代木《あじろき》が現《あらわ》れてきた。

重要単語《じゅうようたんご》

宇治《うぢ》、網代木《あじろぎ》

出身《しゅっしん》／職業《しょくぎょう》・役職《やくしょく》	不明《ふめい》／権中納言《ごんちゅうなごん》
おさめられた和歌集《わかしゅう》	千載和歌集《せんさいわかしゅう》
生没年月日《せいぼつねんがっぴ》	995年《ねん》〜1045年《ねん》2月《がつ》8日《か》
冬《ふゆ》	

人《ひと》をからかう悪《わる》い癖《くせ》

第《だい》55番《ばん》の大納言公任《だいなごんきんとう》（藤原公任《ふじわらのきんとう》）の子《こ》で、四条中納言《しじょうちゅうなごん》とも呼《よ》ばれた。和歌《わか》と書道《しょどう》の名手《めいしゅ》で、美男子《びなんし》としても知《し》られ、いろいろな女性《じょせい》と恋《こい》のうわさがあった。頭《あたま》はよかったが軽率《けいそつ》な性格《せいかく》で、よく人《ひと》をからかったり、若《わか》いころは暴力事件《ぼうりょくじけん》で失敗《しっぱい》している。

解《かい》説《せつ》

この歌《うた》は、冬《ふゆ》の朝《あさ》の霧《きり》が立《た》ちこめる宇治川《うじかわ》の光景《こうけい》を詠《よ》んだもの。行方《ゆくえ》も知《し》らずにただよう波《なみ》、霧《きり》の絶《た》え間《ま》に現《あらわ》れる網代木《あじろき》（あゆの稚魚《ちぎょ》をとるためのしかけに使《つか》う杭《くい》）の様子《ようす》が美《うつく》しく、まるで墨絵《すみえ》のような趣《おもむき》もある。

065

相模《さがみ》

何《なに》不《ふ》自《じ》由《ゆう》なく暮《く》らした恋《こい》多《おお》きお嬢《じょう》さま

【ゴロ覚《おぼ》え】

うらみをわびにこい

恨《うら》み詫《わ》び　ほさぬ袖《そで》だに　あるものを
恋《こひ》(こい)に朽ちなむ(ん)　名こそ惜《を》(お)しけれ

意《い》味《み》

あなたをうらんで泣《な》き続《つづ》け、涙《なみだ》がかわくひまもない着物《きもの》の袖《そで》がくちるのさえ惜《お》しいのに、この恋《こい》のうわさのせいでくちていく私《わたし》の評判《ひょうばん》が惜《お》しい。

重要単語《じゅうようたんご》

恨《うら》み詫《わ》び、恋《こひ》に朽《く》ちなむ

出身《しゅっしん》／職業《しょくぎょう》・役職《やくしょく》	不明《ふめい》／女房《にょうぼう》
おさめられた和歌集《わかしゅう》	後拾遺和歌集《ごしゅういわかしゅう》
生没年月日《せいぼつねんがっぴ》	不明《ふめい》

恋《こい》

解《かい》説《せつ》

1049年《ねん》の内裏歌合《だいりうたあわせ》で、作者《さくしゃ》は「恋《こい》」を題材《だいざい》にこの歌《うた》を詠《よ》み、勝負《しょうぶ》に勝《か》った。女性《じょせい》が実《みの》らない恋《こい》をうらむだけでなく、世間《せけん》にうわさされて評判《ひょうばん》を落《お》としてしまうことを憂《うれ》いている。大人《おとな》の女性《じょせい》の強《つよ》さも感《かん》じられる歌《うた》である。

恋愛経験《れんあいけいけん》も豊富《ほうふ》

平安時代中期《へいあんじだいちゅうき》の女流歌人《じょりゅうかじん》で、源頼光《みなもとのよりみつ》の娘《むすめ》とされる。大江公資《おおえのきんより》が相模守《さがみのかみ》のときに妻《つま》となったので相模《さがみ》と呼《よ》ばれる。何不自由《なにふじゆう》なく育《そだ》ったお嬢《じょう》さまで、後朱雀天皇《ごすざくてんのう》の皇女《こうじょ》に女房《にょうぼう》として仕《つか》えた。夫《おっと》と離別《りべつ》した後《あと》は、いろいろな男性《だんせい》と恋愛生活《れんあいせいかつ》を送《おく》った。

066

大《だい》僧《そう》正《じょう》行《ぎょう》尊《そん》

三人《さんにん》の天皇《てんのう》に仕《つか》えた
高名《こうみょう》な修験僧《しゅげんそう》

もろともに
あは《(わ)》れと思《おも》へ《(え)》 山《やま》ざくら
花《はな》よりほかに 知《し》る人《ひと》もなし

【ゴロ覚《おぼ》え】

もろに
はなよ

意味《いみ》

山桜《やまざくら》よ。私《わたし》が親《した》しみを感《かん》じるように、おまえも私《わたし》のことを愛《いと》しいと思《おも》ってくれ。おまえのほかに私《わたし》の心《こころ》を知《し》るものはだれもいないのだから。

重要単語《じゅうようたんご》

もろともに、
山《やま》ざくら

出身《しゅっしん》／職業《しょくぎょう》・役職《やくしょく》	不明《ふめい》／大僧正《だいそうじょう》
おさめられた和歌集《わかしゅう》	金葉和歌集《きんようわかしゅう》
生没年月日《せいぼつねんがっぴ》	1055年《ねん》～1135年《ねん》3月《がつ》21日《たち》

世《よ》の中《なか》

天台宗《てんだいしゅう》の大僧正《だいそうじょう》

参議《さんぎ》だった源《みなもとの》基平《もとひら》の子《こ》で三条天皇《さんじょうてんのう》のひ孫《まご》。12歳《さい》で三井《みい》寺《でら》に入《い》り、その後《ご》、大峰山《おおみねやま》・葛城山《かつらぎさん》・熊野《くまの》などで修行《しゅぎょう》して修験者《しゅげんじゃ》となり、白河《しらかわ》・鳥羽《とば》・崇徳天皇《すとくてんのう》に僧《そう》として仕《つか》えた。60代後半《だいこうはん》には天台座主《てんだいざす》から大《だい》僧正《そうじょう》となる。歌人《かじん》としても有《ゆう》名《めい》で、作品《さくひん》は宗教色《しゅうきょうしょく》が強《つよ》い。

解《かい》説《せつ》

修験道《しゅげんどう》の聖地《せいち》だった大峰山《おおみねやま》（奈良県《ならけん》の吉野地方《よしのちほう》の山《やま》）で、厳《きび》しい修行中《しゅぎょうちゅう》に見《み》かけた山桜《やまざくら》のかれんな美《うつく》しさを詠《よ》みあげた。花《はな》を人《ひと》に見立《みた》て、俗世《ぞくせ》を捨《す》てた僧《そう》でありながら、人恋《ひとこい》しい思《おも》いが捨《す》て切《き》れない気持《きも》ちを素直《すなお》に表現《ひょうげん》している。

067

周防《すおうの》内《ない》侍《し》

伝《でん》説《せつ》で語《かた》られるようになった平《へい》安《あん》時《じ》代《だい》後《こう》期《き》の女《じょ》流《りゅう》歌《か》人《じん》

出身《しゅっしん》／職業《しょくぎょう》・役職《やくしょく》	不明《ふめい》／女房《にょうぼう》
おさめられた和歌集《わかしゅう》	千載和歌集《せんざいわかしゅう》
生没年月日《せいぼつねんがっぴ》	不明《ふめい》
その他《た》	★

能力《のうりょく》パラメータ

カリスマ性《せい》
影響力《えいきょうりょく》
知力《ちりょく》
残《のこ》した歌《うた》の数《かず》
名声《めいせい》
B
2
2
3
3
3

春《はる》の夜《よ》の　夢《ゆめ》ばかりなる　手枕《たまくら》に
かひ(い)なく立《た》たむ(ん)　名《な》こそ惜《を》(お)しけれ

ゴロ覚《おぼ》え

はるのゆめは
まっくらかい

意味《いみ》

春《はる》の夜《よ》の夢《ゆめ》のように、たわむれに差《さ》し出《だ》された腕枕《うでまくら》。実際《じっさい》は添《そ》い寝《ね》をする仲《なか》ではないのに、そのことでつまらないうわさが立《た》ったらくやしいではないですか。

四代《よんだい》の天皇《てんのう》に仕《つか》えた才女《さいじょ》

平安時代後期《へいあんじだいこうき》の女流歌人《じょりゅうかじん》。周防守《すおうのかみ》・平棟仲《たいらのむねなか》の娘《むすめ》で、本名《ほんみょう》は平仲子《たいらのちゅうし》。後冷泉《ごれいぜい》・後三条《ごさんじょう》・白河《しらかわ》・堀河天皇《ほりかわてんのう》に仕《つか》えた才女《さいじょ》で、同時期《どうじき》のいろいろな歌合《うたあわせ》に参加《さんか》して活躍《かつやく》した。老年《ろうねん》になって病《やまい》になったため出家《しゅっけ》し、ほどなくして亡《な》くなったとされている。

彼女《かのじょ》が住《す》んでいた家《いえ》を退去《たいきょ》する際《さい》、柱《はしら》に歌《うた》を書《か》きつけていたことが後《のち》に話題《わだい》となり、荒廃《こうはい》していた旧宅《きゅうたく》が名所《めいしょ》になったという。また、彼女《かのじょ》の詠《よ》んだ歌《うた》が、人《ひと》の死《し》を暗示《あんじ》していたといううわさが立《た》つなど、亡《な》くなった後《あと》にさまざまな逸《いつ》話《わ》が語《かた》られるようになった。

解《かい》説《せつ》

春《はる》（陰暦《いんれき》２月《がつ》）の夜《よる》、関白邸《かんぱくてい》で女房《にょうぼう》たちが語《かた》りあっているとき、眠《ねむ》くなった作者《さくしゃ》が「枕《まくら》が欲《ほ》しい」とつぶやいた。それを聞《き》いた大納言忠家《だいなごんただいえ》が「これを枕《まくら》に」と腕《うで》を差《さ》し出《だ》して、即座《そくざ》に詠《よ》んで返《かえ》した歌《うた》。拒《こば》み方《かた》に大人《おとな》の女性《じょせい》の気品《きひん》が感《かん》じられる。

重要《じゅうよう》単語《たんご》　春《はる》の夜《よ》、手枕《たまくら》

貴族《きぞく》の定例《ていれい》イベント 平安時代《へいあんじだい》の年中行事《ねんちゅうぎょうじ》

四季折々《しきおりおり》にさまざまな行事《ぎょうじ》が催《もよお》されることで、平安《へいあん》の人々《ひとびと》は季節《きせつ》の移《うつ》り変《か》わりを楽《たの》しんだ。

月	日	行事	内容
一月《いちがつ》	元日《がんじつ》	**元日《がんじつ》の節会《せちえ》**	天皇《てんのう》が臣下《しんか》を豊楽院《ぶらくいん》(後《あと》に紫宸殿《ししんでん》)に招集《しょうしゅう》して行《おこな》う年始《ねんし》の宴会《えんかい》。七曜御暦奏《しちようのごりゃくのそう》、氷様《ひのためし》、腹赤《はらか》の奏《そう》の儀式《ぎしき》が行《おこな》われる。
		歯固《はがため》・鏡餅《かがみもち》	歯固《はがため》は、延命長寿《えんめいちょうじゅ》を願《ねが》ってかたいものを食《た》べる風習《ふうしゅう》。鏡餅《かがみもち》は長寿《ちょうじゅ》を願《ねが》う儀式《ぎしき》で、二《ふた》つがセットで行《おこな》われる。
	七日《なのか》	**七草《ななくさ》**	民間《みんかん》の若菜《わかな》つみの行事《ぎょうじ》が宮廷《きゅうてい》の歳事《さいじ》になったもので、春《はる》の七草《ななくさ》を入《い》れた粥《かゆ》を食《た》べて健康《けんこう》をいのる。
	十八日《じゅうはちにち》	**賭弓《のりゆみ》**	六衛府《ろくえふ》の射手《しゃしゅ》が弓《ゆみ》の技《わざ》を試《こころ》みた行事《ぎょうじ》「射礼《じゃらい》」の翌日《よくじつ》に行《おこな》われた弓《ゆみ》の競技《きょうぎ》。負《ま》けたら勝《か》った側《がわ》にごちそうする。
三月《さんがつ》	三日《みっか》	**曲水宴《きょくすいのえん》**	禊祓《みそぎはらえ》の神事《しんじ》。参加者《さんかしゃ》が曲水《きょくすい》にのぞんで座《すわ》り、上流《じょうりゅう》から流《なが》された杯《さかずき》が自分《じぶん》の前《まえ》を通《とお》り過《す》ぎるまでに詩歌《しいか》を詠《よ》む行事《ぎょうじ》。
		闘鶏《とりあわせ》	二羽《にわ》の鶏《にわとり》を戦《たたか》わせて勝負《しょうぶ》を競《きそ》い、それを観覧《かんらん》した。中国《ちゅうごく》から渡来《とらい》した風習《ふうしゅう》で、三月三日《さんがつみっか》の行事《ぎょうじ》となった。
四月《しがつ》	中《なか》の酉《とり》の日《ひ》	**賀茂祭《かものまつり》**	上賀茂神社《かみがもじんじゃ》と下鴨神社《しもがもじんじゃ》の祭礼《さいれい》。677年《ねん》に始《はじ》まったとされ、当日《とうじつ》は勅使《ちょくし》が参向《さんこう》して朝廷《ちょうてい》からの幣《へい》と馬《うま》を奉《たてまつ》る。
五月《ごがつ》	五日《いつか》	**賀茂競馬《かものくらべうま》**	五月五日《ごがついつか》に上賀茂神社《かみがもじんじゃ》で行《おこな》われる神事《しんじ》。五穀成就《ごこくじょうじゅ》、天下泰平《てんかたいへい》を願《ねが》い、境内《けいだい》の馬場《ばば》を馬《うま》が駆《か》け抜《ぬ》ける。

下鴨神社《しもがもじんじゃ》の賀茂祭《かもまつり》

上賀茂神社《かみがもじんじゃ》と下鴨神社《しもがもじんじゃ》で行《おこな》われる賀茂祭《かものまつり》（葵祭《あおいまつり》）。古来《こらい》より勝利《しょうり》の神《かみ》の信仰《しんこう》がある下鴨神社《しもがもじんじゃ》では、流鏑馬神事《やぶさめしんじ》や斎王代《さいおうだい》と女人《にょにん》の禊神事《みそぎしんじ》、歩射神事《あゆむいしんじ》、御蔭祭《おかげまつり》などが行《おこな》われる。

月	日	行事	内容
六月《ろくがつ》	三十日《さんじゅうひ》	夏《な》越《ご》しの祓《はらえ》	六月《ろくがつ》に行《おこな》われる半年《はんとし》に一度《いちど》の厄落《やくお》としの行事《ぎょうじ》。基本的《きほんてき》には大《おお》きな茅《ち》の輪《わ》を三回《さんかい》くぐって、穢《けが》れを祓《はら》い清《きよ》める。
七月《しちがつ》	七日《なのか》	乞《き》巧《こう》奠《でん》	七夕《たなばた》の伝説《でんせつ》と手芸上達《しゅげいじょうたつ》の願掛《がんか》けが融合《ゆうごう》した行事《ぎょうじ》が伝《つた》わったもの。当日《とうじつ》は相撲《すもう》や宴会《えんかい》が開《ひら》かれた。
八月《はちがつ》	十五日《じゅうごひ》	観月《かんげつ》	旧暦八月十五日《きゅうれきはちがつじゅうごにち》の中秋《ちゅうしゅう》の夜《よる》（十五夜《じゅうごや》）に、夜空《よぞら》に浮《う》かんだ月《つき》を観《み》ながら、和歌《わか》を詠《よ》んだり、宴会《えんかい》を催《もよお》した。
十月《じゅうがつ》	亥《い》の日《ひ》	亥《い》の子《こ》の祝《いわ》い	亥《い》の月《つき》にあたる十月《じゅうがつ》の亥《い》の日《ひ》に、餅《もち》をついて亥《い》の刻《こく》に食《た》べる行事《ぎょうじ》。病《やまい》を除《のぞ》き、子孫繁栄《しそんはんえい》をもたらすといわれる。
十一月《じゅういちがつ》	中《なか》の卯《ぼう》の日《ひ》	新嘗祭《にいなめさい》	民間《みんかん》の収穫儀礼《しゅうかくぎれい》が宮廷化《きゅうていか》した祭儀《さいぎ》。天皇《てんのう》が新穀《しんこく》を神《かみ》にささげて稲《いね》の収穫《しゅうかく》に感謝《かんしゃ》し、次《つぎ》の年《とし》の豊熟《ほうじゅく》を祈念《きねん》する。
	中《なか》の辰《たつ》の日《ひ》	豊明節会《とよあかりのせちえ》	新嘗祭《にいなめさい》や大嘗祭《だいじょうさい》の翌日《よくじつ》に、天皇《てんのう》が出席《しゅっせき》のもと、臣下《しんか》が参加《さんか》して開《ひら》かれた宴会《えんかい》。会《かい》では五節舞《ごせちのまい》が披露《ひろう》された。
十二月《じゅうにがつ》	三十一日《さんじゅういちにち》	大祓《おおはらえ》	六月《ろくがつ》の「夏越《なご》しの祓《はらえ》」に対《たい》して、十二月《じゅうにがつ》の大祓《おおはらい》は「年越《としこし》の祓《はらえ》」という。半年分《はんとしぶん》の心身《しんしん》の穢《けが》れを祓《はら》い清《きよ》める神事《しんじ》。
		追儺《ついな》	大晦日《おおみそか》の夜《よる》に鬼《おに》を祓《はら》う儀式《ぎしき》。祭《まつ》りでは陰陽師《おんみょうじ》が悪鬼《あっき》を祓《はら》う祭文《さいもん》を唱《とな》えた。現在《げんざい》の節分《せつぶん》に当《あ》たる。

サラブレッドだった女《じょ》流《りゅう》文《ぶん》学《がく》の巨《きょ》匠《しょう》

歌人《かじん》の㊙エピソード 4

清《せい》少《しょう》納《な》言《ごん》

文学一家《ぶんがくいっか》に育《そだ》った清少納言《せいしょうなごん》は、博学《はくがく》で才気《さいき》に満《み》ちた女性《じょせい》だった。そのため宮中《きゅうちゅう》で名声《めいせい》を博《はく》し、主君定子《しゅくんていし》の寵愛《ちょうあい》を受《う》けた。同《おな》じ宮中《きゅうちゅう》に仕《つか》え、同《おな》じく女流文学《じょりゅうぶんがく》の巨匠《きょしょう》・紫式部《むらさきしきぶ》との不《ふ》仲説《なかせつ》も取《と》りざたされている清少納言《せいしょうなごん》だが、事実《じじつ》はどうであったのか。果《は》たして…？

そのため清少納言《せいしょうなごん》は
おさなきころから
兄弟《きょうだい》たちとともに
和歌《わか》や漢文《かんぶん》を
学《まな》びながら育《そだ》ちました
成長《せいちょう》したのち
兄《あに》である戒秀《かいしゅう》は
歌人《かじん》としても活躍《かつやく》します
戒秀《かいしゅう》
清少納言《せいしょうなごん》は 橘則光《たちばなののりみつ》との
結婚《けっこん》・離婚《りこん》——
藤原棟世《ふじわらのむねよ》との
再婚《さいこん》を経験《けいけん》します

そしてその後《ご》
一条天皇《いちじょうてんのう》の皇后《こうごう》・中宮定子《ちゅうぐうていし》に仕《つか》え始《はじ》めます
定子《ていし》
文学一家《ぶんがくいっか》に育《そだ》ち高《たか》い教養《きょうよう》を身《み》につけていた清少納言《せいしょうなごん》は
中宮定子《ちゅうぐうていし》に気《き》に入《い》られ多《おお》くの貴族《きぞく》たちとも交流《こうりゅう》をします
定子《ていし》に仕《つか》えながら和歌《わか》など文学《ぶんがく》の創作《そうさく》にもはげみました
ある日《ひ》定子《ていし》から紙《かみ》を下賜《かし》されます
これを…

私《わたし》が使《つか》うより
あなたが使《つか》った
ほうがいいわ
ありがとう
ございます
この時代《じだい》
紙《かみ》はとても
高級《こうきゅう》でした
清少納言《せいしょうなごん》は
さっそく筆《ふで》を取《と》り
下賜《かし》された紙《かみ》に
定子《ていし》との日常《にちじょう》や
宮廷《きゅうてい》での生活《せいかつ》
四季《しき》の自然《しぜん》を観察《かんさつ》し
記《しる》し始《はじ》めます

これが
春《はる》はあけぼの…
この書《か》き出《だ》しで
有名《ゆうめい》な『枕草子《まくらのそうし》』です
枕草子
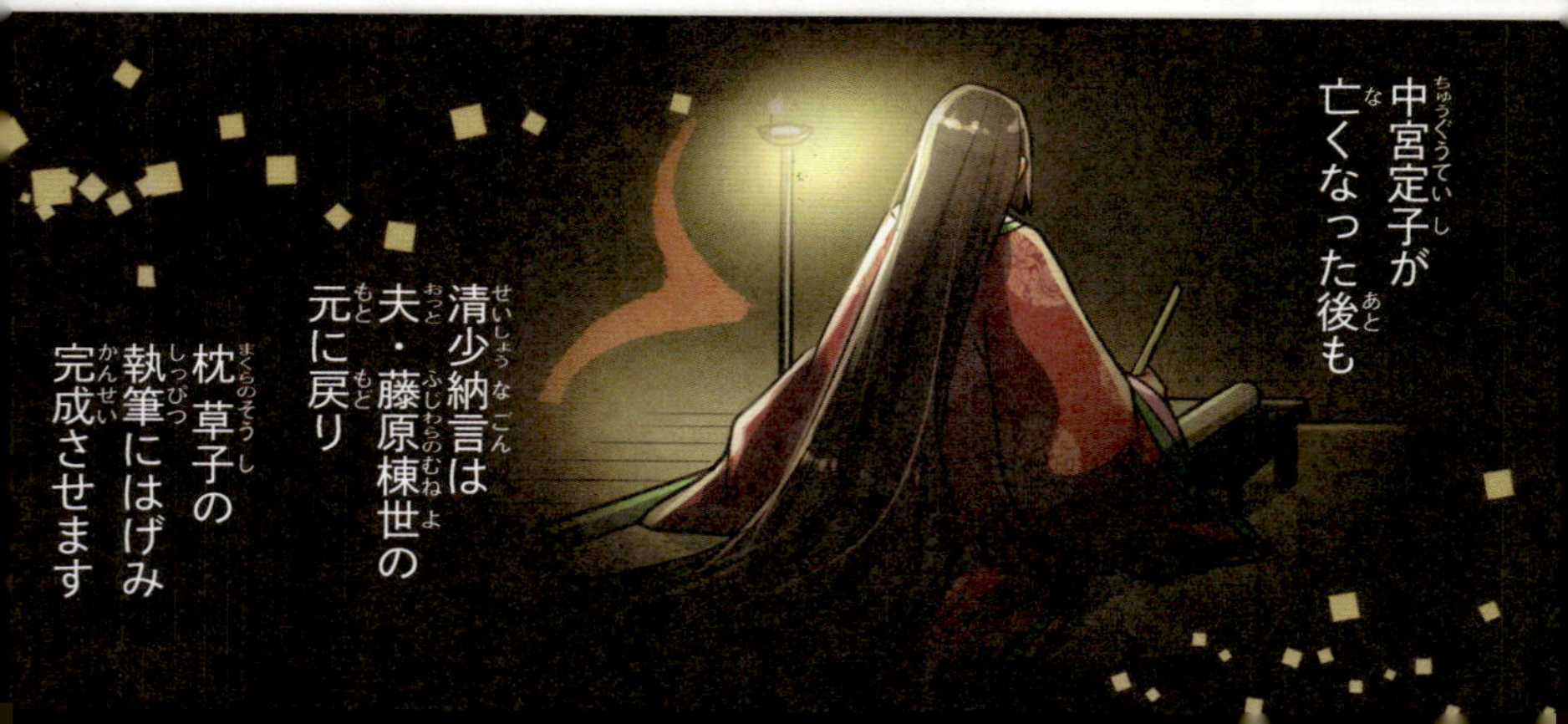
中宮定子《ちゅうぐうていし》が
亡《な》くなった後《あと》も
清少納言《せいしょうなごん》は
夫《おっと》・藤原棟世《ふじわらのむねよ》の
元《もと》に戻《もど》り
枕草子《まくらのそうし》の
執筆《しっぴつ》にはげみ
完成《かんせい》させます

また
女流文学作品《じょりゅうぶんがくさくひん》として
枕草子《まくらのそうし》と並《なら》び称《しょう》される
源氏物語
『源氏物語《げんじものがたり》』
作者《さくしゃ》の紫式部《むらさきしきぶ》もまた
清少納言《せいしょうなごん》と同様《どうよう》に
一条天皇《いちじょうてんのう》の妃《きさき》に
仕《つか》えていました
しかし
宮中《きゅうちゅう》に出仕《しゅっし》していた
時代《じだい》がちがうので
二人《ふたり》に面識《めんしき》は
ありません
清少納言《せいしょうなごん》の
『枕草子《まくらのそうし》』
紫式部《むらさきしきぶ》の
『源氏物語《げんじものがたり》』
氏物語
枕草
どちらも
日本《にほん》を代表《だいひょう》する
女流文学作品《じょりゅうぶんがくさくひん》として
今《いま》なお読《よ》みつがれています

068

三《さん》条《じょう》院《いん》

藤《ふじ》原《わらの》道《みち》長《なが》のいじめに
耐《た》えかねて譲《じょう》位《い》を決《けつ》断《だん》

出身《しゅっしん》／職業《しょくぎょう》・役職《やくしょく》	不明《ふめい》／天皇《てんのう》
おさめられた和歌集《わかしゅう》	後拾遺和歌集《ごしゅういわかしゅう》
生没年月日《せいぼつねんがっぴ》	976年《ねん》2月《がつ》5日《か》～1017年《ねん》6月《かつ》5日《か》

世《よ》の中《なか》

能力《のうりょく》パラメータ

心《こころ》にも　あらで憂世《うきよ》に　ながらへ《(え)》ば
恋《こひ》《(こい)》しかるべき　夜《よ》半《は》《(わ)》の月《つき》かな

ゴロ覚《おぼ》え

こいした
こころは
よわい

意味《いみ》

心《こころ》ならずとも、このつらく苦《くる》しい世《よ》を生《い》きながらえるなら、今宵《こよい》の月《つき》がきっと恋《こい》しく思《おも》われるにちがいない。

藤原道長《ふじわらのみちなが》との対立《たいりつ》

冷泉天皇《れいぜいてんのう》の第二皇子《だいにおうじ》で、36歳《さい》で第《だい》67代天皇《だいてんのう》（三条天皇《さんじょうてんのう》）となった。在位中《ざいいちゅう》は天皇《てんのう》の親《しん》政《せい》を希望《きぼう》し、朝廷《ちょうてい》を掌握《しょうあく》していた藤原道長《ふじわらのみちなが》との関係《かんけい》が悪《あっ》化《か》。道長《みちなが》は、自分《じぶん》の孫《まご》にあたる一条天皇《いちじょうてんのう》の皇子《おうじ》を皇位《こうい》につけたがって、しばしばいやがらせをして退位《たいい》をせまった。三条天皇《さんじょうてんのう》も強《つよ》く抵抗《ていこう》したものの、もともと病弱《びょうじゃく》だったうえに、眼病《がんびょう》をわずらうようになり、おまけに内裏《だいり》が2度《ど》も炎《えん》上《じょう》するという不祥事《ふしょうじ》までおこってしまう。結局《けっきょく》、道長《みちなが》のいじめに耐《た》えかね、在位《ざいい》わずか5年《ねん》で、敦成親王《あつひらしんのう》（後一条天《ごいちじょうてん》皇《のう》）に譲位《じょうい》した。

解《かい》説《せつ》

眼病《がんびょう》などで体調《たいちょう》も悪《わる》く、譲位《じょうい》を決意《けつい》したころ、うすれゆく視力《しりょく》で美《うつく》しい月《つき》を見《み》て詠《よ》んだ歌《うた》である。生《い》きることのつらさや政治的《せいじてき》な無念《むねん》はあっても、美《うつく》しい月《つき》を見《み》ていると、そんな絶望感《ぜつぼうかん》が一時《いっとき》でもまぎれたことだろう。

重要《じゅうよう》単語《たんご》　憂世《うきよ》、夜半《よは》の月《つき》

069

能《のう》因《いん》法《ほう》師《し》

各地《かくち》を旅《たび》して和歌《わか》を詠《よ》んだ漂泊《ひょうはく》の詩人《しじん》

出身《しゅっしん》／職業《しょくぎょう》・役職《やくしょく》	不明《ふめい》／僧侶《そうりょ》	
おさめられた和歌集《わかしゅう》	後拾遺和歌集《ごしゅういわかしゅう》	
生没年月日《せいぼつねんがっぴ》	988年《ねん》～不明《ふめい》	秋《あき》

嵐《あらし》ふく

三《み》室《むろ》の山《やま》の　もみぢ《(じ)》葉《は》は

龍《たつ》田《た》の川《かは》《(かわ)》の　錦《にしき》なりけり

ゴロ覚《おぼ》え

あらしふく
たつたがわ

意味《いみ》

激《はげ》しい山嵐《やまあらし》が龍田《たつた》三室山《みむろざん》の紅葉《もみじ》の葉《は》を吹《ふ》き散《ち》らし、龍田川《たつたがわ》の水面《すいめん》をうめつくして、まるで錦《にしき》のように美《うつく》しい。

重要単語《じゅうようたんご》

三室《みむろ》の山《やま》、錦《にしき》

若《わか》くして出家《しゅっけ》した

平安時代中期《へいあんじだいちゅうき》の僧侶《そうりょ》・歌人《かじん》。本名《ほんみょう》（俗名《ぞくみょう》）は橘永愷《たちばなのながやす》といい、26歳《さい》ごろに出家《しゅっけ》した。和歌《わか》の才《さい》に優《すぐ》れ、第《だい》86番《ばん》の西行法師《さいぎょうほうし》と並《なら》んで、漂泊《ひょうはく》の詩人《しじん》（各地《かくち》を放浪《ほうろう》してあるいた歌人《かじん》）として知《し》られる。勅撰和歌集《ちょくせんわかしゅう》に多《おお》くの歌《うた》がおさめられ、和歌《わか》に関《かん》する名著《めいちょ》も多《おお》い。

解説《かいせつ》

実際《じっさい》の景色《けしき》を見《み》て詠《よ》んだわけではなく、歌合《うたあわせ》の席《せき》で景色《けしき》をイメージして詠《よ》んだ歌《うた》である。三室山《みむろやま》に吹《ふ》く山嵐《やまあらし》に散《ち》らされた紅葉《こうよう》が、龍田川《たつたがわ》に浮《う》かんでいる美《うつく》しさ。実際《じっさい》にはおこりえないが、その光景《こうけい》はまるで一枚《いちまい》の絵《え》のようでもある。

070

良《りょう》暹《ぜん》法《ほう》師《し》

和《わ》歌《か》に優《すぐ》れた比《ひ》叡《えい》山《ざん》の僧《そう》侶《りょ》

寂《さび》しさに　宿《やど》を立《た》ち出《い》でて　眺《なが》むれば
いづ《(ず)》こも同《おな》じ　秋《あき》の夕《ゆふ》《(ゆう)》暮《ぐ》れ

【ゴロ覚《おぼ》え】

さびしい
あきの
ゆうぐれ

意味《いみ》

さびしさに耐《た》えかねて家《いえ》を出《で》て、しみじみとあたりを見《み》まわしてみると、どこも同《おな》じようにさびしい秋《あき》の夕暮《ゆうぐ》れが広《ひろ》がっていた。

重要単語《じゅうようたんご》

宿《やど》、
いづこも同《おな》じ

出身《しゅっしん》／職業《しょくぎょう》・役職《やくしょく》	不明《ふめい》／僧侶《そうりょ》
おさめられた和歌集《わかしゅう》	後拾遺和歌集《ごしゅういわかしゅう》
生没年月日《せいぼつねんがっぴ》	不明《ふめい》

秋《あき》

京《きょう》の大原《おおはら》に隠《かく》れ住《す》む

平安時代中期《へいあんじだいちゅうき》の僧侶《そうりょ》。くわしい経歴《けいれき》はわかっていないが、比叡山延暦寺関係《ひえいざんえんりゃくじかんけい》の僧侶《そうりょ》で、京《きょう》の北《きた》の大原《おおはら》に住《す》み、晩年《ばんねん》は雲林院《うんりんいん》（かつての天台宗《てんだいしゅう》の大《だい》寺院《じいん》で桜《さくら》と紅葉《もみじ》の名所《めいしょ》）に住《す》んだという。歌人《かじん》としても、いろいろな歌合《うたあわせ》に参加《さんか》して歌《うた》を詠《よ》んだとされている。

解《かい》説《せつ》

作者《さくしゃ》が京《きょう》の北《きた》の大原《おおはら》に引《ひ》っ越《こ》したころに詠《よ》んだもの。秋《あき》の夕暮《ゆうぐ》れのさびしさを詠《よ》んだ代《だい》表的《ひょうてき》な歌《うた》である。秋《あき》の夕暮《ゆうぐ》れの景色《けしき》は孤独感《こどくかん》が強《つよ》く、もっとも趣《おもむき》があるといわれ、「秋《あき》の夕暮《ゆうぐ》れ」と結《むす》んだ歌《うた》には、ほかにも有名《ゆうめい》なものが多《おお》い。

071

大《だい》納《な》言《ごん》経《つね》信《のぶ》

和歌新時代《わかしんじだい》の到来《とうらい》を予感《よかん》させた当代一《とうだいいち》の歌人《かじん》

出身《しゅっしん》／職業《しょくぎょう》・役職《やくしょく》	不明《ふめい》／大納言《だいなごん》	
おさめられた和歌集《わかしゅう》	金葉和歌集《きんようわかしゅう》	
生没年月日《せいぼつねんがっぴ》	1016年《ねん》～1097年《ねん》2月《がつ》20日《か》	秋《あき》

夕《ゆふ》(ゆう)されば　門田《かどた》の稲葉《いなば》　おとづ(ず)れて
あしのまろやに　秋風《あきかぜ》ぞ吹《ふ》く

【ゴロ覚《おぼ》え】

ゆうのあしをふく

意味《いみ》

夕方《ゆうがた》になると、家《いえ》の前《まえ》に広《ひろ》がる田《た》んぼの稲穂《いなほ》が秋風《あきかぜ》でそよそよと音《おと》を立《た》て、その風《かぜ》があしぶきの小屋《こや》にも吹《ふ》いてきた。

重要単語《じゅうようたんご》

門田《かどた》、あしのまろや

博学多才《はくがくたさい》な人物《じんぶつ》

本名《ほんみょう》は源経信《みなもとのつねのぶ》。宇多源氏《うだげんじ》の一族《いちぞく》で、中納言《ちゅうなごん》の源道方《みなもとのみちかた》の子《こ》。大納言《だいなごん》から大宰権帥《だざいのごんのそつ》となり、九州《きゅうしゅう》に下《くだ》って現地《げんち》で亡《な》くなった。詩文《しぶん》、和歌《わか》、管弦《かんげん》に秀《ひい》で、当代一《とうだいいち》の歌人《かじん》とも評《ひょう》された。古来《こらい》からの儀式《ぎしき》や慣《かん》例《れい》にもくわしく、博学多才《はくがくたさい》な人物《じんぶつ》であったという。

解《かい》説《せつ》

秋《あき》の夕暮《ゆうぐ》れを詠《よ》んだ歌《うた》だが、さびしさというより、風《かぜ》の音《おと》に注目《ちゅうもく》して、さわやかな秋《あき》の情景《じょうけい》を表現《ひょうげん》した。秋風《あきかぜ》を目《め》で追《お》い、耳《みみ》でとらえるという感《かん》覚《かく》は当時《とうじ》としてはかなり新鮮《しんせん》で、秋風《あきかぜ》がひんやりと感《かん》じられるような作品《さくひん》になっている。

072

祐子内親王家紀伊《ゆうしないしんのうけのきい》

紀伊君《きいのきみ》とも呼《よ》ばれる
優《すぐ》れた女流歌人《じょりゅうかじん》

出身《しゅっしん》／職業《しょくぎょう》・役職《やくしょく》	不明《ふめい》／女房《にょうぼう》
おさめられた和歌集《わかしゅう》	金葉和歌集《きんようわかしゅう》
生没年月日《せいぼつねんがっぴ》	不明《ふめい》

恋《こい》

音《おと》に聞《き》く　高師《たかし》の濱《はま》の　あだ浪《なみ》は
かけじや袖《そで》の　ぬれもこそすれ

【ゴロ覚《おぼ》え】

おとをかけて
たかしさん

意味《いみ》

名高《なだか》い高師《たかし》の浜《はま》に打《う》ち寄《よ》せる波《なみ》がかからないように。袖《そで》がぬれるかもしれない。浮気者《うわきもの》で評判《ひょうばん》のあなたの言葉《ことば》も心《こころ》にかけません。後《あと》で袖《そで》が涙《なみだ》にぬれるといけないから。

重要単語《じゅうようたんご》

音《おと》に聞《き》く、
かけじや

天皇《てんのう》の皇女《こうじょ》に仕《つか》えた

平経方《たいらのつねかた》の娘《むすめ》で、紀伊守《きいのかみ》の藤《ふじ》原重経《わらのしげつね》の妹《いもうと》（妻《つま》とも）といわれ、後朱雀天皇《ごすざくてんのう》の皇女《こうじょ》である祐子内親王《ゆうしないしんのう》に仕《つか》えたことから、この名《な》がつけられた。くわしい事績《じせき》はほとんど伝《つた》わっていないが、優《すぐ》れた女流歌人《じょりゅうかじん》だったことは確《たし》かで、多《おお》くの歌合《うたあわせ》にも参加《さんか》したようだ。

解説《かいせつ》

堀河天皇《ほりかわてんのう》の艶書合《けそうぶみあわせ》（男性《だんせい》の恋歌《こいうた》に女性《じょせい》が返歌《へんか》を作《つく》って競《きそ》う大会《たいかい》）での、中納言《ちゅうなごん》の藤原俊忠《ふじわらのとしただ》の歌《うた》への返歌《へんか》である。こうした会《かい》では、男性《だんせい》が言《い》いより、女性《じょせい》が拒《こば》むというのが形式《けいしき》で、作者《さくしゃ》も男性《だんせい》の思《おも》いを痛烈《つうれつ》にはねつけている。

073

権《ごん》中《ちゅう》納《な》言《ごん》匡《まさ》房《ふさ》

傑出《けっしゅつ》した学問《がくもん》の才能《さいのう》で朝廷《ちょうてい》を支《ささ》えた学者《がくしゃ》歌人《かじん》

高砂《たかさご》の　尾《を》(お)の上《へ》(え)の桜《さくら》　咲《さ》きにけり
外山《とやま》の霞《かすみ》　立《た》たずもあらなむ(ん)

【ゴロ覚《おぼ》え】

たかさきから
とやまにたつ

意味《いみ》

遠《とお》くにある高《たか》い山《やま》の峰《みね》に桜《さくら》が咲《さ》いた。その美《うつく》しい桜《さくら》をかくさないよう、里山《さとやま》の春霞《はるがすみ》よ、どうか立《た》ちこめないでくれないか。

重要単語《じゅうようたんご》

高砂《たかさご》、外山《とやま》

出身《しゅっしん》／職業《しょくぎょう》・役職《やくしょく》	不明《ふめい》／大蔵卿《おおくらきょう》
おさめられた和歌集《わかしゅう》	後拾遺和歌集《ごしゅういわかしゅう》
生没年月日《せいぼつねんがっぴ》	1041年《ねん》～1111年《ねん》12月《がつ》7日《か》
春《はる》	

平安朝《へいあんちょう》の要職《ようしょく》を歴任《れきにん》

本名《ほんみょう》は大江匡房《おおえのまさふさ》。大江匡衡《おおえのまさひら》や赤染衛門《あかぞめえもん》のひ孫《まご》にあたる平《へい》安時代後期《あんじだいこうき》の歌人《かじん》、儒学者《じゅがくしゃ》、詩文家《しぶんか》で、博学多才《はくがくたさい》で知《し》られる。幼少《ようしょう》のころから秀才《しゅうさい》のほまれが高《たか》く、5代《だい》の天皇《てんのう》のもとで、中納言《ちゅうなごん》、大宰権帥《だざいのごんのそつ》、大《おお》蔵卿《くらきょう》などの役職《やくしょく》につき、政治《せいじ》のブレーンとしても活躍《かつやく》した。

解説《かいせつ》

冒頭《ぼうとう》の「高砂《たかさご》」は地名《ちめい》ではなく、高《たか》い山《やま》、山《やま》の峰《みね》という意《い》味《み》。「外山《とやま》」は深山《しんざん》に対《たい》する言《こと》葉《ば》で、里《さと》に近《ちか》い山《やま》の意味《いみ》。桜《さくら》は里《さと》の近《ちか》くから咲《さ》き始《はじ》めて、次第《しだい》に遠《とお》くへと咲《さ》いていく。自然《しぜん》への感動《かんどう》と欲《よく》を詠《よ》んだ美《うつく》しい春《はる》の歌《うた》である。

074

源《みなもとの》俊《とし》頼《より》朝臣《あそん》

同時代《どうじだい》の歌人《かじん》に大《おお》きな影響《えいきょう》を与《あた》えた革新的《かくしんてき》歌人《かじん》

出身《しゅっしん》／職業《しょくぎょう》・役職《やくしょく》	不明《ふめい》／木工頭《もくのかみ》
おさめられた和歌集《わかしゅう》	千載和歌集《せんざいわかしゅう》
生没年月日《せいぼつねんがっぴ》	1055年《ねん》～1129年《ねん》1月《がつ》22日《にち》

恋《こい》

うかりける　人《ひと》を初瀬《はつせ》の　山《やま》おろし
はげしかれとは　祈《いの》らぬものを

【ゴロ覚《おぼ》え】

うっかりすると
はげるぞ

意味《いみ》

つれないあの人《ひと》が、私《わたし》を思《おも》ってくれるように初瀬《はつせ》の観音様《かんのんさま》にいのったのだ。初瀬《はつせ》の山《やま》おろしよ、おまえのようにますます冷《つめ》たく当《あ》たれとは、いのらなかったのになあ。

重要単語《じゅうようたんご》

うかり、初瀬《はつせ》

自由《じゆう》でいきいきした作風《さくふう》

第《だい》71番《ばん》の歌人《かじん》、大納言経信《だいなごんつねのぶ》（源《みなもとの》経信《つねのぶ》）の子《こ》で、平安時代《へいあんじだい》後期《こうき》の歌人《かじん》。音楽《おんがく》の才能《さいのう》にもめぐまれ、楽人《がくじん》としても活動《かつどう》した。『金葉和歌集《きんようわかしゅう》』の撰者《せんじゃ》に選《えら》ばれるなど、当時《とうじ》の歌壇《かだん》の代表的人物《だいひょうてきじんぶつ》で、父《ちち》の歌風《かふう》を受《う》けつぎながら、革新的《かくしんてき》で自由《じゆう》清新《せいしん》な歌《うた》を数多《かずおお》く詠《よ》んだ。

解説《かいせつ》

作者《さくしゃ》が「神仏《しんぶつ》にいのっても逢《あ》うことのできない恋《こい》」という題材《だいざい》を与《あた》えられて詠《よ》んだ歌《うた》。恋《こい》しく思《おも》っている女性《じょせい》のつれない様子《ようす》と男性《だんせい》の苦悩《くのう》を、山《やま》から吹《ふ》きおろす激《はげ》しく冷《つめ》たい風《かぜ》と、初瀬《はつせ》の観音様《かんのんさま》にかけて表現《ひょうげん》している。

百人一首《ひゃくにんいっしゅ》のマメ知識《ちしき》⑭

平安《へいあん》〜鎌倉《かまくら》時代《じだい》服装《ふくそう》のちがい

時代《じだい》の経過《けいか》とともに流行《りゅうこう》が変《か》わるのが服装《ふくそう》。豪華絢爛《ごうかけんらん》な平安時代《へいあんじだい》の後《あと》はどうなったのだろう？

平安時代《へいあんじだい》

女性《じょせい》の服装《ふくそう》

女性貴族《じょせいきぞく》の正装《せいそう》が十二単《じゅうにひとえ》である。小袖《こそで》、長袴《ながばかま》、単《ひとえ》、五衣《いつつぎぬ》、打衣《うちぎぬ》、表衣《ひょうい》、唐衣《からぎぬ》、裳《も》、物具装束《もののぐしょうぞく》を着込《きこ》んだ豪華《ごうか》絢爛《けんらん》な衣装《いしょう》で、季節《きせつ》によって着込《きこ》む枚数《まいすう》も変《か》わった。

男性《だんせい》の服装《ふくそう》

貴族社会《きぞくしゃかい》の平安時代《へいあんじだい》の男性《だんせい》の衣服《いふく》は、身分《みぶん》（官位《かんい》）によって細《こま》かく定《さだ》められていた。公家《くげ》の正装《せいそう》は「衣冠《いかん》束帯《そくたい》」といい、身分《みぶん》の高《たか》い男性《だんせい》ほど裾《すそ》の長《なが》い衣服《いふく》を身《み》につけた。

鎌倉時代《かまくらじだい》

女性《じょせい》の服装《ふくそう》

武家《ぶけ》の女子《じょし》で位《くらい》の高《たか》い者《もの》は、公家《くげ》の装束《しょうぞく》にならった服装《ふくそう》をしていた。それでも平安時代《へいあんじだい》からすればだいぶ簡略化《かんりゃくか》され、唐衣《からぎぬ》、裳《も》が省《はぶ》かれ、白小袖《しろこそで》を着《つ》けて、袴《はかま》をはいていた。

男性《だんせい》の服装《ふくそう》

武士《ぶし》が台頭《たいとう》した鎌倉時代《かまくらじだい》の男性《だんせい》の服装《ふくそう》は、動《うご》きやすいものに変《か》わった。武家社会《ぶけしゃかい》で用《もち》いられた衣装《いしょう》が直垂《ひたたれ》で、上衣《うわぎ》を胸《むね》のあたりで結《むす》び、袴《はかま》も足首《あしくび》でしっかりと結《むす》ばれていた。

形式的《けいしきてき》な衣装《いしょう》から実用的《じつようてき》な衣装《いしょう》に！

日本独自《にほんどくじ》の国風文化《こくふうぶんか》が花開《はなひら》いた平安時代《へいあんじだい》、染色《せんしょく》や織物《おりもの》の技術《ぎじゅつ》が向上《こうじょう》して衣服《いふく》が多様化《たようか》した。貴族《きぞく》はゆったりとした服装《ふくそう》を好《この》み、男性《だんせい》は衣冠束帯《いかんそくたい》、女性《じょせい》は十二単《じゅうにひとえ》が正装《せいそう》となった。さらに官位《かんい》で服装《ふくそう》に差《さ》をつけ、身分《みぶん》を識別《しきべつ》していた。

しかし、鎌倉時代《かまくらじだい》になると、男性《だんせい》も女性《じょせい》も動《うご》きやすく身軽《みがる》な服装《ふくそう》へと変《か》わっていく。儀式《ぎしき》などで正装《せいそう》する場合《ばあい》を除《のぞ》けば、日常生活《にちじょうせいかつ》では小袖《こそで》を身《み》に着《つ》けるのが主流《しゅりゅう》となり、貴族《きぞく》にも小袖《こそで》の重《かさ》ね着《ぎ》が流行《りゅうこう》したという。

075

藤《ふじ》原《わらの》基《もと》俊《とし》

和《わ》歌《か》の伝《でん》統《とう》を重《おも》んじた保《ほ》守《しゅ》派《は》の代《だい》表《ひょう》的《てき》存《そん》在《ざい》

出身《しゅっしん》／職業《しょくぎょう》・役職《やくしょく》	不明《ふめい》／左衛門佐《さえもんのすけ》
おさめられた和歌集《わかしゅう》	千載和歌集《せんざいわかしゅう》
生没年月日《せいぼつねんがっぴ》	1060年《ねん》～1142年《ねん》2月《がつ》13日《にち》
その他《た》	★

能力《のうりょく》パラメータ

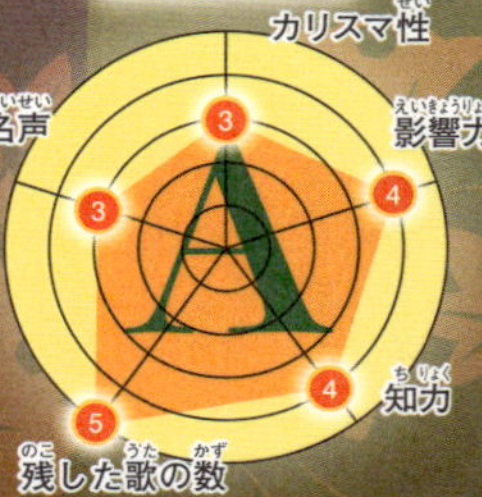

契《ちぎ》りおきし　させもが露《つゆ》を　命《いのち》にて
あは《(わ)》れ今年《ことし》の　秋《あき》もいぬめり

【ゴロ覚《おぼ》え】

ことしのあきの
ちぎり

意味《いみ》

約束《やくそく》してくださった、さしも草《ぐさ》に浮《う》かんだ露《つゆ》のようなありがたいお言葉《ことば》を、命《いのち》のように大事《だいじ》にしてきたのに、ああ今年《ことし》の秋《あき》も望《のぞ》みがかなわないまま、むなしく過《す》ぎていくようだ。

重要《じゅうよう》単語《たんご》

契《ちぎ》りおき、
させもが露《つゆ》

人望《じんぼう》がなかった大先生《だいせんせい》

藤原道長《ふじわらのみちなが》のひ孫《まご》で、右大《うだい》臣《じん》・藤原俊家《ふじわらのとしいえ》の子《こ》。名門《めいもん》の出《しゅっ》身《しん》だが、才能《さいのう》を鼻《はな》にかけた人《ひと》柄《がら》が傲慢《ごうまん》で、人望《じんぼう》がなかったため、官位《かんい》にはめぐまれず、後《のち》に出家《しゅっけ》した。

歌合《うたあわせ》で活躍《かつやく》したり、その判《はん》定者《ていしゃ》をつとめるなど、院政期《いんせいき》の歌壇《かだん》の第一人者《だいいちにんしゃ》。伝統的《でんとうてき》な詠法《えいほう》を守《まも》った保守派《ほしゅは》の代表的《だいひょうてき》な歌人《かじん》で、自由《じゆう》で革新的《かくしんてき》な歌《か》風《ふう》の第《だい》74番《ばん》、源俊頼《みなもとのとしより》とは何《なに》かと張《は》りあった。基俊《もととし》は人《ひと》を批判《ひはん》するときも相手《あいて》に容赦《ようしゃ》がなく、ライバルであった俊頼《としより》の悪口《わるぐち》ばかりいっていたので、逆《ぎゃく》に俊頼《としより》の評判《ひょうばん》が上《あ》がってしまう結果《けっか》になったという。

解《かい》説《せつ》

僧侶《そうりょ》になった作者《さくしゃ》の子《こ》を、僧《そう》としての出世《しゅっせ》が約束《やくそく》されるお経《きょう》（維摩経《ゆいまぎょう》）の講義《こうぎ》の講師《こうじ》をさせたいと、かねてから藤原忠通《ふじわらのただみち》に願《ねが》い出《で》ていたが、選《せん》にもれたので、忠通《ただみち》をうらんで歌《うた》を詠《よ》んだ。わが子《こ》を思《おも》う親《おや》の愛情《あいじょう》がひしひしと伝《つた》わる作品《さくひん》だ。

076

法《ほっ》性《しょう》寺《じ》入《にゅう》道《どう》前《さきの》関《かん》白《ぱく》太《だ》政《じょう》大《だい》臣《じん》

政《せい》争《そう》にあけくれた藤《ふじ》原《わら》氏《し》のリーダー

出身《しゅっしん》／職業《しょくぎょう》・役職《やくしょく》	不明《ふめい》／関白太政大臣《かんぱくだじょうだいじん》	★
おさめられた和歌集《わかしゅう》	詞花和歌集《しかわかしゅう》	
生没年月日《せいぼつねんがっぴ》	1097年《ねん》3月《がつ》15日《にち》～1164年《ねん》3月《がつ》13日《にち》	その他《た》

能力《のうりょく》パラメータ

わたの原《はら》　漕《こ》ぎ出《い》でて見《み》れば　久方《ひさかた》の
雲《くも》居《ゐ》《(い)》にまが《(ご)》ふ《(う)》　沖《おき》つ白《しら》波《なみ》

ゴロ覚《おぼ》え

わたのくもは
しろい

意味《いみ》

大海原《おおうなばら》に船《ふね》をこぎ出《だ》して遠《とお》くをながめると、沖《おき》の方《ほう》には白《しろ》い雲《くも》と見間違《みまちが》えるような白波《しらなみ》が立《た》っていた。

和歌《わか》と書道《しょどう》の名手《めいしゅ》

第《だい》75番《ばん》の藤原基俊《ふじわらのもととし》が僧侶《そうりょ》である息子《むすこ》の処遇《しょぐう》を頼《たの》みに行《い》ったのが、法性寺入道前関白《ほっしょうじにゅうどうさきのかんぱく》太《だ》政大臣《じょうだいじん》・藤原忠通《ふじわらのただみち》である。摂《せっ》政関白《しょうかんぱく》の藤原忠実《ふじわらのただざね》の子《こ》で、別《べっ》荘《そう》が法性寺《ほっしょうじ》のそばにあったので、法性寺殿《ほっしょうじどの》とも呼《よ》ばれた。藤原氏《ふじわらし》のリーダーとして、25歳《さい》の若《わか》さで関白《かんぱく》となり、以後《いこう》は長《なが》く摂政《せっしょう》と関白《かんぱく》の地位《ちい》にあったが、弟《おとうと》の藤原頼長《ふじわらのよりなが》と対立《たいりつ》するなど政争《せいそう》にあけくれ、保《ほう》元《げん》の乱《らん》の一因《いちいん》を作《つく》った。

若《わか》いころから和歌《わか》を学《まな》び、歌人《かじん》たちの面倒《めんどう》を見《み》て、歌合《うたあわせ》もよく開催《かいさい》したという。また、書道《しょどう》の名手《めいしゅ》で、力強《ちからづよ》い字体《じたい》が特徴《とくちょう》の法性寺流《ほっしょうじりゅう》を開《ひら》いた。

解《かい》説《せつ》

1135年《ねん》の内裏歌合《だいりうたあわせ》での歌《うた》。実際《じっさい》に風《ふう》景《けい》を見《み》てきたわけではなく、大《おお》きな船《ふね》に乗《の》って大海原《おおうなばら》に出《で》たつもりで詠《よ》んだものだが、技巧《ぎこう》を用《もち》いず、雄大《ゆうだい》な大自然《だいしぜん》が迫力《はくりょく》をもって表現《ひょうげん》され、その風格《ふうかく》は万葉集《まんようしゅう》の時代《じだい》の歌《うた》に近《ちか》い印象《いんしょう》がある。

重要《じゅうよう》単語《たんご》　わたの原《はら》、雲居《くもゐ》

077

崇《す》徳《とく》院《いん》

和歌《わか》に熱中《ねっちゅう》した 波乱万丈《はらんばんじょう》の天皇《てんのう》

出身《しゅっしん》／職業《しょくぎょう》・役職《やくしょく》	不明《ふめい》／天皇《てんのう》
おさめられた和歌集《わかしゅう》	詞花和歌集《しかわかしゅう》
生没年月日《せいぼつねんがっぴ》	1119年《ねん》7月《がつ》7日《か》～1164年《ねん》9月《がつ》14日《か》

恋《こい》

瀬《せ》を早《はや》み　岩《いは(いわ)》にせかるる　滝《たき》川《がは(がわ)》の
われても末《すゑ(すえ)》に　逢《あ》は《(わ)》む《(ん)》とぞ思《おも》ふ《(う)》

ゴロ覚《おぼ》え

せが
われる

意味《いみ》

急流《きゅうりゅう》が岩《いわ》にあたって二《ふた》つに分《わ》かれ、また一《ひと》つに合流《ごうりゅう》するように、たとえあの人《ひと》と別《わか》れることになっても、後《あと》で必《かなら》ず一緒《いっしょ》になろうと思《おも》う。

重要単語《じゅうようたんご》

瀬《せ》を早《はや》み、せかるる

解《かい》説《せつ》

激《はげ》しい恋《こい》の思《おも》いを急流《きゅうりゅう》が岩《いわ》にぶつかる姿《すがた》と、強《つよ》く恋《こ》い慕《した》う二人《ふたり》の姿《すがた》に重《かさ》ねた歌《うた》である。今《いま》ははなればなれになっていても、いつか一緒《いっしょ》になりたいと願《ねが》う二人《ふたり》の、どこか切迫《せっぱく》していて悲痛《ひつう》な思《おも》いが伝《つた》わってくる。

保元《ほうげん》の乱《らん》で敗《やぶ》れる

鳥羽天皇《とばてんのう》の第一皇子《だいいちおうじ》で、わずか5歳《さい》で天皇《てんのう》に即位《そくい》した。しかし、院政《いんせい》をしく鳥羽上皇《とばじょうこう》に疎《うと》まれ、在位《ざいい》18年《ねん》で退位《たいい》して上皇《じょうこう》となる。和歌《わか》に熱心《ねっしん》で、『詞花和歌集《しかわかしゅう》』の編《へん》さんを命《めい》じた。後《のち》に後白河天皇《ごしらかわてんのう》と対《たい》立《りつ》して保元《ほうげん》の乱《らん》をおこし、敗《やぶ》れて讃岐《さぬき》に流《なが》されている。

078

源《みなもとの》兼《かね》昌《まさ》

藤原忠通《ふじわらのただみち》の歌壇《かだん》で活躍《かつやく》した下級官吏《かきゅうかんり》

淡《あは(あわ)》路《ぢ(じ)》島《しま》
かよふ《(う)》千鳥《ちどり》の　鳴《な》く声《こゑ(こえ)》に
いくよ寝覚《ねざ》めぬ　須磨《すま》の関守《せきもり》

【ゴロ覚《おぼ》え】

あわじしまに
いくよ

意味《いみ》

淡路島《あわじしま》から通《とお》ってくる千鳥《ちどり》のあわれな鳴《な》き声《ごえ》に、どれほどの夜《よる》、目《め》を覚《さ》まさせられたことだろう。須磨《すま》の関守《せきもり》は。

重要単語《じゅうようたんご》

淡路島《あはぢしま》、須磨《すま》の関守《せきもり》

出身《しゅっしん》／職業《しょくぎょう》・役職《やくしょく》	不明《ふめい》／皇后宮少進《こうごうぐうしょうしん》
おさめられた和歌集《わかしゅう》	金葉和歌集《きんようわかしゅう》
生没年月日《せいぼつねんがっぴ》	不明《ふめい》

冬《ふゆ》

高《たか》く評価《ひょうか》された歌《うた》の才《さい》

宇多源氏《うだげんじ》の流《なが》れをくむ、美濃守《みののかみ》・源俊輔《みなもとのとしすけ》の子《こ》。くわしい経歴《けいれき》はわかっていないが、官位《かんい》に恵《めぐ》まれず、その後《あと》に出家《しゅっけ》したとされる。プロの歌人《かじん》ではなかったそうだが、歌合《うたあわせ》には何度《なんど》か参加《さんか》して歌《うた》を詠《よ》んでおり、和歌《わか》の才能《さいのう》は高《たか》く評価《ひょうか》されていたようである。

解説《かいせつ》

作者《さくしゃ》が須磨《すま》（現在《げんざい》の兵庫県神戸市《ひょうごけんこうべし》）を旅《たび》したときに詠《よ》んだ歌《うた》である。関守《せきもり》は淡路島《あわじしま》から渡《わた》ってくる千鳥《ちどり》の鳴《な》き声《ごえ》で目覚《めざ》めてしまった。普通《ふつう》はにわとりの声《こえ》で目覚《めざ》めるもので、こうした設定《せってい》が、須磨《すま》の地《ち》のわびしさを際立《きわだ》たせている。

079

左《さ》京《きょうの》大《だい》夫《ぶ》顕《あき》輔《すけ》

歌道《かどう》の家柄《いえがら》出身《しゅっしん》の
和歌《わか》のお師匠《ししょう》さん

秋風《あきかぜ》に　たなびく雲《くも》の　絶《た》え間《ま》より
もれ出《い》づ(ず)る月《つき》の　影《かげ》のさやけさ

ゴロ覚《おぼ》え

あきかぜが
もれる

意味《いみ》

秋風《あきかぜ》に吹《ふ》かれて、たなびいている雲《くも》の切《き》れ目《め》からもれてくる月《つき》の光《ひかり》は、なんと明《あか》るく澄《す》みきっているのだろう。

重要単語《じゅうようたんご》

秋風《あきかぜ》、
さやけさ

出身《しゅっしん》／職業《しょくぎょう》・役職《やくしょく》	不明《ふめい》／左京大夫《さきょうのだいぶ》
おさめられた和歌集《わかしゅう》	新古今和歌集《しんこきんわかしゅう》
生没年月日《せいぼつねんがっぴ》	1090年《ねん》～1155年《ねん》6月《がつ》8日《か》

秋《あき》

解説《かいせつ》

秋《あき》の夜空《よぞら》の風景《ふうけい》を、「月《つき》の光《ひかり》」に注目《ちゅうもく》して写実的《しゃじつてき》に詠《よ》んだ歌《うた》である。秋風《あきかぜ》が吹《ふ》いている晩《ばん》に、たなびく雲《くも》の間《あいだ》からもれてくる美《うつく》しい月《つき》の光《ひかり》への感動《かんどう》がストレートに伝《つた》わってくる。歌《うた》の最後《さいご》の体言止《たいげんど》めも、いい余韻《よいん》を作《つく》り出《だ》している。

格調高《かくちょうたか》い歌風《かふう》が特徴《とくちょう》

本名《ほんみょう》は藤原顕輔《ふじわらのあきすけ》。歌道家《かどうか》の流派《りゅうは》の一《ひと》つ、六条藤家《ろくじょうとうけ》の始祖《しそ》である修理大夫《すりのかみ》・藤原顕季《ふじわらのあきすえ》の子《こ》。格調《かくちょう》の高《たか》い歌風《かふう》で知《し》られ、さまざまな歌合《うたあわせ》で活躍《かつやく》した。公卿《くぎょう》に列《れっ》せられ、左京大夫《さきょうのだいぶ》に進《すす》んでから、第《だい》77番《ばん》の崇徳院《すとくいん》の勅命《ちょくめい》を受《う》けて、『詞花和歌集《しかわかしゅう》』を完成《かんせい》させた。

080

待《たい》賢《けん》門《もん》院《いんの》堀《ほり》河《かわ》

西行《さいぎょう》との交流《こうりゅう》もあった当代《とうだい》有数《ゆうすう》の女流《じょりゅう》歌人《かじん》

ながからむ(ん)　心《こころ》も知《し》らず　黒髪《くろかみ》の
みだれて今朝《けさ》は　ものをこそ思《おも》へ(え)

【ゴロ覚《おぼ》え】

ながい
くろかみが
みだれた

意味《いみ》

あなたが末長《すえなが》く私《わたし》を愛《あい》してくださるのかどうかわからないので、寝《ね》て乱《みだ》れた黒髪《くろかみ》のように心《こころ》も乱《みだ》れて、今朝《けさ》は物思《ものおも》いにふけっています。

重要単語《じゅうようたんご》

ながからむ、黒髪《くろかみ》

出身《しゅっしん》／職業《しょくぎょう》・役職《やくしょく》	不明《ふめい》／女房《にょうぼう》
おさめられた和歌集《わかしゅう》	千載和歌集《せんさいわかしゅう》
生没年月日《せいぼつねんがっぴ》	不明《ふめい》

恋《こい》

晩年《ばんねん》に主人《しゅじん》と出家《しゅっけ》

神事《しんじ》を担当《たんとう》する神祇官《じんぎかん》の長《ちょう》官《かん》をつとめた源顕仲《みなもとのあきなか》の娘《むすめ》で、当代有数《とうだいゆうすう》の女流歌人《じょりゅうかじん》。はじめ白河天皇《しらかわてんのう》の皇女《こうじょ》・令子内親王《れいしないしんのう》に仕《つか》えて六条《ろくじょう》と呼《よ》ばれ、のちに鳥羽天皇《とばてんのう》の中宮《ちゅうぐう》の待賢門院《たいけんもんいん》藤原璋子《ふじわらのしょうし》に仕《つか》えて、堀河《ほりかわ》と呼《よ》ばれた。晩年《ばんねん》には主人《しゅじん》の待賢《たいけん》門院《もんいん》とともに出家《しゅっけ》した。

解説《かいせつ》

恋人《こいびと》と一夜《いちや》を過《す》ごした、「後朝《きぬぎぬ》」に、男性《だんせい》から贈《おく》られてきた歌《うた》への返答歌《へんとうか》である。男性《だんせい》と一緒《いっしょ》にいた夜《よる》は楽《たの》しかったが、帰《かえ》ってしまうと不安《ふあん》がおそってくる。黒髪《くろかみ》の乱《みだ》れとともに伝《つた》わってくる女性《じょせい》の心情《しんじょう》がなんともやるせない。

裏切《うらぎ》られた約束《やくそく》。それでも今年《ことし》も秋《あき》が来《く》る…

名歌誕生《めいかたんじょう》ストーリー 4

藤《ふじ》原《わらの》基《もと》俊《とし》

藤原道長《ふじわらのみちなが》のひ孫《まご》にあたる基俊《もととし》は、藤原家《ふじわらけ》の主流《しゅりゅう》であるにもかかわらず、官位《かんい》にはめぐまれなかった。せめて息子《むすこ》には出世《しゅっせ》してほしかったのだろう、その想《おも》いがこの歌《うた》をかたち作《つく》った。藤原忠通《ふじわらのただみち》のひと言《こと》が反映《はんえい》されたこの一首《いっしゅ》には、秋《あき》の哀愁《あいしゅう》がただよう。

次《つぎ》の維摩会《ゆいまえ》の
講師《こうじ》には私《わたし》の
息子《むすこ》の光覚《こうかく》を
どうか
お選《えら》びください！
光覚《こうかく》
藤原基俊《ふじわらのもととし》
維摩会《ゆいまえ》とは
奈良《なら》の興福寺《こうふくじ》で
毎年秋《まいとしあき》に行《おこな》われる
お経《きょう》の講義《こうぎ》をする
法会《ほうえ》です
法会《ほうえ》の講師《こうし》をすると
出世《しゅっせ》できるので
なりたがる僧《そう》が
たくさんいました
長年《ながねん》お願《ねが》い
しているでは
ありませんか
どうか今年《ことし》こそ
私《わたし》の息子《むすこ》を
講師《こうし》に
まあそう
焦《あせ》るな
「しめじが原《はら》の
さしも草《ぐさ》」だよ
安心《あんしん》して待《ま》ちなさい

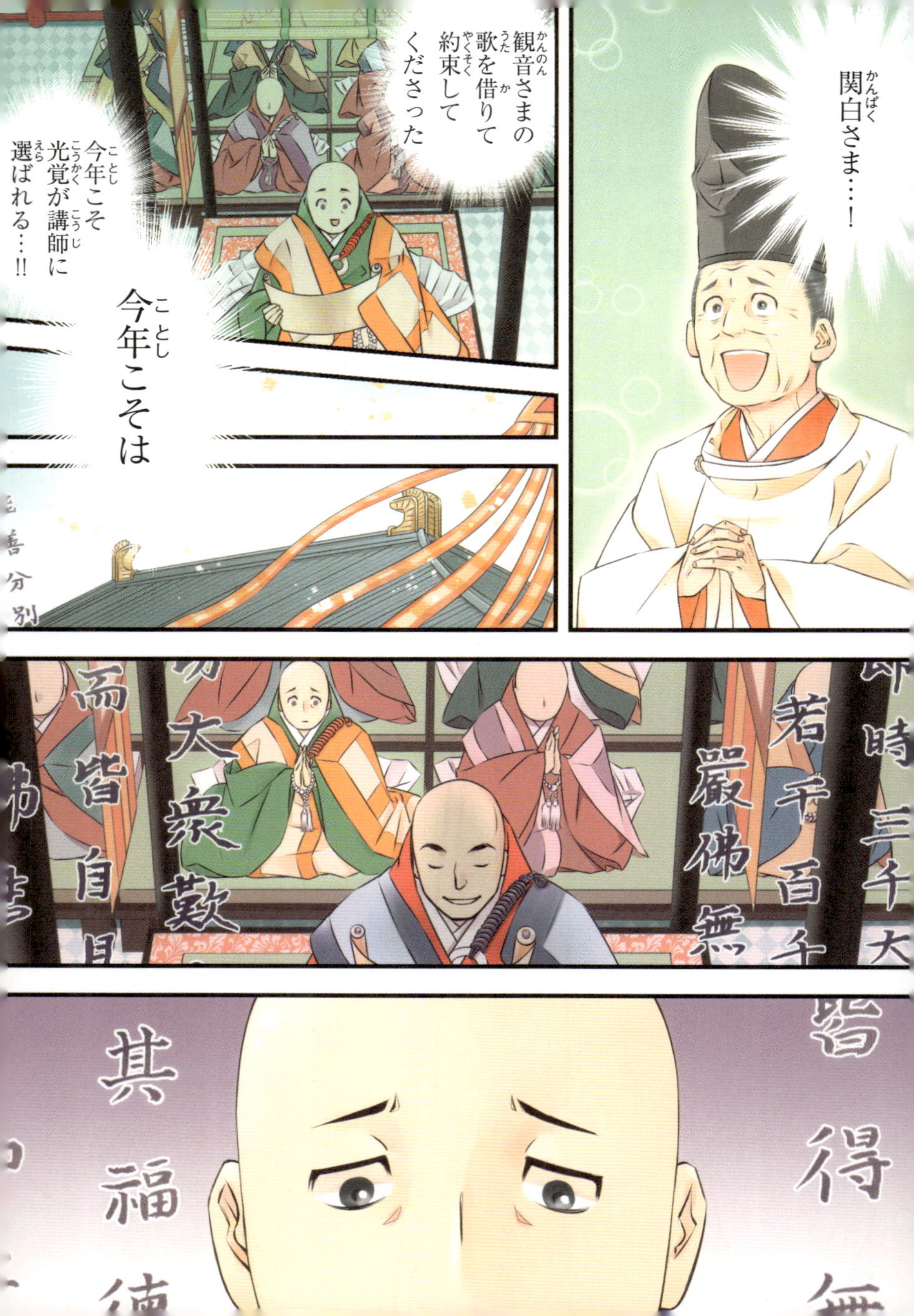
関白《かんぱく》さま…！
観音《かんのん》さまの歌《うた》を借《か》りて約束《やくそく》してくださった
今年《ことし》こそ光覚《こうかく》が講師《こうじ》に選《えら》ばれる…!!
今年《ことし》こそは

よろ…
今年《ことし》も光覚《こうかく》は講師《こうじ》に選《えら》ばれなかった
関白《かんぱく》さまは約束《やくそく》してくださったのに

何度《なんど》も何度《なんど》も願《ねが》い出《で》ては期待《きたい》し…
秋《あき》が来《く》るたび裏切《うらぎ》られる
今年《ことし》の秋《あき》も何事《なにごと》もなく終《お》わったか——…

契《ちぎ》りおきし…
させもが露《つゆ》を命《いのち》にて
約束《やくそく》してくださった恵《めぐ》みの露《つゆ》のようなお言葉《ことば》を命《いのち》のように大切《たいせつ》にしてきました
けれど…
あはれ今年《ことし》の秋《あき》もいぬめり…
ああ…
今年《ことし》の秋《あき》もむなしく過《す》ぎていくようです

和《わ》歌《か》で表《ひょう》現《げん》される歌《うた》枕《まくら》マップ

歌枕《うたまくら》って何《なに》？

古《ふる》くから和歌《わか》に詠《よ》み込《こ》まれた名所《めいしょ》のこと。和歌《わか》の世界《せかい》には、和歌《わか》に詠《よ》むのにふさわしいとされる由緒《ゆいしょ》ある地名《ちめい》が全国《ぜんこく》にあり、その地名《ちめい》を聞《き》けば、特定《とくてい》の事柄《ことがら》が連想《れんそう》できた。

❶末《すえ》の松山《まつやま》（宮城県多賀城市《みやぎけんたがじょうし》）
松《まつ》の名所《めいしょ》。心変《こころが》わり、あったら困《こま》ること、松《まつ》を意味《いみ》している。

❷雄島《おじま》（宮城県松島町《みやぎけんまつしまちょう》）
松島《まつしま》にある島《しま》の一《ひと》つ。松《まつ》の名所《めいしょ》として知《し》られている。

❸筑波山《つくばさん》（茨城県《いばらきけん》）
万葉集《まんようしゅう》以来《いらい》の歌枕《うたまくら》。古代《こだい》から男女交際《だんじょこうさい》の場《ば》として有名《ゆうめい》だった。

④富士山《ふじさん》（静岡県《しずおかけん》・山梨県《やまなしけん》）
古来《こらい》から信仰《しんこう》の対象《たいしょう》で、不二山《ふじざん》、不尽山《ふじんやま》といったとも。駿河《するが》の歌枕《うたまくら》。

⑤田子《たご》の浦《うら》（静岡県富士市《しずおかけんふじし》）
富士川河口付近《ふじかわかこうふきん》の海岸《かいがん》。海《うみ》や波《なみ》を連想《れんそう》させる歌枕《うたまくら》。

⑥伊吹山《いぶきやま》（滋賀県《しがけん》・岐阜県《ぎふけん》）
滋賀《しが》と岐阜《ぎふ》の県境《けんざかい》の山《やま》だが、栃木《とちぎ》の山《やま》という説《せつ》も。

⑦天《あま》の橋立《はしだて》（京都府宮津市《きょうとふみやづし》）
日本三景《にほんさんけい》の一《ひと》つ。京《きょう》の貴族《きぞく》たちの憧《あこが》れの景勝地《けいしょうち》でもあった。

⑧因幡山《いなばやま》（鳥取県鳥取市《とっとりけんとっとりし》）
現在《げんざい》は稲葉山《いなばやま》という。「在《い》なば」と掛詞《かけことば》にすることもある。

⑨高砂《たかさご》（兵庫県高砂市《ひょうごけんたかさごし》）
加古川《かこがわ》の河口《かこう》あたり。古来《こらい》から松《まつ》の名所《めいしょ》として知《し》られていた。

⑩淡路島《あわじしま》（兵庫県淡路市《ひょうごけんあわじし》）
瀬戸内海《せとないかい》で最大《さいだい》の島《しま》。島内《とうない》には和歌《わか》の名所《めいしょ》が多《おお》い。

⑪宇治山《うじやま》（京都府宇治市《きょうとふうじし》）
現在《げんざい》の喜撰岳《きせんだけ》。喜撰法師《きせんほうし》の住居《じゅうきょ》があったと伝《つた》えられている。

⑫須磨《すま》（兵庫県神戸市《ひょうごけんこうべし》）
「須磨《すま》の浦《うら》」や「須磨《すま》の関《せき》」でも詠《よ》まれる。海士《あま》が連想《れんそう》される。

⑬住《すみ》の江《え》（大阪府大阪市《おおさかふおおさかし》）
大阪《おおさか》の住吉《すみよし》の海岸《かいがん》。墨江《すみえ》とも書《か》く。松《まつ》、神《かみ》、波《なみ》が連想《れんそう》される。

⑭三室山《みむろやま》・龍田川《たつたがわ》（奈良県生駒郡《ならけんいこまぐん》）
どちらも奈良県《ならけん》の紅葉《こうよう》の名所《めいしょ》で、紅葉《こうよう》が連想《れんそう》される歌枕《うたまくら》。

⑮吉野《よしの》（奈良県吉野郡《ならけんよしのぐん》）
雪《ゆき》を連想《れんそう》させるが、西行《さいぎょう》によって桜《さくら》を連想《れんそう》させる場所《ばしょ》にもなった。

覚《おぼ》えられたかな？

和《わ》歌《か》虫《むし》食《く》いクイズ②

問《とい》1

□□□　衛《ゑ》士《じ》のたく火《ひ》の　夜《よる》はもえ
昼《ひる》は消《き》えつつ　ものをこそ思《おも》へ

問《とい》2

有《あり》馬《ま》山《やま》　ゐなの□□□　風《かぜ》吹《ふ》けば
□□□□人《ひと》を　忘《わす》れやはする

問《とい》3

夜《よ》を□□て　鳥《とり》のそら音《ね》は　はかるとも
よ□□□の　関《せき》はゆるさじ

問《とい》4

秋《あき》□に　たなびく雲《くも》の　絶《た》え間《ま》より
もれ□づる月《つき》の　□のさやけさ

問《とい》5

□□□は　□□に見《み》えぬ　沖《おき》の石《いし》の
□こそ知《し》らね　乾《かわ》く間《ま》もなし

こたえ
問《とい》1：御垣守《みかきもり》　問《とい》2：ささ原《はら》／いでそよ　問《とい》3：こめ／に逢坂《あふさか》　問《とい》4：風《かぜ》／い／影《かげ》　問《とい》5：わが袖《そで》／潮干《しほひ》／人《ひと》

第《だい》5章《しょう》

八《はち》十《じゅう》一《いち》番《ばん》～百《ひゃく》番《ばん》

081 後《ご》徳《とく》大《だい》寺《じの》左《さ》大《だい》臣《じん》

082 道《どう》因《いん》法《ほう》師《し》

083 皇《こう》太《たい》后《ごう》宮《ぐうの》大《だい》夫《ぶ》俊《とし》成《なり》

084 藤《ふじ》原《わらの》清《きよ》輔《すけ》朝臣《あそん》

085 俊《しゅん》恵《え》法《ほう》師《し》

086 西《さい》行《ぎょう》法《ほう》師《し》

087 寂《じゃく》蓮《れん》法《ほう》師《し》

088 皇《こう》嘉《か》門《もん》院《いんの》別《べっ》当《とう》

089 式《しょく》子《し》内《ない》親《しん》王《のう》

090 殷《いん》富《ぷ》門《もん》院《いんの》大《たい》輔《ふ》

091 後《ご》京《きょう》極《ごく》摂《せっ》政《しょう》前《さきの》太《だ》政《じょう》大《だい》臣《じん》

092 二《に》条《じょう》院《いんの》讃《さぬ》岐《き》

093 鎌《かま》倉《くらの》右《う》大《だい》臣《じん》

094 参《さん》議《ぎ》雅《まさ》経《つね》

095 前《さきの》大《だい》僧《そう》正《じょう》慈《じ》円《えん》

096 入《にゅう》道《どう》前《さきの》太《だ》政《じょう》大《だい》臣《じん》

097 権《ごん》中《ちゅう》納《な》言《ごん》定《てい》家《か》

098 従《じゅ》二《に》位《い》家《いえ》隆《たか》

099 後《ご》鳥《と》羽《ば》院《いん》

100 順《じゅん》徳《とく》院《いん》

081

後《ご》徳《とく》大《だい》寺《じの》左《さ》大《だい》臣《じん》

教《きょう》養《よう》が豊《ゆた》かで
品《ひん》のいい一《いち》流《りゅう》の文《ぶん》化《か》人《じん》

出身《しゅっしん》／職業《しょくぎょう》・役職《やくしょく》	不明《ふめい》／左大臣《さだいじん》	
おさめられた和歌集《わかしゅう》	千載和歌集《せんざいわかしゅう》	
生没年月日《せいぼつねんがっぴ》	1139年《ねん》～1192年《ねん》2月《がつ》1日《たち》	夏《なつ》

能力《のうりょく》パラメータ

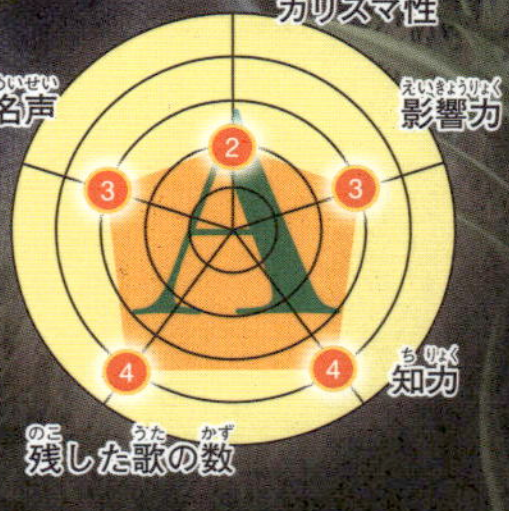

ほととぎす　鳴《な》きつる方《かた》を　眺《なが》むれば
ただ有明《ありあけ》の　月《つき》ぞ残《のこ》れる

ゴロ覚《おぼ》え

ただで
ほっとした

意味《いみ》

ほととぎすが鳴《な》いたので、その方角《ほうがく》をながめていると、そこにはほととぎすの姿《すがた》はすでになく、ただ有明《ありあけ》の月《つき》だけが残《のこ》っていた。

重要《じゅうよう》単語《たんご》　ほととぎす、鳴《な》きつる

平氏《へいし》との政争《せいそう》を乗《の》り切《き》る

本名《ほんみょう》は藤原実定《ふじわらのさねさだ》。右大臣《うだいじん》の藤原公能《ふじわらのきんよし》の子《こ》で、藤原定家《ふじわらのていか》とはいとこの関係《かんけい》。徳大寺左大《とくだいじのさだい》臣《じん》と呼《よ》ばれた祖父《そふ》と区別《くべつ》して後徳大寺左大臣《ごとくだいじのさだいじん》と呼《よ》ばれた。中納言《ちゅうなごん》のときに保元《ほうげん》・平治《へいじ》の乱《らん》がおこって、実権《じっけん》を握《にぎ》った平氏《へいし》（平清盛《たいらのきよもり》）の排除対象《はいじょたいしょう》となり、政治権力《せいじけんりょく》を一時《いちじ》失《うしな》ったが、うまく立《た》ちまわって敵《てき》を作《つく》らず、朝廷《ちょうてい》から排除《はいじょ》されることはなかった。一流《いちりゅう》の文化人《ぶんかじん》で、社交界《しゃこうかい》では朗詠《ろうえい》（漢詩《かんし》に曲《きょく》をつけたもの）、管弦《かんげん》の名手《めいしゅ》と評判《ひょうばん》だった。和歌《わか》の才能《さいのう》も評価《ひょうか》されていたが、晩年《ばんねん》は和歌活動《わかかつどう》にあまり精力的《せいりょくてき》でなかったという。

解《かい》説《せつ》

ほととぎすと月《つき》は、和歌《わか》の題材《だいざい》の王《おう》道《どう》である。作者《さくしゃ》は夜明《よあ》けまでほととぎすが鳴《な》くのを待《ま》ち、声《こえ》がしたのでその方角《ほうがく》を見《み》ると、もう姿《すがた》はなかった。激動《げきどう》の時代《じだい》を生《い》きた作者《さくしゃ》は、飛《と》び去《さ》ったほととぎすと残《のこ》る月《つき》に何《なに》を思《おも》ったのだろうか？

082

道《どう》因《いん》法《ほう》師《し》

年《とし》老《お》いてますます
和《わ》歌《か》道《どう》に打《う》ちこむ

出身《しゅっしん》／職業《しょくぎょう》・役職《やくしょく》	不明《ふめい》／右馬助《うまのすけ》	♥
おさめられた和歌集《わかしゅう》	千載和歌集《せんざいわかしゅう》	
生没年月日《せいぼつねんがっぴ》	1090年《ねん》〜1182年《ねん》ごろ	恋《こい》

能力《のうりょく》パラメータ

カリスマ性《せい》 2
影響力《えいきょうりょく》 2
知力《ちりょく》 3
残《のこ》した歌《うた》の数《かず》 3
名声《めいせい》 3
B

思《おも》ひ《(い)》わび　さても命《いのち》は　あるものを
憂《う》きにたへ《(え)》ぬは　涙《なみだ》なりけり

【ゴロ覚《おぼ》え】

おもいわ
うきが

意味《いみ》

つれないあの人《ひと》のことを思《おも》い、これほどなやんでも、こうして命《いのち》はまだあるというのに、つらさにたえかねて涙《なみだ》が流《なが》れて仕方《しかた》がない。

重要単語《じゅうようたんご》　思《おも》ひわび、憂《う》きに

和歌《わか》への強《つよ》い執心《しゅうしん》

道因法師《どういんほうし》は法名《ほうみょう》で、俗名《ぞくみょう》は藤原敦頼《ふじわらのあつより》。若《わか》いころのくわしい経歴《けいれき》はわかっていないが、官人《かんじん》として右馬助《うまのすけ》（朝廷《ちょうてい》が保《ほ》有《ゆう》する馬《うま》の飼育《しいく》と調教《ちょうきょう》を担当《たんとう》する）となり、80歳過《さいす》ぎに出《しゅっ》家《け》して道因《どういん》と称《しょう》した。和歌《わか》の道《みち》にとても熱心《ねっしん》な人《ひと》で、老年《ろうねん》になっても、「秀歌《しゅうか》を詠《よ》ませたまえ」と大阪《おおさか》の住吉大社《すみよしたいしゃ》まで、徒歩《とほ》で月詣《つきもう》でしていた。また、90歳《さい》になっても歌合《うたあわせ》に精力的《せいりょくてき》に参加《さんか》し、耳《みみ》が遠《とお》いので講師《こうし》のそばまで行《い》って歌《うた》を聞《き》いていたという。ある歌合《うたあわせ》では、負《ま》けと判定《はんてい》されると、判定者《はんていしゃ》のもとに行《い》き、泣《な》いてうらんだという逸話《いつわ》もある。

解説《かいせつ》

この歌《うた》は、「恋《こい》にどんなに苦悩《くのう》していても、なんとか耐《た》えて死《し》なずにいるが、涙《なみだ》だけはあふれてくる」と、恋《こい》の悩《なや》みとつらさを表現《ひょうげん》している。と同時《どうじ》に、年老《としお》いた作者《さくしゃ》が、思《おも》い通《どお》りにならなかった人生《じんせい》を投影《とうえい》しているようにも思《おも》える。

083

皇《こう》太《たい》后《ごう》宮《ぐうの》大《だい》夫《ぶ》俊《とし》成《なり》

幽《ゆう》玄《げん》体《たい》の歌《か》風《ふう》を うちたてた大《おお》御《ご》所《しょ》歌《か》人《じん》

出身《しゅっしん》／職業《しょくぎょう》・役職《やくしょく》	不明《ふめい》／皇太后宮大夫《こうたいごうみやのだいぶ》
おさめられた和歌集《わかしゅう》	千載《せんざい》和歌集《わかしゅう》
生没年月日《せいぼつねんがっぴ》	1114年《ねん》〜1204年《ねん》12月《がつ》22日《にち》

世《よ》の中《なか》

能力《のうりょく》パラメータ

世《よ》の中《なか》よ　道《みち》こそなけれ　思《おも》ひ（い）入《い》る
山《やま》の奥《おく》にも　鹿《しか》ぞなくなる

ゴロ覚《おぼ》え

よのなかの
しかがなく

意味《いみ》

この世《よ》の中《なか》には、悲《かな》しみやつらさから逃《のが》れる方法《ほうほう》などないものだ。世俗《せぞく》から逃《のが》れようと分《わ》け入《い》ってきたこの山《やま》の奥《おく》でも、鹿《しか》が悲《かな》しげに泣《な》いている。

重要《じゅうよう》単語《たんご》

世《よ》の中《なか》よ、思《おも》ひ入《い》る

多《おお》くの歌人《かじん》を指導育成《しどういくせい》

本名《ほんみょう》は藤原俊成《ふじわらのとしなり》。権中納言《ごんちゅうなごん》の藤原俊忠《ふじわらのとしただ》の子《こ》で、百人一首《ひゃくにんいっしゅ》の撰者《せんじゃ》である藤原定家《ふじわらのていか》の父《ちち》。皇太后宮大夫《こうたいごうぐうのだいぶ》（皇太后宮職《こうたいごうぐうしき》の長官《ちょうかん》）から63歳《さい》で出家《しゅっけ》した。

保守派歌人《ほしゅはかじん》の藤原基俊《ふじわらのもととし》と革《かく》新派歌人《しんはかじん》の源俊頼《みなもとのとしより》に和歌《わか》を学《まな》び、独自《どくじ》の「幽玄体《ゆうげんたい》（言葉《ことば》に出《だ》さない部分《ぶぶん》に余情《よじょう》や情趣《じょうしゅ》が表《あらわ》れている歌体《かたい》）」の歌風《かふう》を作《つく》り上《あ》げた。平安時代末期《へいあんじだいまっき》の歌壇《かだん》の大御所《おおごしょ》で、子《こ》の藤原定家《ふじわらのていか》をはじめ、寂蓮《じゃくれん》、九条良経《くじょうよしつね》、式子内親王《しょくしないしんのう》などの歌人《かじん》を指導《しどう》育成《いくせい》した。後白河上皇《ごしらかわじょうこう》の勅命《ちょくめい》で、『千載和歌集《せんざいわかしゅう》』を編《へん》さんしたほか、著作《ちょさく》に多《おお》くの歌学書《かがくしょ》や歌撰集《かせんしゅう》がある。

解説《かいせつ》

作者《さくしゃ》がまだ27歳《さい》の時《とき》の作品《さくひん》で、名門《めいもん》公家《くげ》の出身《しゅっしん》なのに、なかなか出世《しゅっせ》できない身《み》の不遇《ふぐう》さ、この先《さき》の憂《ゆう》うつさを詠《よ》んだ歌《うた》である。出家《しゅっけ》しようと考《かんが》えた作者《さくしゃ》だが、迷《まよ》いと行《ゆ》き場《ば》のないなげきが鹿《しか》の声《こえ》に表《あらわ》れているようである。

084

藤《ふじ》原《わらの》清《きよ》輔《すけ》朝臣《あそん》

六条家《ろくじょうけ》をついだ
歌壇《かだん》の大物《おおもの》

ながらへ《(え)》ば　またこの頃《ごろ》や　しのばれむ《(ん)》
憂《う》しと見《み》し世《よ》ぞ　今《いま》は恋《こひ》《(こい)》しき

【ゴロ覚《おぼ》え】

ながらがわの
うし

意味《いみ》

この先長《さきなが》く生《い》きれば、つらいと感《かん》じている今《いま》も、なつかしく思《おも》い出《だ》されることだろう。つらいと思《おも》っていた昔《むかし》のことを、今《いま》では恋《こい》しく思《おも》うのだから。

重要単語《じゅうようたんご》

ながらへば、
憂《う》し

出身《しゅっしん》／職業《しょくぎょう》・役職《やくしょく》	不明《ふめい》／太皇太后宮大進《たいこうたいごうぐうだいしん》
おさめられた和歌集《わかしゅう》	新古今和歌集《しんこきんわかしゅう》
生没年月日《せいぼつねんがっぴ》	1104年《ねん》〜1177年《ねん》7月《がつ》17日《にち》

★ その他《た》

解説《かいせつ》

作者《さくしゃ》にとって、過去《かこ》はつらいことばかりだったが、今《いま》ではそれもなつかしく思《おも》えてくる。時間《じかん》の経過《けいか》がつらさをやわらげてくれることがあるという歌《うた》で、過去《かこ》の経験《けいけん》に照《て》らし、この先《さき》の人生《じんせい》にかすかな希望《きぼう》を見出《みいだ》している。

続詞花和歌集《しょくしかわかしゅう》の撰者《せんじゃ》

第《だい》79番《ばん》の左京大夫顕輔《さきょうのだいぶあきすけ》の子《こ》。六条家《ろくじょうけ》の歌学《かがく》を父《ちち》から学《まな》んだ歌学者《かがくしゃ》で、藤原俊成《ふじわらのとしなり》と並《なら》ぶ平安末期《へいあんまっき》の歌壇《かだん》の大御所的《おおごしょてき》存在《そんざい》。二条天皇《にじょうてんのう》に『続詞花和歌集《しょくしかわかしゅう》』の撰者《せんじゃ》に任《にん》じられたが、完成《かんせい》を見《み》る前《まえ》に二条天皇《にじょうてんのう》が崩御《ほうぎょ》してしまい、勅撰和歌集《ちょくせんわかしゅう》とはならなかった。

085

俊《しゅん》恵《え》法《ほう》師《し》

平安末期《へいあんまっき》の歌壇《かだん》に強《つよ》い影響《えいきょう》を与《あた》えた

夜《よ》もすがら　もの思《おも》ふ《(う)》頃《ころ》は　明《あ》けやらで
ねやのひまさへ《(え)》　つれなかりけり

【ゴロ覚《おぼ》え】

よるもねる
ひまがない

意味《いみ》

一晩中《ひとばんじゅう》、つれない恋人《こいびと》を思《おも》っているときはなかなか夜《よる》が明《あ》けないので、朝日《あさひ》が差《さ》しこまない寝室《しんしつ》の戸《と》のすき間《ま》さえも、つれなく感《かん》じられる

重要単語《じゅうようたんご》

夜《よ》もすがら、ねやのひま

出身《しゅっしん》／職業《しょくぎょう》・役職《やくしょく》	不明《ふめい》／僧侶《そうりょ》
おさめられた和歌集《わかしゅう》	千載和歌集《せんざいわかしゅう》
生没年月日《せいぼつねんがっぴ》	1113年《ねん》～1191年《ねん》ごろ

恋《こい》

鴨長明《かものちょうめい》の和歌《わか》の師匠《ししょう》

革新派《かくしんは》の歌人《かじん》で知《し》られる源《みなもとの》俊頼《としより》の子《こ》で、17歳《さい》で父《ちち》と死別《しべつ》して出家《しゅっけ》し、東大寺《とうだいじ》の僧侶《そうりょ》となった。和歌《わか》の道《みち》に熱心《ねっしん》で、自分《じぶん》の邸宅《ていたく》に毎月《まいつき》、多《おお》くの歌人《かじん》を呼《よ》んで和歌《わか》の指導《しどう》をしたり、歌合《うたあわせ》や歌会《うたかい》を開催《かいさい》していた。『方丈記《ほうじょうき》』の作者《さくしゃ》である鴨長明《かものちょうめい》の和歌《わか》の師匠《ししょう》。

解説《かいせつ》

寝室《しんしつ》で男性《だんせい》を待《ま》ちあぐねて失望《しつぼう》した女性《じょせい》の歌《うた》で、男性《だんせい》の作者《さくしゃ》が女性《じょせい》の気持《きも》ちで詠《よ》んだ。男性《だんせい》を待《ま》って夜《よる》が明《あ》けたときのせめてもの救《すく》いは朝《あさ》の光《ひかり》なのに、その光《ひかり》も差《さ》してこない。暗《くら》い部屋《へや》で過《す》ごす女性《じょせい》の不安《ふあん》とうらみが表現《ひょうげん》されている。

086

西《さい》行《ぎょう》法《ほう》師《し》

松尾芭蕉《まつおばしょう》に尊敬《そんけい》された
月《つき》と花《はな》を愛《あい》した旅人《たびびと》

出身《しゅっしん》／職業《しょくぎょう》・役職《やくしょく》	不明《ふめい》／僧侶《そうりょ》
おさめられた和歌集《わかしゅう》	千載和歌集《せんざいわかしゅう》
生没年月日《せいぼつねんがっぴ》	1118年《ねん》～1190年《ねん》2月《がつ》16日《にち》

恋《こい》

嘆《なげ》けとて　月《つき》やはものを　思《おも》は(わ)する
かこち顔《がほ》(かお)なる　わが涙《なみだ》かな

【ゴロ覚《おぼ》え】

なげけ
かこを

意味《いみ》

なげけ、といって月《つき》が私《わたし》に物思《ものおも》いをさせるのだろうか。いいえ、そうではない。恋《こい》がそうさせるのだ。それなのに月《つき》のせいでもあるかのように、こぼれ落《お》ちてしまう私《わたし》の涙《なみだ》よ。

重要単語《じゅうようたんご》

嘆《なげ》け、
かこち顔《がほ》なる

解《かい》説《せつ》

この歌《うた》は、月《つき》を前《まえ》にして恋人《こいびと》をうらむ気持《きも》ちを詠《よ》んだもの。古《ふる》くから月《つき》は、物思《ものおも》いをさせるものという考《かんが》え方《かた》があるが、流《なが》れてくる涙《なみだ》の本当《ほんとう》の理由《りゆう》を隠《かく》して、月《つき》が涙《なみだ》を誘《さそ》っているとしているところに、切《せつ》なさが感《かん》じられる。

若《わか》くして突然《とつぜん》の出家《しゅっけ》

本名《ほんみょう》は佐藤義清《さとうのりきよ》。鳥羽上皇《とばじょうこう》の北面《ほくめん》の武士《ぶし》だったが、23歳《さい》で突然《とつぜん》世《よ》を捨《す》てて出家《しゅっけ》。西行《さいぎょう》と名乗《なの》り、あちこちに草庵《そうあん》を作《つく》って、旅《たび》を住《す》みかとする放《ほう》浪生活《ろうせいかつ》を送《おく》った。月《つき》と花《はな》を愛《あい》した歌人《かじん》で、その生《い》き方《かた》は、松尾芭蕉《まつおばしょう》など後世《こうせい》の歌人《かじん》にも大《おお》きな影響《えいきょう》を与《あた》えた。

087

寂《じゃく》蓮《れん》法《ほう》師《し》

藤原俊成《ふじわらのとしなり》の甥《おい》っ子《こ》で
和歌《わか》の道《みち》に精進《しょうじん》した僧侶《そうりょ》

出身《しゅっしん》／職業《しょくぎょう》・役職《やくしょく》	不明《ふめい》／僧侶《そうりょ》
おさめられた和歌集《わかしゅう》	新古今和歌集《しんこきんわかしゅう》
生没年月日《せいぼつねんがっぴ》	1139年《ねん》ごろ～1202年《ねん》8月《がつ》9日《か》
秋《あき》	

村雨《むらさめ》の　露《つゆ》もまだひぬ　※槙《まき》の葉《は》に
霧《きり》立《た》ちのぼる　秋《あき》の夕《ゆふ（ゆう）》暮《ぐ》れ

【ゴロ覚《おぼ》え】

むらの
まきばのきり

意味《いみ》

にわか雨《あめ》が通《とお》り過《す》ぎて、まだそのしずくもかわいていない杉《すぎ》やひのきの葉《は》に、早《はや》くも霧《きり》が立《た》ち上《あ》がる、静《しず》かでさびしい秋《あき》の夕暮《ゆうぐ》れである。

重要単語《じゅうようたんご》

村雨《むらさめ》、槙《まき》

新古今和歌集《しんこきんわかしゅう》の撰者《せんじゃ》

本名《ほんみょう》は藤原定長《ふじわらのさだなが》。父《ちち》は藤原《ふじわらの》俊成《としなり》の弟《おとうと》で僧侶《そうりょ》の俊海《しゅんかい》。おさないころに叔父《おじ》・俊成《としなり》の養子《ようし》となったが、俊成《としなり》に子《こ》が生《う》まれたため、30代《だい》で出家《しゅっけ》して和《わ》歌《か》の修行《しゅぎょう》にまい進《しん》した。当時《とうじ》の代表的《だいひょうてき》な歌人《かじん》の一人《ひとり》で、『新《しん》古今和歌集《こきんわかしゅう》』の撰者《せんじゃ》になったが、完成《かんせい》を見《み》ずに亡《な》くなった。

解説《かいせつ》

ぱっと降《ふ》って過《す》ぎていった村雨《むらさめ》が置《お》いていった露《つゆ》と、夕暮《ゆうぐ》れの暗《くら》い山肌《やまはだ》、木《き》をぬらす霧《きり》。暗《くら》い緑《みどり》の槙《まき》の葉《は》など、この歌《うた》には、日本画《にほんが》を彷彿《ほうふつ》とさせる色彩《しきさい》がある。最後《さいご》の体言止《たいげんど》めが、心《こころ》にしみるようなさびしさをより深《ふか》く表現《ひょうげん》している。

※槙《まき》は杉《すぎ》やひのきといった大木《たいぼく》のことを指《さ》す。

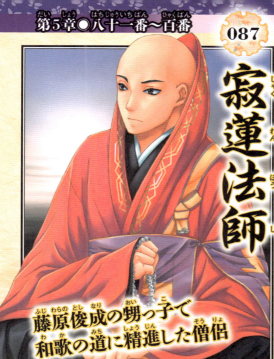

百人一首《ひゃくにんいっしゅ》のマメ知識《ちしき》⑯

武家《ぶけ》の世《よ》に変《か》わった 鎌倉時代《かまくらじだい》の文学《ぶんがく》

政治《せいじ》の中心《ちゅうしん》が東国《とうごく》へ移動《いどう》。大陸《たいりく》から新《あら》たな文化《ぶんか》も伝来《でんらい》し、国内《こくない》の文化《ぶんか》は独自《どくじ》の発展《はってん》を遂《と》げていった。

貴族文化《きぞくぶんか》と武士文化《ぶしぶんか》の融合《ゆうごう》

平安末期《へいあんまっき》の源平《げんぺい》の戦乱《せんらん》をへて、源頼朝《みなもとのよりとも》が鎌倉《かまくら》で幕府《ばくふ》を開《ひら》き、武士《ぶし》が貴《き》族《ぞく》に代《か》わって日本《にほん》の政治《せいじ》を動《うご》かすようになった。

しかし、武士《ぶし》が主役《しゅやく》の時代《じだい》がやってきたとはいっても、平安時代《へいあんじだい》の優美《ゆうび》な貴族文化《きぞくぶんか》は、根強《ねづよ》く残《のこ》っていた。そんな中《なか》、武《ぶ》士《し》は貴族文化《きぞくぶんか》に触《ふ》れて、それを上手《じょうず》に取《と》り入《い》れながら、独自《どくじ》の文化《ぶんか》を作《つく》り出《だ》した。また、平安末期《へいあんまっき》から始《はじ》まった日宋貿易《にっそうぼうえき》を通《つう》じて、大陸《たいりく》から新《あら》たな文化《ぶんか》がもたらされ、とくに新仏教《しんぶっきょう》（禅宗《ぜんしゅう》）の伝来《でんらい》は、鎌倉文化《かまくらぶんか》の形成《けいせい》に大《おお》きな役割《やくわり》を果《は》たすことになった。

武士《ぶし》の世《よ》になり軍記物《ぐんきもの》が盛《さか》んに

さて、鎌倉時代《かまくらじだい》の文化《ぶんか》における文学《ぶんがく》の特徴《とくちょう》といえば、武士《ぶし》の隆盛《りゅうせい》にともない、『平家物語《へいけものがたり》』『保元《ほうげん》物語《ものがたり》』『平治物語《へいじものがたり》』などの軍記物《ぐんきもの》が執筆《しっぴつ》されたことだろう。軍記物《ぐんきもの》には「無《む》常観《じょうかん》（人《ひと》の世《よ》のはかなさ）」という仏教思想《ぶっきょうしそう》が盛《も》り込《こ》まれ、こうした無常《むじょう》観《かん》は、この時代《じだい》を代表《だいひょう》する随筆作品《ずいひつさくひん》、鴨長明《かものちょうめい》の『方丈記《ほうじょうき》』や、吉田兼好《よしだけんこう》の『徒然草《つれづれぐさ》』にも見《み》られるものである。

百人一首《ひゃくにんいっしゅ》を作《つく》った藤原定家《ふじわらのていか》

藤原定家《ふじわらのていか》は『小倉百人一首《おぐらひゃくにんいっしゅ》』の撰者《せんじゃ》だが、その原型《げんけい》は『百人秀歌《ひゃくにんしゅうか》』という秀《しゅう》歌撰《かせん》にある。『百人秀歌《ひゃくにんしゅうか》』には歌《うた》が百一《ひゃくいち》首《しゅ》とられており、このうち三人《さんにん》（一条《いちじょう》院皇后宮《いんのこうごうぐう》、権中納言国信《ごんちゅうなごんくにざね》、権中納言長《ごんちゅうなごんなが》方《かた》）を除《のぞ》き、後鳥羽院《ごとばいん》と順徳院《じゅんとくいん》を入《い》れて百首《ひゃくしゅ》とした。百人一首《ひゃくにんいっしゅ》と改題《かいだい》したのは、定家《ていか》の子《こ》の為家《ためいえ》だといわれている。

●厭離庵《えんりあん》
定家《ていか》が百人一首《ひゃくにんいっしゅ》を選《えら》んだ山荘跡《さんそうあと》に建《た》つ、臨済宗《りんざいしゅう》の寺院《じいん》。

武士《ぶし》への対抗心《たいこうしん》で公家文化《くげぶんか》も再興《さいこう》

独自《どくじ》の武士文化《ぶしぶんか》が広《ひろ》がりを見《み》せる一方《いっぽう》、公家《くげ》たちはそうした新《あら》たな風潮《ふうちょう》に対抗《たいこう》するように、貴族《きぞく》文化《ぶんか》の伝統《でんとう》に回帰《かいき》する動《うご》きも見《み》られた。とくに和《わ》歌《か》が盛《さか》んとなり、後鳥羽《ごとば》上皇《じょうこう》が『新古今和歌集《しんこきんわかしゅう》』の編《へん》さんを命《めい》じ、大規模《だいきぼ》な歌合《うたあわせ》を開催《かいさい》するなど、当時《とうじ》の歌壇《かだん》は大《おお》いに盛《も》り上《あ》がりを見《み》せた。この時《じ》代《だい》を代表《だいひょう》する歌人《かじん》が、藤《ふじ》原俊成《わらのとしなり》や、その息子《むすこ》で『小《お》倉百人一首《ぐらひゃくにんいっしゅ》』の撰者《せんじゃ》である藤原定家《ふじわらのていか》で、彼《かれ》らは和《わ》歌《か》の伝統《でんとう》を重《おも》んじながら、「幽玄《ゆうげん》」「有心《うしん》」といった観念的《かんねんてき》な美《び》を追求《ついきゅう》していった。

こうして「新古今調《しんこきんちょう》」の技巧《ぎこう》をこらした和歌《わか》が時代《じだい》の主流《しゅりゅう》となる一方《いっぽう》、旅《たび》と自然《しぜん》を愛《あい》した西行《さいぎょう》は、具体的《ぐたいてき》な描写《びょうしゃ》にもとづく素直《すなお》な心情《しんじょう》の歌《うた》を数《かず》多《おお》く詠《よ》んだ。そんな西行《さいぎょう》が残《のこ》した『山家集《さんかしゅう》』は、鎌倉時代《かまくらじだい》特有《とくゆう》の無常観《むじょうかん》も感《かん》じられる歌集《かしゅう》である。

さらに旅《たび》といえば、国《こく》内《ない》の政治《せいじ》が二元構造《にげんこうぞう》になったことで、京《きょう》と鎌《かま》倉《くら》の往復《おうふく》が盛《さか》んになり、阿仏尼《あぶつに》の『十六夜《いざよい》日記《にっき》』などの優《すぐ》れた紀《き》行文《こうぶん》も登場《とうじょう》した。

また、鎌倉時代《かまくらじだい》には評《ひょう》論書《ろんしょ》や批評書《ひひょうしょ》という分野《ぶんや》が確立《かくりつ》。日本最古《にほんさいこ》の物語《ものがたり》評論書《ひょうろんしょ》『無名草子《むみょうぞうし》』や、僧侶《そうりょ》にして歌人《かじん》でもあった慈円《じえん》の歴史評論書《れきしひょうろんしょ》『愚《ぐ》管抄《かんしょう》』などが有名《ゆうめい》である。

●金沢文庫《かなざわぶんこ》

北条実時《ほうじょうさねとき》が設《もう》けた私設図書館《しせつとしょかん》。

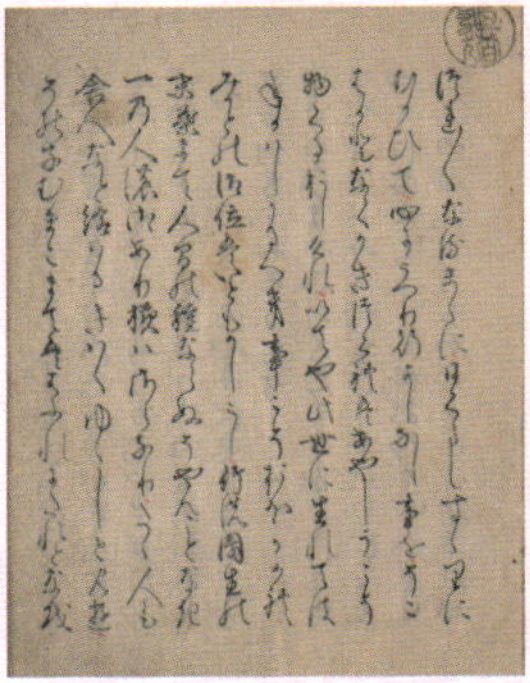

●徒然草《つれづれぐさ》（写本《しゃほん》）

作者《さくしゃ》・吉田兼好《よしだけんこう》の人生論《じんせいろん》、批《ひ》評《ひょう》、逸話《いつわ》などを記《しる》した随筆《ずいひつ》。

おもな鎌倉文学《かまくらぶんがく》

●『新古今和歌集《しんこきんわかしゅう》』1205年《ねん》

後鳥羽上皇《ごとばじょうこう》の命《めい》で編《へん》さんされた勅《ちょく》撰和歌集《せんわかしゅう》。全二十巻《ぜんにじゅうかん》からなる。

●『宇治拾遺物語《うじしゅういものがたり》』13世紀前半《せいきぜんはん》

日本《にほん》、インド、中国《ちゅうごく》の三国《さんごく》を舞台《ぶたい》とした説話集《せつわしゅう》。全《ぜん》197話《わ》。

●『方丈記《ほうじょうき》』1212年《ねん》

鴨長明《かものちょうめい》による随筆《ずいひつ》。方丈《ほうじょう》の狭《せま》い庵《いおり》から世間《せけん》を観察《かんさつ》して記《しる》した記録《きろく》。

●『平家物語《へいけものがたり》』年代不詳《ねんだいふしょう》

平家《へいけ》の栄枯盛衰《えいこせいすい》を描《えが》く軍記物《ぐんきもの》。「祇園精舎《ぎおんしょうじゃ》の鐘《かね》の声《こえ》」の書《か》き出《だ》しは有名《ゆうめい》。

●『吾妻鏡《あずまかがみ》』1300年《ねん》ごろ

1180年《ねん》から87年間《ねんかん》の鎌倉幕府《かまくらばくふ》の出来事《できごと》を記《しる》した歴史書《れきししょ》。

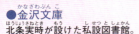

名《めい》歌《か》誕生《たんじょう》
ストーリー
5

静《しず》けさがしみ入《い》る森《もり》の中《なか》　鹿《しか》の鳴《な》き声《ごえ》に世《よ》の悲《かな》しさを想《おも》う

皇《こう》太《たい》后《ごう》宮《ぐうの》大《だい》夫《ぶ》俊《とし》成《なり》

当時《とうじ》、俊成《としなり》は出世《しゅっせ》の道《みち》もままならず、もんもんとした日々《ひび》を送《おく》っていた。動乱《どうらん》の時代《じだい》をむかえ、不安《ふあん》から出家《しゅっけ》する者《もの》もいた。思《おも》いつめて森《もり》に分《わ》け入《い》った俊成《としなり》を待《ま》っていたものは…。後世《こうせい》、はかなくも艶《つや》のある歌《うた》を詠《よ》むと評《ひょう》された若《わか》き俊成《としなり》の一首《いっしゅ》だ。

権力争《けんりょくあらそ》いが激化《げきか》し
貴族《きぞく》も次々《つぎつぎ》と凋落《ちょうらく》…
まわりの皆《みな》も
仏門《ぶつもん》に入《はい》る者《もの》が増《ふ》えた
私《わたし》もいずれは
どうなって
しまうのか…
うまくいかない
報《むく》われない
なぜ私《わたし》だけが
こんな目《め》に——…

目《め》を開《あ》けてよお父《とう》さん!!
※俊成《としなり》は10歳《さい》のときに父親《ちちおや》と死別《しべつ》。
あいつはいまだに出世《しゅっせ》できないのか

いつの間《ま》にか
こんなに山奥《やまおく》まで
来《き》ていたのか…

…この世《よ》の中《なか》から
逃《に》げられないものか…
ピュイイ
これは…動物《どうぶつ》の鳴《な》き声《ごえ》？
まるで「世《よ》の中《なか》から逃《に》げる道《みち》はない」と言《い》いたげな物悲《ものがな》しい鳴《な》き声《ごえ》だな…
ガサッ
ピュイイ

こんな
山奥《やまおく》に来《き》ても
悲《かな》しみから
逃《のが》れる道《みち》など
ない…か

世《よ》の中《なか》よ　道《みち》こそなけれ　思《おも》ひ入《い》る
山《やま》の奥《おく》にも　鹿《しか》ぞなくなる

088

皇《こう》嘉《か》門《もん》院《いんの》別《べっ》当《とう》

中宮《ちゅうぐう》に仕《つか》えて歌合《うたあわせ》で活躍《かつやく》した女房《にょうぼう》

出身《しゅっしん》／職業《しょくぎょう》・役職《やくしょく》	不明《ふめい》／女房《にょうぼう》	
おさめられた和歌集《わかしゅう》	千載和歌集《せんざいわかしゅう》	
生没年月日《せいぼつねんがっぴ》	不明《ふめい》	恋《こい》

能力《のうりょく》パラメータ

カリスマ性《せい》
1
影響力《えいきょうりょく》
2
知力《ちりょく》
3
残《のこ》した歌《うた》の数《かず》
1
名声《めいせい》
2

難《なに》波《は》(わ)江《え》の　あしのかりねの　一《ひと》夜《よ》ゆゑ(え)
みをつくしてや　恋《こ》ひ(い)わたるべき

ゴロ覚《おぼ》え

なにわの
みをつくした
こい

意味《いみ》

難波《なにわ》の入《い》り江《え》に生《は》えているあしを刈《か》りとった根《ね》の一節《ひとふし》ではないが、短《みじか》い旅先《たびさき》での一夜《いちや》のために、私《わたし》はずっと「みおつくし」のように、身《み》をつくして、旅人《たびびと》に恋《こ》いこがれるのだろうか。

重要《じゅうよう》単語《たんご》

難《なに》波《は》江《え》、みをつくし

晩年《ばんねん》は出家《しゅっけ》して尼《あま》になる

名前《なまえ》も生没年《せいぼつねん》もわかっていないが、平安時代末期《へいあんじだいまっき》の女性《じょせい》で、太皇太后宮亮《たいこうたいごうぐうりょう》・源俊隆《みなもとのとしたか》の娘《むすめ》。第《だい》76番《ばん》の藤原忠通《ふじわらのただみち》の娘《むすめ》で、崇徳天皇《すとくてんのう》の皇后《こうごう》である皇《こう》嘉門院聖子《かもんいんせいし》の別当《べっとう》（女官長《にょかんちょう》）として仕《つか》えた。

皇嘉門院《こうかもんいん》は、九条家《くじょうけ》の藤原《ふじわらの》兼実《かねざね》の異母姉《いぼし》であったことから、兼実《かねざね》の屋敷《やしき》で歌合《うたあわせ》があるときには、門院《もんいん》に仕《つか》える女房《にょうぼう》はたくさん参加《さんか》した。高名《こうめい》な歌人《かじん》だった別当《べっとう》も歌合《うたあわせ》の常連《じょうれん》で、歌人《かじん》との勝負《しょうぶ》で活躍《かつやく》。勅《ちょく》撰和歌集《せんわかしゅう》に9首《しゅ》がおさめられている。皇嘉門院《こうかもんいん》が崩御《ほうぎょ》したときには、すでに出家《しゅっけ》し、出《しゅっ》棺役《かんやく》として従《したが》ったという。

解《かい》説《せつ》

「旅先《たびさき》の宿《やど》で契《ちぎ》った恋《こい》」という題《だい》で詠《よ》んだ歌《うた》である。見知《みし》らぬ旅人《たびびと》と一夜《いちや》をともにした女性《じょせい》のやるせない気持《きも》ちを詠《よ》んだもの。たった一夜《いちや》の恋《こい》のせいで、その人《ひと》をずっと思《おも》い続《つづ》けなければならなくなった女性《じょせい》の苦《くる》しみが込《こ》められている。

089

式《しょく》子《し》内《ない》親《しん》王《のう》

新《しん》古《こ》今《こん》期《き》を代表《だいひょう》する超《ちょう》一《いち》流《りゅう》の女流《じょりゅう》歌人《かじん》

出身《しゅっしん》／職業《しょくぎょう》・役職《やくしょく》	京《きょう》／内親王《ないしんのう》	
おさめられた和歌集《わかしゅう》	新古今和歌集《しんこきんわかしゅう》	
生没年月日《せいぼつねんがっぴ》	1149年《ねん》～1201年《ねん》3月《がつ》1日《たち》	恋《こい》

能力《のうりょく》パラメータ

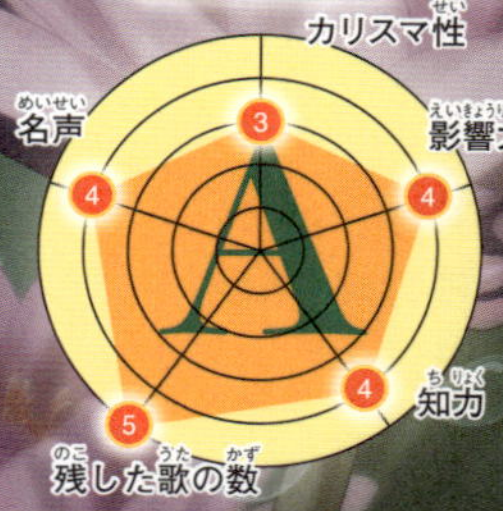

玉《たま》の緒《を（お）》よ　たえなば絶《た》えね　ながらへ《（え）》ば
忍《しの》ぶることの　弱《よは（よわ）》りもぞする

【ゴロ覚《おぼ》え】

たまののなは
しのぶさん

意味《いみ》

私《わたし》の命《いのち》よ、絶《た》えてしまうのなら、いっそ絶《た》えてしまえ。このまま生《い》きながらえていると、恋心《こいごころ》ばかりがつのって、耐《た》え忍《しの》ぶ心《こころ》が弱《よわ》ってしまい、人《ひと》に知《し》られてしまうと困《こま》るから。

数々《かずかず》の不幸《ふこう》を体験《たいけん》

後白河天皇《ごしらかわてんのう》の皇女《こうじょ》で、おさないころから11年間《ねんかん》、賀茂神社《かもじんじゃ》の斎院《さいいん》（神社《じんじゃ》に奉仕《ほうし》する未婚《みこん》の皇女《こうじょ》）をつとめた。その後《ご》、父《ちち》の幽閉《ゆうへい》、母《はは》と妹《いもうと》の死《し》、そして平家《へいけ》打倒《だとう》に立《た》ち上《あ》がった兄《あに》の以仁王《もちひとおう》の戦死《せんし》。さらには大地震《おおじしん》や争乱《そうらん》による京《きょう》の都《みやこ》の荒廃《こうはい》など、さまざまな出来事《できごと》を経験《けいけん》した内親王《ないしんのう》は、和歌《わか》を支《ささ》えにして生《い》きた。

藤原俊成《ふじわらのとしなり》を歌《うた》の師匠《ししょう》とし、その息子《むすこ》の藤原定家《ふじわらのていか》とも親交《しんこう》があった。内親王《ないしんのう》が詠《よ》む歌《うた》は、しみじみとしていて、気品高《きひんたか》い作品《さくひん》が多《おお》く、時代《じだい》を代表《だいひょう》する女流歌人《じょりゅうかじん》として評価《ひょうか》されている。

解説《かいせつ》

「忍《しの》ぶ恋《こい》」がテーマの作品《さくひん》である。隠《かく》しておかねばならない恋《こい》。決《けっ》して外《そと》にもらしてはいけない恋《こい》。でもこの激《はげ》しい気持《きも》ちはおさえきれない。恋《こい》によって心《こころ》のバランスが崩《くず》れてきている女性《じょせい》の切《せつ》ない叫《さけ》びに、胸《むね》を打《う》たれずにいられない。

重要《じゅうよう》単語《たんご》

玉《たま》の緒《を》、ながらへば

【ゴロ覚《おぼ》え】

ぬれたそで
みせれば

意味《いみ》

血《ち》の涙《なみだ》で色《いろ》が変《か》わってしまった私《わたし》の袖《そで》を、あなたに見《み》せたい。雄島《おじま》の漁師《りょうし》の袖《そで》でさえ、波《なみ》でぬれても、色《いろ》は変《か》わらなかったのに。

重要単語《じゅうようたんご》

雄島《をじま》、
濡《ぬ》れにぞ濡《ぬ》れし

見《み》せばやな　雄《を》(お)島《じま》のあまの　袖《そで》だにも
濡《ぬ》れにぞ濡《ぬ》れし　色《いろ》はか(わ)はらず

090

殷《いん》富《ぷ》門《もん》院《いんの》大《たい》輔《ふ》

恋《こい》の歌《うた》が得意《とくい》な
最高《さいこう》クラスの女房《にょうぼう》

出身《しゅっしん》／職業《しょくぎょう》・役職《やくしょく》	不明《ふめい》／女房《にょうぼう》
おさめられた和歌集《わかしゅう》	千載和歌集《せんざいわかしゅう》
生没年月日《せいぼつねんがっぴ》	不明《ふめい》

恋《こい》

歌合《うたあわせ》で活躍《かつやく》した女房《にょうぼう》

平安時代末期《へいあんじだいまっき》の歌人《かじん》。藤原《ふじわらの》信成《のぶなり》の娘《むすめ》で、後白河天皇《ごしらかわてんのう》の第《だい》一皇女《いちこうじょ》、殷富門院《いんぷもんいん》（亮子内親《りょうしないしん》王《のう》）に仕《つか》えた女房《にょうぼう》で、歌合《うたあわせ》や歌会《うたかい》で活躍《かつやく》した。家集《かしゅう》があったり、勅撰和歌集《ちょくせんわかしゅう》に多数《たすう》の和《わ》歌《か》がおさめられているなど、当時最高《とうじさいこう》クラスの歌人《かじん》として評価《ひょうか》されていた。

解説《かいせつ》

後拾遺和歌集《ごしゅういわかしゅう》の 源 重之《みなもとのしげゆき》の本《ほん》歌《か》を利用《りよう》した「本歌取《ほんかど》り」の歌《うた》。和歌《わか》の伝統《でんとう》では、恋《こい》に破《やぶ》れて泣《な》き続《つづ》けると血《ち》の涙《なみだ》が流《なが》れるとされている。血《ち》で袖《そで》の色《いろ》が変《か》わってしまったことを強調《きょうちょう》し、女性《じょせい》の深《ふか》い悲《かな》しみを表現《ひょうげん》したのだろう。

091

後《ご》京《きょう》極《ごく》摂《せっ》政《しょう》前《さきの》太《だ》政《じょう》大《だい》臣《じん》

若《わか》くして亡《な》くなった
当《とう》代《だい》きっての文《ぶん》化《か》人《じん》

きりぎりす
なくや霜《しも》夜《よ》の　さむしろに
衣《ころも》かたしき　独《ひと》りかも寝《ね》む（ん）

【ゴロ覚《おぼ》え】

きりぎりすが
ころがった

意味《いみ》

こおろぎがさびしく鳴《な》く、霜《しも》の降《お》りた夜《よる》。寒々《さむざむ》としたむしろの上《うえ》に、私《わたし》は着物《きもの》を着《き》たまま、衣《ころも》の片袖《かたそで》を敷《し》いて、一人《ひとり》でさびしく寝《ね》るのだろうか。

重要単語《じゅうようたんご》

きりぎりす、
衣《ころも》かたしき

出身《しゅっしん》／職業《しょくぎょう》・役職《やくしょく》	不明《ふめい》／太政大臣《だじょうだいじん》
おさめられた和歌集《わかしゅう》	新古今和歌集《しんこきんわかしゅう》
生没年月日《せいぼつねんがっぴ》	1169年《ねん》～1206年《ねん》4月《がつ》16日《にち》

秋《あき》

和《わ》歌《か》に優《すぐ》れた貴《き》公《こう》子《し》

本名《ほんみょう》は藤原《ふじわらの》（九条《くじょう》）良経《よしつね》。摂政《せっしょう》関白《かんぱく》の藤原兼実《ふじわらのかねざね》の子《こ》で、和歌《わか》と太政大臣《だじょうだいじん》を歴任《れきにん》した。和歌を早《はや》くから藤原俊成《ふじわらのとしなり》に学《まな》び、漢詩《かんし》や書道《しょどう》にも優《すぐ》れた一流《いちりゅう》の文化人《ぶんかじん》でもあった。後鳥羽上皇《ごとばじょうこう》の信任《しんにん》もあつく、『新古今和歌集《しんこきんわかしゅう》』の撰者《せんじゃ》の一人《ひとり》になったが、38歳《さい》で急死《きゅうし》した。

解《かい》説《せつ》

第《だい》90番《ばん》の歌《うた》と同《おな》じく、本歌《ほんか》のある「本歌取《ほんかど》り」の歌《うた》である。秋《あき》の寒《さむ》い夜《よる》に一人《ひとり》で寝《ね》るさびしさを詠《よ》んだもので、ひびいてくる虫《むし》の声《こえ》が孤独感《こどくかん》を際立《きわだ》たせている。きりぎりすは「こおろぎ」のことで、秋《あき》の歌《うた》によく詠《よ》まれる虫《むし》である。

092 二《に》条《じょう》院《いんの》讃《さぬ》岐《き》

意表《いひょう》をつく独創的《どくそうてき》な歌《うた》で
賞賛《しょうさん》された女流歌人《じょりゅうかじん》

わが袖《そで》は　汐《しほ》(しお)干《ひ》に見《み》えぬ　沖《おき》の石《いし》の
人《ひと》こそ知《し》らね　乾《かわ》く間《ま》もなし

【ゴロ覚《おぼ》え】

わがそでは
ひとしれず
かわく

意味《いみ》

私《わたし》の着物《きもの》の袖《そで》は、引《ひ》き潮《しお》の時《とき》でさえ見《み》えない沖《おき》の石《いし》のように、人知《ひとし》れず、あなたを思《おも》って涙《なみだ》でぬれて、かわくひまもない。

重要単語《じゅうようたんご》

汐干《しほひ》、沖《おき》の石《いし》

出身《しゅっしん》／職業《しょくぎょう》・役職《やくしょく》	不明《ふめい》／女房《にょうぼう》
おさめられた和歌集《わかしゅう》	千載和歌集《せんざいわかしゅう》
生没年月日《せいぼつねんがっぴ》	不明《ふめい》

恋《こい》

解説《かいせつ》

「石《いし》」という突飛《とっぴ》な題材《だいざい》を使《つか》って恋《こい》の歌《うた》を作《つく》る、というテーマで詠《よ》んだ作品《さくひん》。人知《ひとし》れず悲《かな》しい恋《こい》をしている自分《じぶん》を、深《ふか》い海底《かいてい》にある沖《おき》の石《いし》に見立《みた》てるという斬新《ざんしん》なアイデアで、讃岐《さぬき》は後世《こうせい》の人々《ひとびと》にまで絶賛《ぜっさん》されることになった。

あだ名《な》で愛《あい》された女性《じょせい》

歌《うた》の才能《さいのう》のおかげで平氏全盛《へいしぜんせい》の朝廷《ちょうてい》で出世《しゅっせ》した源頼政《みなもとのよりまさ》の娘《むすめ》で、二条天皇《にじょうてんのう》に女房《にょうぼう》として仕《つか》えた。本作《ほんさく》によって「沖《おき》の石《いし》の讃岐《さぬき》」と賞賛《しょうさん》され、式子内親王《しょくしないしんのう》と並《なら》ぶ当代一流《とうだいいちりゅう》の女流歌人《じょりゅうかじん》と評価《ひょうか》された。後《のち》に出家《しゅっけ》し、晩年《ばんねん》は父《ちち》の所領《しょりょう》を地頭《じとう》として引《ひ》きついでいる。

093

鎌《かま》倉《くらの》右《う》大《だい》臣《じん》

京《きょう》の文《ぶん》化《か》に憧《あこが》れていた
鎌《かま》倉《くら》幕《ばく》府《ふ》第《だい》三《みしろ》代《だい》将《しょう》軍《ぐん》

世《よ》の中《なか》は　常《つね》にもがもな　渚《なぎさ》こぐ
海士《あま》の小《を(お)》舟《ぶね》の　綱手《つなで》かなしも

【ゴロ覚《おぼ》え】

よのなかは
あまいかな

意味《いみ》

この世《よ》がいつまでも変《か》わらずにあってほしい。なぎさにそってこいでいる漁師《りょうし》の小舟《こぶね》に、引《ひ》き綱《つな》をつけて引《ひ》いている姿《すがた》は、愛《いと》おしい。

重要単語《じゅうようたんご》

もがもな、
かなし

出身《しゅっしん》／職業《しょくぎょう》・役職《やくしょく》	鎌倉《かまくら》／右大臣《うだいじん》・征夷大将軍《せいいたいしょうぐん》	
おさめられた和歌集《わかしゅう》	新勅撰和歌集《しんちょくせんわかしゅう》	
生没年月日《せいぼつねんがっぴ》	1192年《ねん》9月《がつ》17日《にち》～1219年《ねん》2月《がつ》13日《にち》	世《よ》の中《なか》

藤原定家《ふじわらのさだいえ》に和《わ》歌《か》を学《まな》ぶ

本名《ほんみょう》は源　実朝《みなもとのさねとも》。源　頼朝《みなもとのよりとも》の子《こ》で、鎌倉幕府《かまくらばくふ》の第三代将軍《だいさんだいしょうぐん》となる。27歳《さい》のときに武士《ぶし》で初《はじ》めて右大臣《うだいじん》となるが、翌年《よくねん》に鶴岡八幡宮《つるがおかはちまんぐう》で甥《おい》の公暁《くぎょう》に暗《あん》殺《さつ》された。鎌倉《かまくら》にいながら、京《きょう》の宮廷文化《きゅうていぶんか》に憧《あこが》れていた人《じん》物《ぶつ》で、歌人《かじん》としても知《し》られ、藤原定家《ふじわらのていか》に師事《しじ》していた。

解《かい》説《せつ》

鎌倉《かまくら》の海《うみ》で一艘《いっそう》の小《ち》さな船《ふね》が綱《つな》に引《ひ》かれて動《うご》いている。作《さく》者《しゃ》はそうした日常《にちじょう》の風景《ふうけい》が、はかなく愛《いと》おしいものと感《かん》じ、しみじみと感動《かんどう》しながら、「常《つね》にもがもな（このまま世《よ》の中《なか》が変《か》わらないでほしい）」と思《おも》ったのである。

094

参《さん》議《ぎ》雅《まさ》経《つね》

蹴鞠《けまり》の達人《たつじん》でもあった
新古今和歌集《しんこきんわかしゅう》の撰者《せんじゃ》

出身《しゅっしん》／職業《しょくぎょう》・役職《やくしょく》	不明《ふめい》／参議《さんぎ》	
おさめられた和歌集《わかしゅう》	新古今和歌集《しんこきんわかしゅう》	
生没年月日《せいぼつねんがっぴ》	1170年《ねん》～1221年《ねん》4月《がつ》5日《か》	秋《あき》

みよし野《の》の　山《やま》の秋風《あきかぜ》　小夜更《さよふ》けて
故郷《ふるさと》寒《さむ》く　衣《ころも》うつなり

【ゴロ覚《おぼ》え】

みよしさんの
ふるさと

意味《いみ》

吉野《よしの》の山《やま》から秋風《あきかぜ》が吹《ふ》きおろしてかつて都《みやこ》があったこの里《さと》は、夜《よる》になっていっそう冷《ひ》え込《こ》んで衣《ころも》をたたく音《おと》がひびいてくる。

重要単語《じゅうようたんご》

みよし野《の》、
衣《ころも》うつなり

源《みなもとのよりとも》頼朝に才《さい》を愛《あい》される

本名《ほんみょう》は藤原雅経《ふじわらのまさつね》。父《ちち》とともに鎌倉《かまくら》に流《なが》されたときに、源《みなもとの》頼朝《よりとも》から和歌《わか》と蹴鞠《けまり》の才能《さいのう》を愛《あい》され、その息子《むすこ》の源実朝《みなもとのさねとも》とも深《ふか》い親交《しんこう》をもった。京《きょう》に戻《もど》ると、後鳥羽上皇《ごとばじょうこう》の歌壇《かだん》で活躍《かつやく》。和歌所《わかどころ》の寄人《よりうど》になって『新古今和歌集《しんこきんわかしゅう》』の撰者《せんじゃ》にも選《えら》ばれた。

解《かい》説《せつ》

本歌《ほんか》は冬《ふゆ》の歌《うた》だが、作者《さくしゃ》は秋《あき》の歌《うた》として詠《よ》んだ。吉野《よしの》は昔《むかし》の都《みやこ》だった平城京《へいじょうきょう》の離宮《りきゅう》があり、平安時代《へいあんじだい》の人《ひと》にとっては郷愁《きょうしゅう》を誘《さそ》う場所《ばしょ》だった。砧《きぬた》(木《き》の棒《ぼう》で布《ぬの》をたたく作業《さぎょう》）について触《ふ》れることで秋《あき》の夜《よ》ふけのさびしさを強調《きょうちょう》している。

095

前《さきの》大《だい》僧《そう》正《じょう》慈《じ》円《えん》

歴《れき》史《し》家《か》でも知《し》られた天《てん》台《だい》宗《しゅう》の重《じゅう》鎮《ちん》

出身《しゅっしん》／職業《しょくぎょう》・役職《やくしょく》	京《きょう》／天台座主《てんたいざす》
おさめられた和歌集《わかしゅう》	千載和歌集《せんざいわかしゅう》
生没年月日《せいぼつねんがっぴ》	1155年《ねん》5月《がつ》17日《にち》～1225年《ねん》10月《がつ》28日《にち》

世《よ》の中《なか》

おほ《(お)》けなく　うき世《よ》の民《たみ》に　おほ《(お)》ふ《(う)》かな　我《わ》が立《た》つ杣《そま》に　墨《すみ》染《ぞめ》の袖《そで》

【ゴロ覚《おぼ》え】

おおきな　くわがた

意味《いみ》

身《み》のほど知《し》らずな願《ねが》いだが、つらいこの世《よ》に生《い》きている人々《ひとびと》におおいかけたいものだ。比《ひ》叡山《えいざん》に住《す》み始《はじ》めた私《わたし》の墨染《すみぞ》めの法衣《ほうえ》の袖《そで》を。

重要単語《じゅうようたんご》

おほけなく、おほふかな

幼少期《ようしょうき》に仏門《ぶつもん》に入《はい》る

関白《かんぱく》の藤原忠通《ふじわらのただみち》の子《こ》で、藤《ふじ》原兼実《わらのかねざね》の弟《おとうと》。11歳《さい》で比叡山《ひえいざん》に入《はい》って13歳《さい》で出家《しゅっけ》し、その後《ご》、4度《ど》にわたって天台座主《てんだいざす》（延《えん》暦寺《りゃくじ》の最高位《さいこうい》）となる。和歌《わか》に優《すぐ》れ、新古今和歌集《しんこきんわかしゅう》の代表《だいひょう》的歌人《てきかじん》の一人《ひとり》で、西行《さいぎょう》をひそかに師《し》と仰《あお》いでいたという。歴史家《れきしか》としても有名《ゆうめい》。

解説《かいせつ》

本歌《ほんか》として、天台宗《てんだいしゅう》の開祖《かいそ》の最澄《さいちょう》の歌《うた》をふまえている。「おほふ」とは法衣《ほうえ》をおおいかけて現世《げんせ》の民衆《みんしゅう》を救《すく》うという意《い》味《み》で、僧《そう》としての信念《しんねん》と意志《いし》が伝《つた》わってくる。作者《さくしゃ》がまだ30代《だい》のころの作《さく》で、熱《あつ》い理想《りそう》に燃《も》えている歌《うた》である。

096

入《にゅう》道《どう》前《さきの》太《だ》政《じょう》大《だい》臣《じん》

鎌《かま》倉《くら》幕《ばく》府《ふ》の力《ちから》を背《はい》景《けい》に栄《えい》華《が》を欲《ほ》しいままにした

出身《しゅっしん》／職業《しょくぎょう》・役職《やくしょく》	不明《ふめい》／太政大臣《たじょうだいじん》
おさめられた和歌集《わかしゅう》	新勅撰和歌集《しんちょくせんわかしゅう》
生没年月日《せいぼつねんがっぴ》	1171年《ねん》～1244年《ねん》10月《がつ》2日《か》

★ その他《た》

能力《のうりょく》パラメータ

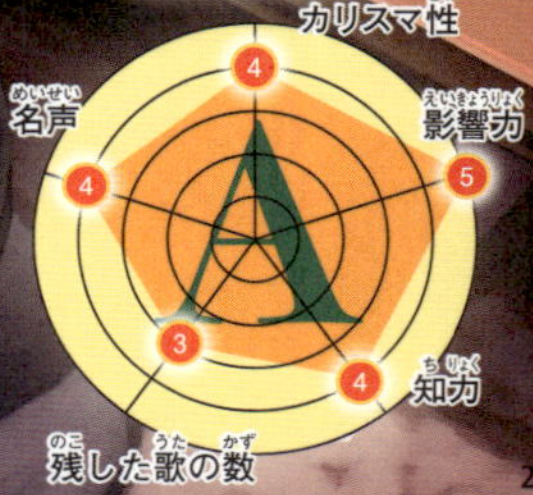

花《はな》さそふ《(う)》 あらしの庭《には(にわ)》の 雪《ゆき》ならで
ふりゆくものは 我《わ》が身《み》なりけり

ゴロ覚《おぼ》え

はなの ふりをする

意味《いみ》

桜《さくら》の花《はな》をさそって散《ち》らす山嵐《やまあらし》が吹《ふ》く庭《にわ》で、花《はな》びらが雪《ゆき》のように降《ふ》っている。しかし、本当《ほんとう》に古《ふる》びていくのは花《はな》びらではなく、老《お》いていく私自身《わたしじしん》なのだ。

承久《じょうきゅう》の乱《らん》で大《おお》きく飛躍《ひやく》

天皇《てんのう》の外戚《がいせき》として鎌倉時代《かまくらじだい》に権勢《けんせい》を誇《ほこ》った西園寺家《さいおんじけ》の実質的《じっしつてき》な祖《そ》。藤原定家《ふじわらのていか》の義理《ぎり》の弟《おとうと》にあたる。妻《つま》が源《みなもとの》頼朝《よりとも》の妹《いもうと》、藤原能保《ふじわらのよしやす》の娘《むすめ》だったために後鳥羽上皇《ごとばじょうこう》に嫌《きら》われ、承久《じょうきゅう》の乱《らん》では鎌倉方《かまくらがた》に内通《ないつう》して、幕府《ばくふ》の勝利《しょうり》に貢献《こうけん》する。乱《らん》の後《あと》は幕府《ばくふ》の力《ちから》を背景《はいけい》に、内大《ないだい》臣《じん》と太政大臣《だじょうだいじん》を歴任《れきにん》して、朝《ちょう》廷《てい》の実権《じっけん》をにぎった。また、京《きょう》の北山《きたやま》に壮麗《そうれい》な西園寺《さいおんじ》（後《のち》の金閣寺《きんかくじ》）を建立《こんりゅう》するなど、藤原氏全盛期《ふじわらしぜんせいき》に匹敵《ひってき》するほどの栄華《えいが》をきわめた。和歌《わか》、琵《び》琶《わ》、書道《しょどう》に秀《ひい》で、動乱《どうらん》の時代《じだい》にもかかわらず、74歳《さい》の長寿《ちょうじゅ》をまっとうした。

解説《かいせつ》

庭《にわ》に落《お》ちる花《はな》びらを浴《あ》びて立《た》ちつくし、老《お》いを感《かん》じて人《ひと》の命《いのち》のはかなさに思《おも》いをはせている。作者《さくしゃ》は花《はな》びらに死《し》を連想《れんそう》した。天皇《てんのう》の外戚《がいせき》となり、太政大臣《だじょうだいじん》にまでなって栄華《えいが》をきわめた作者《さくしゃ》だけに、老《お》いていくことにより悲哀《ひあい》を感《かん》じたことだろう。

重要《じゅうよう》単語《たんご》

花《はな》さそふ、ふりゆく

097

権《ごん》中《ちゅう》納《な》言《ごん》定《てい》家《か》

百人一首《ひゃくにんいっしゅ》の撰者《せんじゃ》である 和歌界《わかかい》の巨人《きょじん》

出身《しゅっしん》／職業《しょくぎょう》・役職《やくしょく》	不明《ふめい》／権中納言《ごんちゅうなごん》	
おさめられた和歌集《わかしゅう》	新勅撰和歌集《しんちょくせんわかしゅう》	
生没年月日《せいぼつねんがっぴ》	1162年《ねん》～1241年《ねん》9月《がつ》26日《にち》	恋《こい》

来《こ》ぬ人《ひと》を　松《まつ》帆《ほ》の浦《うら》の　夕《ゆふ》(ゆう)なぎに
焼《や》くや藻《も》塩《しほ》(しお)の　身《み》もこがれつつ

【ゴロ覚《おぼ》え】

こぬよ
やくみが

意味《いみ》

松帆《まつほ》の浦《うら》で夕暮《ゆうぐ》れのころに焼《や》かれる藻塩《もしお》のように、私《わたし》は待《ま》っても来《こ》ないあの人《ひと》を思《おも》って、恋《こい》こがれている。

重要単語《じゅうようたんご》

来《こ》ぬ人《ひと》を、身《み》もこがれつつ

和歌《わか》を芸術《げいじゅつ》に昇華《しょうか》

本名《ほんみょう》は藤原定家《ふじわらのさだいえ》。藤原俊成《ふじわらのとしなり》の子《こ》。『小倉百人一首《おぐらひゃくにんいっしゅ》』の撰者《せんじゃ》にして、『新古今和歌集《しんこきんわかしゅう》』『新《しん》勅撰和歌集《ちょくせんわかしゅう》』の撰者《せんじゃ》で、和歌《わか》を社交《しゃこう》の道具《どうぐ》から、芸術《げいじゅつ》に昇華《しょうか》させた人物《じんぶつ》。歌人《かじん》としても、父俊成《ちちとしなり》の提唱《ていしょう》した「幽玄《ゆうげん》」に加《くわ》え、「有心《うしん》（歌《うた》に深《ふか》い心《こころ》がある）」の美《び》を説《と》いた。

解《かい》説《せつ》

万葉集《まんようしゅう》に本歌《ほんか》がある、定家《ていか》が55歳《さい》のときの作品《さくひん》。女性《じょせい》の立場《たちば》になって詠《よ》んだ歌《うた》で、来《こ》ない人《ひと》を待《ま》ちこがれる女性《じょせい》の気持《きも》ちを、藻塩《もしお》を焼《や》く夕暮《ゆうぐ》れの浜辺《はまべ》の幻想的《げんそうてき》な風景《ふうけい》に重《かさ》ねて表現《ひょうげん》。作者《さくしゃ》はこの歌《うた》を自信作《じしんさく》だと思《おも》っていたそうだ。

098

従《じゅ》二《に》位《い》家《いえ》隆《たか》

優《すぐ》れた歌人《かじん》で
定家《ていか》の良《よ》きライバル

出身《しゅっしん》／職業《しょくぎょう》・役職《やくしょく》	不明《ふめい》／宮内卿《くないきょう》
おさめられた和歌集《わかしゅう》	新勅撰和歌集《しんちょくせんわかしゅう》
生没年月日《せいぼつねんがっぴ》	1158年《ねん》～1237年《ねん》5月《がつ》5日《か》
	夏《なつ》

風《かぜ》そよぐ
楢《なら》の小川《をがは(おがわ)》の　夕《ゆふ(ゆう)》ぐれは
みそぎぞ夏《なつ》の　しるしなりける

【ゴロ覚《おぼ》え】

かぜそよぐ
みそしる

意味《いみ》

風《かぜ》がそよそよとならの葉《は》に吹《ふ》いている。ならの小川《おがわ》の夕暮《ゆうぐ》れの風景《ふうけい》は、すっかり秋《あき》めいて、小川《おがわ》で行《おこな》われているみそぎの行事《ぎょうじ》だけが、今《いま》はまだ夏《なつ》という証《あかし》なのだ。

重要単語《じゅうようたんご》

楢《なら》の小川《をがは》、みそぎ

生涯《しょうがい》詠《よ》んだ歌《うた》は6万首《まんしゅ》！

本名《ほんみょう》は藤原家隆《ふじわらのいえたか》。中納言《ちゅうなごん》・藤原兼輔《ふじわらのかねすけ》の子孫《しそん》。藤原俊成《ふじわらのとしなり》を師《し》に和歌《わか》を学《まな》び、後鳥羽上皇《ごとばじょうこう》に愛《あい》されて『新古今和歌集《しんこきんわかしゅう》』の撰者《せんじゃ》となった。和歌《わか》の実力《じつりょく》は藤原定家《ふじわらのていか》と並《なら》び称《しょう》されるほどで、お互《たが》いに尊敬《そんけい》しあう仲《なか》だった。生涯《しょうがい》に詠《よ》んだ歌《うた》は6万首《まんしゅ》にものぼったという。

解《かい》説《せつ》

藤原道家《ふじわらのみちいえ》の娘《むすめ》が、後堀河天皇《ごほりかわてんのう》の中宮《ちゅうぐう》に入内《じゅだい》した時《とき》の屏風絵《びょうぶえ》の歌《うた》の一首《いっしゅ》で、秋《あき》の気配《けはい》をさわやかに表現《ひょうげん》している。ならの小川《おがわ》は、京《きょう》の上賀茂神社《かみがもじんじゃ》の境内《けいだい》の奥《おく》に流《なが》れる川《かわ》のこと。みそぎは、陰暦《いんれき》6月《がつ》に人々《ひとびと》のけがれを祓《はら》った神事《しんじ》である。

【ゴロ覚《おぼ》え】

ひとも
よをおもう

099 後《ご》鳥《と》羽《ば》院《いん》

承久《じょうきゅう》の乱《らん》に失敗《しっぱい》して
追放《ついほう》された悲運《ひうん》の天皇《てんのう》

人《ひと》もを(お)し 人《ひと》もうらめし あぢ(じ)きなく
世《よ》を思《おも》ふ(う)故《ゆゑ》(ゆえ)に もの思《おも》ふ(う)身《み》は

意味《いみ》

あるときは人《ひと》が愛《いと》おしく思《おも》え、またあるときはうらめしくも思《おも》える。つまらない世《よ》の中《なか》だと思《おも》うために、あれこれとなやんでしまうこの私《わたし》には。

重要単語《じゅうようたんご》

あぢきなく、もの思《おも》ふ

出身《しゅっしん》／職業《しょくぎょう》・役職《やくしょく》	京《きょう》／天皇《てんのう》
おさめられた和歌集《わかしゅう》	続後撰和歌集《しょくごせんわかしゅう》
生没年月日《せいぼつねんがっぴ》	1180年《ねん》8月《がつ》6日《か》～1239年《ねん》3月《がつ》28日《にち》

世《よ》の中《なか》

解説《かいせつ》

承久《じょうきゅう》の乱《らん》をおこす９年前《ねんまえ》、後《ご》鳥《と》羽《ば》院《いん》が33歳《さい》のときの歌《うた》で、鎌倉幕府《かまくらばくふ》との対立《たいりつ》が深刻化《しんこくか》していった時期《じき》のものである。朝廷《ちょうてい》の最高権力者《さいこうけんりょくしゃ》の立場《たちば》で、思《おも》うようにならない世《よ》の中《なか》、つまり、鎌倉幕府《かまくらばくふ》の横暴《おうぼう》に対《たい》する深《ふか》い苦悩《くのう》が感《かん》じられる。

和《わ》歌《か》に情熱《じょうねつ》を燃《も》やす

４歳《さい》で即位《そくい》して天皇《てんのう》となり、19歳《さい》で譲位《じょうい》し、上皇《じょうこう》として院政《いんせい》を行《おこな》った。その後《ご》、鎌《かま》倉幕府《くらばくふ》打倒《だとう》のため承久《じょうきゅう》の乱《らん》をおこしたが失敗《しっぱい》。隠岐《おき》に流《なが》され、そのまま島《しま》で亡《な》くなった。和《わ》歌《か》に情熱《じょうねつ》を燃《も》やし、宮中《きゅうちゅう》に和歌所《わかしょ》を開設《かいせつ》して『新古今和《しんこきんわ》歌集《かしゅう》』の編《へん》さんを命《めい》じた。

文武両道《ぶんぶりょうどう》に秀《ひい》でた
後鳥羽院《ごとばいん》の皇子《おうじ》

100

順徳院《じゅんとくいん》

出身《しゅっしん》／職業《しょくぎょう》・役職《やくしょく》	京《きょう》／天皇《てんのう》
おさめられた和歌集《わかしゅう》	続後撰和歌集《しょくごせんわかしゅう》
生没年月日《せいぼつねんがっぴ》	1197年《ねん》10月《がつ》22日《にち》～1242年《ねん》10月《がつ》7日《か》

世《よ》の中《なか》

百敷《ももしき》や　古《ふる》き軒端《のきば》の　しのぶにも
なほ《(お)》あまりある　昔《むかし》なりけり

【ゴロ覚《おぼ》え】

ももひきが
なおあまる

意味《いみ》

宮中《きゅうちゅう》の古《ふる》い御殿《ごてん》ののき先《さき》に生《は》えているしのぶ草《ぐさ》を見《み》ていても、しのんでもしのびつくせないほど思《おも》い慕《した》われるのは、昔《むかし》のよき時代《じだい》のことよ。

重要単語《じゅうようたんご》

百敷《ももしき》、
しのぶ

父《ちち》に協力《きょうりょく》して佐渡《さど》に追放《ついほう》

後鳥羽天皇《ごとばてんのう》の第三皇子《だいさんおうじ》で、14歳《さい》で即位《そくい》する。性質《せいしつ》は才気《さいき》があって活発《かっぱつ》。父《ちち》に似《に》て和歌《わか》や詩《し》に熱心《ねっしん》で、藤原定家《ふじわらのていか》を和《わ》歌《か》の師《し》とした。25歳《さい》で譲位《じょうい》して上皇《じょうこう》となり、父《ちち》の倒幕計画《とうばくけいかく》に協力《きょうりょく》して承久《じょうきゅう》の乱《らん》に参加《さんか》したが失敗《しっぱい》。佐渡《さど》に流《なが》されて現《げん》地《ち》で亡《な》くなった。

解説《かいせつ》

20歳《さい》のときの作《さく》で、父《ちち》とともに倒幕《とうばく》の 志《こころざし》 に燃《も》えている、若《わか》き順徳院《じゅんとくいん》の情熱《じょうねつ》が強《つよ》く感《かん》じられる歌《うた》である。順徳院《じゅんとくいん》は、政治《せいじ》の実権《じっけん》を鎌倉幕府《かまくらばくふ》に奪《うば》われ、衰退《すいたい》してしまった朝廷《ちょうてい》の状況《じょうきょう》に怒《いか》り悲《かな》しみ、古《ふる》き良《よ》き時代《じだい》の姿《すがた》を回想《かいそう》している。

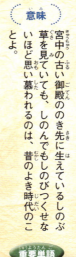

定家《ていか》の最後《さいご》の仕事《しごと》こそ　百人一首《ひゃくにんいっしゅ》の選定《せんてい》だった…

歌人《かじん》の㊙エピソード 5

権《ごん》中《ちゅう》納《な》言《ごん》定《てい》家《か》

『新古今和歌集《しんこきんわかしゅう》』を始《はじ》めとした歌集《かしゅう》を編《へん》さんし、多《おお》くの文学作品《ぶんがくさくひん》の研究《けんきゅう》をした藤原定家《ふじわらのていか》はまさに「歌聖《かせい》」と呼《よ》ぶにふさわしい。その輝《かがや》かしいキャリアは、現在《げんざい》でも多《おお》くの文学者《ぶんがくしゃ》や学《がく》者《しゃ》を魅了《みりょう》し続《つづ》けている。そんな定家《ていか》が最後《さいご》に挑《いど》んだ「大仕事《おおしごと》」とは…？

定家《ていか》の父《ちち》・俊成《としなり》も
有名《ゆうめい》な歌人《かじん》です
定家《ていか》は父《ちち》の教《おし》えを受《う》けて育《そだ》ち、若《わか》いころから和歌《わか》の才能《さいのう》を認《みと》められていました
勉強熱心《べんきょうねっしん》な定家《ていか》は昔《むかし》の歌《うた》もたくさん集《あつ》めて研究《けんきゅう》しました
百人一首《ひゃくにんいっしゅ》に選《えら》んだ自分《じぶん》の歌《うた》「来《こ》ぬ人《ひと》を～」は『万葉集《まんようしゅう》』の中《なか》にある歌《うた》が元《もと》になっています

――1201年《ねん》
後鳥羽院《ごとばいん》
新《あら》たな勅撰《ちょくせん》和歌集《わかしゅう》の撰進《せんしん》を命《めい》じる
ははっ！
定家《ていか》は『新古今和歌集《しんこきんわかしゅう》』の撰者《せんじゃ》の一人《ひとり》に選《えら》ばれました
酷使《こくし》した目《め》がはれ上《あ》がるほど定家《ていか》はこの仕事《しごと》に打《う》ち込《こ》みました
その後《ご》『新勅撰和歌集《しんちょくせんわかしゅう》』の編《へん》さんもしましたが…
後鳥羽院《ごとばいん》さまの和歌《わか》は入《い》れられないか…
当時《とうじ》の複雑《ふくざつ》な政治情勢《せいじじょうせい》の影響《えいきょう》で思《おも》うような歌《うた》を選《えら》べなかったようです

そして定家《ていか》が打《う》ち込《こ》んだのは歌《うた》だけではありませんでした
昔《むかし》の物語《ものがたり》や日記《にっき》にはすばらしいものがたくさんある きちんとした形《かたち》でのちの世《よ》に残《のこ》さなくては!
『源氏物語《げんじものがたり》』『土佐日記《とさにっき》』『更級日記《さらしなにっき》』…
多《おお》くの作品《さくひん》を書《か》き写《うつ》し注釈《ちゅうしゃく》をつけて後世《こうせい》に伝《つた》えました
定家《ていか》は若《わか》いころからずっと日記《にっき》もつけていました
『明月記《めいげつき》』と呼《よ》ばれるこの日記《にっき》は今《いま》も残《のこ》り国宝《こくほう》となっています
その日記《にっき》も終《お》わりに近《ちか》づく1235年《ねん》(定家《ていか》74歳《さい》)ごろ…

出家《しゅっけ》した定家《ていか》は京都《きょうと》・嵯峨野《さがの》のある山荘《さんそう》に招《まね》かれました
これはまた趣《おもむき》のある建物《たてもの》ですね蓮生《れんじょう》どの
おほめいただき光栄《こうえい》です
宇都宮頼剛《うつのみやよりつな》（蓮生《れんじょう》）。鎌倉幕府《かまくらばくふ》の有力者《ゆうりょくしゃ》。定家《ていか》の親戚《しんせき》で、優《すぐ》れた歌人《かじん》でもあった
でもこの山荘《さんそう》にまだ足《た》りないものがあるのです
…と言《い》うと？
この広間《ひろま》飾《かざ》り気《け》がなさすぎると思《おも》いませんか？
がらーん
たしかに
……
そこで定家《ていか》どのにお願《ねが》いが…
この広間《ひろま》のふすまに飾《かざ》るため、百枚《ひゃくまい》の色紙《しきし》に一首《いっしゅ》ずつ和歌《わか》を書《か》いてもらえませんか？

色紙《しきし》を…
色紙《しきし》をふすまや屏風《びょうぶ》に貼《は》るのは最近《さいきん》のはやりだが
百人《ひゃくにん》の歌人《かじん》の歌《うた》を一首《いっしゅ》ずつ選《えら》んで書《か》くということか
おもしろそうじゃないか
ぜひやらせてください!!
定家《ていか》は小倉山《おぐらやま》の山荘《さんそう》にこもって色紙《しきし》に書《か》く歌《うた》を選《えら》びました
これが百人一首《ひゃくにんいっしゅ》の元《もと》になったともいわれています
百人一首《ひゃくにんいっしゅ》はその後《ご》、江戸時代《えどじだい》にかるたとなって大流行《だいりゅうこう》し、今《いま》に伝《つた》わっています
百人一首《ひゃくにんいっしゅ》によって初《はじ》めて和歌《わか》に触《ふ》れたという人《ひと》も多《おお》いでしょう
激《はげ》しい情熱《じょうねつ》で多《おお》くの優《すぐ》れた和歌《わか》を作《つく》り貴重《きちょう》な文学作品《ぶんがくさくひん》を後世《こうせい》に伝《つた》えた定家《ていか》
彼《かれ》が日本《にほん》の文学史《ぶんがくし》に残《のこ》した功績《こうせき》ははかりしれないほど大《おお》きなものなのです

百《ひゃく》人《にん》一《いっ》首《しゅ》かるたのさまざまな遊《あそ》び方《かた》

かるたで遊《あそ》びながら、もっと気軽《きがる》に
百人一首《ひゃくにんいっしゅ》の世界《せかい》に触《ふ》れてみよう！

●読《よ》み札例《ふだれい》

●取《と》り札例《ふだれい》

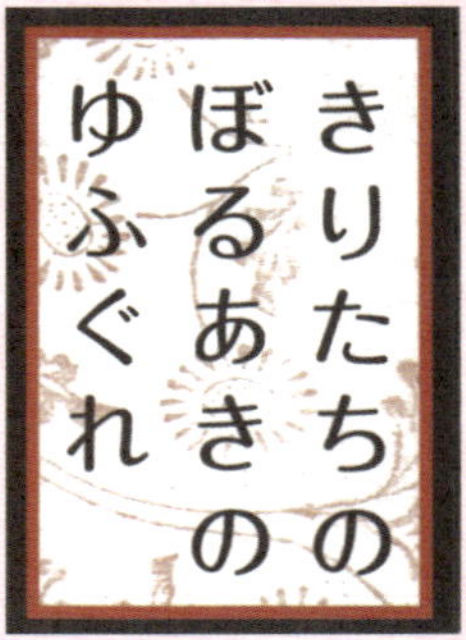

協力：大石天狗堂

百人一首《ひゃくにんいっしゅ》で遊《あそ》ぶ前《まえ》に

代表的《だいひょうてき》なかるた遊《あそ》びは四種類《よんしゅるい》。坊主《ぼうず》めくりは読《よ》み札《ふだ》のみを使《つか》うゲームだが、ちらし取《ど》り、源平《げんぺい》合戦《がっせん》、競技《きょうぎ》かるたでは、歌《うた》を聞《き》いて、すばやく札《ふだ》を取《と》り合《あ》う。

●読《よ》み手《て》……読《よ》み札《ふだ》を読《よ》み上《あ》げる人《ひと》

●取《と》り手《て》……読《よ》み上《あ》げられた歌《うた》をもとに絵札《えふだ》を取《と》る人《ひと》

難易度《なんいど》☆☆

坊主《ぼうず》めくり

【参加者《さんかしゃ》：二人《ふたり》以上《いじょう》の複数《ふくすう》】

何人《なんにん》かで順番《じゅんばん》に札《ふだ》をめくっていき、最後《さいご》にいちばんたくさんの札《ふだ》を取《と》った人《ひと》が勝《か》ち。歌《うた》を覚《おぼ》えていなくても、だれでも楽《たの》しめるぞ！

①輪《わ》になって座《すわ》る

みんなで輪《わ》になって座《すわ》り、読《よ》み札《ふだ》をよく混《ま》ぜて裏側《うらがわ》にして配《くば》る。配《くば》られたら自分《じぶん》の前《まえ》に裏向《うらむ》きのまま積《つ》んで山札《やまふだ》にする。

②一人《ひとり》ずつ順番《じゅんばん》にめくる

じゃんけんをして勝《か》った人《ひと》から、右回《みぎまわ》りに自分《じぶん》の山札《やまふだ》を一枚《いちまい》ずつめくって、山札《やまふだ》の横《よこ》に表向《おもてむ》きに置《お》く。めくった札《ふだ》の絵柄《えがら》によって次《つぎ》にやることが変《か》わる

◆男《おとこ》の人《ひと》の絵《え》――めくった札《ふだ》は自分《じぶん》のものになる。山札《やまふだ》の横《よこ》に表向《おもてむ》きにして積《つ》む。

◆お坊《ぼう》さんの絵《え》――めくった札《ふだ》と、これまでにひいた札《ふだ》も全部《ぜんぶ》真《ま》ん中《なか》に出《だ》す。

◆女《おんな》の人《ひと》の絵《え》――めくった札《ふだ》と、真《ま》ん中《なか》に出《だ》された札《ふだ》を全部《ぜんぶ》もらう。

◆蝉丸《せみまる》の絵《え》――真《ま》ん中《なか》に出《だ》された札《ふだ》と、みんなの手持《ても》ち札《ふだ》を全部《ぜんぶ》もらえる。

③多《おお》くの札《ふだ》を持《も》っている人《ひと》が勝《か》ち

難易度《なんいど》☆☆☆

ちらし取《と》り

【参加者《さんかしゃ》：読《よ》み手《て》、二人《ふたり》以上《いじょう》の取《と》り手《て》】

ふつうのかるた取《と》りのように、読《よ》まれる札《ふだ》にしたがって、早《はや》い者勝《ものが》ちで札《ふだ》を取《と》る。取《と》った札《ふだ》が多《おお》い人《ひと》が勝《か》ち。

①取《と》り札《ふだ》を散《ち》らして置《お》く

百枚《ひゃくまい》の取《と》り札《ふだ》を散《ち》らすように広《ひろ》げる。公平《こうへい》になるように、札《ふだ》の頭《あたま》の方向《ほうこう》はバラバラにする。

②取《と》り札《ふだ》を囲《かこ》んで座《すわ》る

取《と》り手《て》は、散《ち》らした札《ふだ》を囲《かこ》むように座《すわ》る。

③読《よ》まれた札《ふだ》を取《と》り合《あ》う

読《よ》み手《て》は、読《よ》み札《ふだ》を一枚《いちまい》ずつ読《よ》み上《あ》げる。取《と》り手《て》は歌《うた》の途中《とちゅう》で取《と》ってもOK。なかなか取《と》れない場合《ばあい》、読《よ》み手《て》は下《しも》の句《く》をもう一度《いちど》読《よ》む。

④多《おお》くの札《ふだ》を取《と》った人《ひと》の勝《か》ち

すべての札《ふだ》を読《よ》み終《お》えて、いちばん多《おお》くの札《ふだ》を取《と》った人《ひと》の勝《か》ち。

●散《ち》らして並《なら》べる

百枚《ひゃくまい》の札《ふだ》を混《ま》ぜ、表《おもて》向《む》きで床《ゆか》に広《ひろ》げる。

難易度《なんいど》☆☆☆☆

源平合戦《げんぺいがっせん》

【参加者《さんかしゃ》：読《よ》み手《て》、一組二人《ひとくみふたり》以上《いじょう》の取《と》り手《て》】

読《よ》まれた札《ふだ》を取《と》り、自陣《じじん》（自分《じぶん》の組《くみ》）の札《ふだ》が早《はや》くなくなったほうが勝《か》ち。二組《ふたくみ》の対抗戦《たいこうせん》。

①二《ふた》つの組《くみ》に分《わ》かれる

源氏《げんじ》と平家《へいけ》の組《くみ》に分《わ》かれて、向《む》かい合《あ》って座《すわ》る。

②取《と》り札《ふだ》を分《わ》ける

各組《かくくみ》に五十枚《ごじゅうまい》ずつ取《と》り札《ふだ》を分《わ》け、それぞれ自陣《じじん》に向《む》けて三段《さんだん》に並《なら》べる。同《おな》じ文字《もじ》で始《はじ》まる札《ふだ》をまとめて並《なら》べたり、それぞれ覚《おぼ》える札《ふだ》を決《き》めておいたりするなど、作戦《さくせん》を立《た》てておこう。

③読《よ》まれた札《ふだ》を取《と》り合《あ》う

読《よ》み手《て》の歌《うた》を聞《き》いて取《と》り札《ふだ》を取《と》る。歌《うた》の途中《とちゅう》で取《と》ってもOK。自陣《じじん》だけでなく、敵陣《てきじん》（相手《あいて》の組《くみ》）の札《ふだ》も取《と》ることができる。

敵陣《てきじん》の札《ふだ》を取《と》ったときは「送《おく》り札《ふだ》」といって、自陣《じじん》から取《と》り札《ふだ》を一枚《いちまい》わたす。読《よ》まれていない札《ふだ》に触《ふ》れると「おてつき」になり、敵陣《てきじん》から取《と》り札《ふだ》を一枚《いちまい》もらわなくてはならない。自陣《じじん》で「おてつき」した札《ふだ》はそのままにしておく。

④取《と》り札《ふだ》がなくなった方《ほう》が勝《か》ち

●三段《さんだん》に並《なら》べる

五十枚《ごじゅうまい》ずつ取《と》り合《あ》って、三段《さんだん》に並《なら》べる。

競技《きょうぎ》かるた

難易度《なんいど》☆☆☆☆☆

1対《たい》1の真剣勝負《しんけんしょうぶ》で、まず百枚《ひゃくまい》の札《ふだ》からそれぞれ二十五枚《にじゅうごまい》ずつ（持《も》ち札《ふだ》）を取《と》り、その札《ふだ》を自分《じぶん》の前《まえ》に並《なら》べる。歌《うた》が詠《よ》まれたら、札《ふだ》を瞬時《しゅんじ》に取《と》り合《あ》い、自分《じぶん》の持《も》ち札《ふだ》をゼロにしたら勝《か》ち。知力《ちりょく》、体力《たいりょく》、反射神経《はんしゃしんけい》など、すべてがハイレベルで要求《ようきゅう》されることから、畳《たたみ》の上《うえ》のスポーツともいわれている。

決《き》まり字《じ》一《いち》覧《らん》

赤字《あかじ》＝決《き》まり字《じ》
青字《あおじ》＝上《かみ》の句《く》
黒字《くろじ》＝下《しも》の句《く》

一《いち》字《じ》決《き》まり（7首《しゅ》）

番号	上の句	下の句
018	**す**みのえの　きしによるなみ　よるさへや	ゆめのかよひぢ　ひとめよくらむ
022	**ふ**くからに　あきのくさきの　しをるれば	むべやまかぜを　あらしといふらむ
057	**め**ぐりあひて　みしやそれとも　わかぬまに	くもがくれにし　よはのつきかな
070	**さ**びしさに　やどをたちいでて　ながむれば	いづこもおなじ　あきのゆふぐれ
077	**せ**をはやみ　いはにせかるる　たきがはの	われてもすゑに　あはむとぞおもふ
081	**ほ**ととぎす　なきつるかたを　ながむれば	ただありあけの　つきぞのこれる
087	**む**らさめの　つゆもまだひぬ　まきのはに	きりたちのぼる　あきのゆふぐれ

二《に》字《じ》決《き》まり（42首《しゅ》）

番号	上の句	下の句
003	**あし**びきの　やまどりのをの　しだりをの	ながながしよを　ひとりかもねむ
004	**たご**のうらに　うちいでてみれば　しろたへの	ふじのたかねに　ゆきはふりつつ
005	**おく**やまに　もみぢふみわけ　なくしかの	こゑきくときぞ　あきはかなしき
006	**かさ**さぎの　わたせるはしに　おくしもの	しろきをみれば　よぞふけにける
010	**これ**やこの　ゆくもかへるも　わかれては	しるもしらぬも　あふさかのせき
013	**つく**ばねの　みねよりおつる　みなのがは	こひぞつもりて　ふちとなりぬる
014	**みち**のくの　しのぶもぢずり　たれゆゑに	みだれそめにし　われならなくに
016	**たち**わかれ　いなばのやまの　みねにおふる	まつとしきかば　いまかへりこむ
017	**ちは**やぶる　かみよもきかず　たつたがは	からくれなゐに　みづくくるとは
020	**わび**ぬれば　いまはたおなじ　なにはなる	みをつくしても　あはむとぞおもふ
023	**つき**みれば　ちぢにものこそ　かなしけれ	わがみひとつの　あきにはあらねど
024	**この**たびは　ぬさもとりあへず　たむけやま	もみぢのにしき　かみのまにまに
026	**をぐ**らやま　みねのもみぢば　こころあらば	いまひとたびの　みゆきまたなむ

033	ひさかたの ひかりのどけき はるのひに しづごころなく はなのちるらむ
034	たれをかも しるひとにせむ たかさごの まつもむかしの ともならなくに
036	なつのよは まだよひながら あけぬるを くものいづこに つきやどるらむ
037	しらつゆに かぜのふきしく あきののは つらぬきとめぬ たまぞちりける
040	しのぶれど いろにいでにけり わがこひは ものやおもふと ひとのとふまで
041	こひすてふ わがなはまだき たちにけり ひとしれずこそ おもひそめしか
043	あひみての のちのこころに くらぶれば むかしはものを おもはざりけり
046	ゆらのとを わたるふなびと かぢをたえ ゆくへもしらぬ こひのみちかな
047	やへむぐら しげれるやどの さびしきに ひとこそみえね あきはきにけり
051	かくとだに えやはいぶきの さしもぐさ さしもしらじな もゆるおもひを
052	あけぬれば くるるものとは しりながら なほうらめしき あさぼらけかな
055	たきのおとは たえてひさしく なりぬれど なこそながれて なほきこえけれ
059	やすらはで ねなましものを さよふけて かたぶくまでの つきをみしかな
061	いにしへの ならのみやこの やへざくら けふここのへに にほひぬるかな

062	よをこめて とりのそらねは はかるとも よにあふさかの せきはゆるさじ
065	うらみわび ほさぬそでだに あるものを こひにくちなむ なこそをしけれ
066	もろともに あはれとおもへ やまざくら はなよりほかに しるひともなし
071	ゆふされば かどたのいなば おとづれて あしのまろやに あきかぜぞふく
072	おとにきく たかしのはまの あだなみは かけじやそでの ぬれもこそすれ
073	たかさごの をのへのさくら さきにけり とやまのかすみ たたずもあらなむ
074	うかりける ひとをはつせの やまおろしよ はげしかれとは いのらぬものを
082	おもひわび さてもいのちは あるものを うきにたへぬは なみだなりけり
085	よもすがら ものおもふころは あけやらで ねやのひまさへ つれなかりけり
089	たまのをよ たえなばたえね ながらへば しのぶることの よわりもぞする
090	みせばやな をじまのあまの そでだにも ぬれにぞぬれし いろはかはらず
091	きりぎりす なくやしもよの さむしろに ころもかたしき ひとりかもねむ
094	みよしのの やまのあきかぜ さよふけて ふるさとさむく ころもうつなり
097	こぬひとを まつほのうらの ゆふなぎに やくやもしほの みもこがれつつ

100　ももしきや　ふるきのきばの　しのぶにも　なほあまりある　むかしなりけり

三字《さんじ》決《き》まり（37首《しゅ》）

001　あきのたの　かりほのいほの　とまをあらみ　わがころもでは　つゆにぬれつつ

002　はるすぎて　なつきにけらし　しろたへの　ころもほすてふ　あまのかぐやま

007　あまのはら　ふりさけみれば　かすがなる　みかさのやまに　いでしつきかも

008　わがいほは　みやこのたつみ　しかぞすむ　よをうぢやまと　ひとはいふなり

009　はなのいろは　うつりにけりな　いたづらに　わがみよにふる　ながめせしまに

012　あまつかぜ　くものかよひぢ　ふきとぢよ　をとめのすがた　しばしとどめむ

021　いまこむと　いひしばかりに　ながつきの　ありあけのつきを　まちいでつるかな

025　なにしおはば　あふさかやまの　さねかづら　ひとにしられで　くるよしもがな

027　みかのはら　わきてながるる　いづみがは　いつみきとてか　こひしかるらむ

028　やまざとは　ふゆぞさびしさ　まさりける　ひとめもくさも　かれぬとおもへば

030　ありあけの　つれなくみえし　わかれより　あかつきばかり　うきものはなし

032　やまがはに　かぜのかけたる　しがらみは　ながれもあへぬ　もみぢなりけり

035　ひとはいさ　こころもしらず　ふるさとは　はなぞむかしの　かににほひける

038　わすらるる　みをばおもはず　ちかひてし　ひとのいのちの　をしくもあるかな

039　あさぢふの　をののしのはら　しのぶれど　あまりてなどか　ひとのこひしき

044　あふことの　たえてしなくは　なかなかに　ひとをもみをも　うらみざらまし

045　あはれとも　いふべきひとは　おもほえで　みのいたづらに　なりぬべきかな

048　かぜをいたみ　いはうつなみの　おのれのみ　くだけてものを　おもふころかな

049　みかきもり　ゑじのたくひの　よるはもえ　ひるはきえつつ　ものをこそおもへ

053　なげきつつ　ひとりぬるよの　あくるまは　いかにひさしき　ものとかはしる

054　わすれじの　ゆくすゑまでは　かたければ　けふをかぎりの　いのちともがな

056　あらざらむ　このよのほかの　おもひでに　いまひとたびの　あふこともがな

058　ありまやま　ゐなのささはら　かぜふけば　いでそよひとを　わすれやはする

060　おほえやま　いくののみちの　とほければ　まだふみもみず　あまのはしだて

063　いまはただ　おもひたえなむ　とばかりを　ひとづてならで　いふよしもがな

067　はるのよの　ゆめばかりなる　たまくらに　かひなくたたむ　なこそをしけれ

069	あらしふく　みむろのやまの　もみぢばは　たつたのかはの　にしきなりけり
078	あはぢしま　かよふちどりの　なくこゑに　いくよねざめぬ　すまのせきもり
079	あきかぜに　たなびくくもの　たえまより　もれいづるつきの　かげのさやけさ
080	ながからむ　こころもしらず　くろかみの　みだれてけさは　ものをこそおもへ
084	ながらへば　またこのごろや　しのばれむ　うしとみしよぞ　いまはこひしき
086	なげけとて　つきやはものを　おもはする　かこちがほなる　わがなみだかな
092	わがそでは　しほひにみえぬ　おきのいしの　ひとこそしらね　かわくまもなし
095	おほけなく　うきよのたみに　おほふかな　わがたつそまに　すみぞめのそで
096	はなさそふ　あらしのにはの　ゆきならで　ふりゆくものは　わがみなりけり
098	かぜそよぐ　ならのをがはの　ゆふぐれは　みそぎぞなつの　しるしなりける
099	ひともをし　ひともうらめし　あぢきなく　よをおもふゆゑに　ものおもふみは

四《よ》字《じ》決《き》まり（6首《しゅ》）

019	なにはがた　みじかきあしの　ふしのまも　あはでこのよを　すぐしてよとや
029	こころあてに　をらばやをらむ　はつしもの　おきまどはせる　しらぎくのはな
042	ちぎりきな　かたみにそでを　しぼりつつ　すゑのまつやま　なみこさじとは
068	こころにも　あらでうきよに　ながらへば　こひしかるべき　よはのつきかな
075	ちぎりおきし　させもがつゆを　いのちにて　あはれことしの　あきもいぬめり
088	なにはえの　あしのかりねの　ひとよゆゑ　みをつくしてや　こひわたるべき

五《ご》字《じ》決《き》まり（2首《しゅ》）

083	よのなかよ　みちこそなけれ　おもひいる　やまのおくにも　しかぞなくなる
093	よのなかは　つねにもがもな　なぎさこぐ　あまのをぶねの　つなでかなしも

六《ろく》字《じ》決《き》まり（6首《しゅ》）

011	わたのはら　やそしまかけて　こぎいでぬと　ひとにはつげよ　あまのつりぶね
015	きみがため　はるののにいでて　わかなつむ　わがころもでに　ゆきはふりつつ
031	あさぼらけ　ありあけのつきと　みるまでに　よしののさとに　ふれるしらゆき
050	きみがため　をしからざりし　いのちさへ　ながくもがなと　おもひけるかな
064	あさぼらけ　うぢのかはぎり　たえだえに　あらはれわたる　せぜのあじろぎ
076	わたのはら　こぎいでてみれば　ひさかたの　くもゐにまがふ　おきつしらなみ

人《じん》名《めい》索《さく》引《いん》

	名前《なまえ》	歌番号《うたばんごう》	ページ
あ	赤染衛門《あかぞめえもん》	59	142・155・178
	阿倍仲麻呂《あべのなかまろ》	7	24・28・29・30・31・32・33
	在原業平朝臣《ありわらのなりひらあそん》	17	47・48・117・135・140・152
い	和泉式部《いずみしきぶ》	56	73・136・137・142・143・152・155
	伊勢《いせ》	19	50・72・140・152
	伊勢大輔《いせのたいふ》	61	154・155
	殷富門院大輔《いんぷもんいんのたいふ》	90	222
う	右近《うこん》	38	72・94・95・98・99・100・101・102・103・112
	右大将道綱母《うだいしょうみちつなのはは》	53	130・131・135
え	恵慶法師《えぎょうほうし》	47	116
お	大江千里《おおえのちさと》	23	66
	凡河内躬恒《おおしこうちのみつね》	29	80・81・92・140
	大中臣能宣朝臣《おおなかとみのよしのぶあそん》	49	126・140・155
	小野小町《おののこまち》	9	34・35・52・53・54・55・56・57・65・117・140・152
か	柿本人麻呂《かきのもとのひとまろ》	3	20・21・22・117・140
	鎌倉右大臣《かまくらのうだいじん》	93	225
	河原左大臣《かわらのさだいじん》	14	40・41
	菅家《かんけ》	24	7・67・74・75・76・77・78・79・112・134
き	喜撰法師《きせんほうし》	8	25・117
	儀同三司母《ぎどうさんしのはは》	54	132・158
	紀貫之《きのつらゆき》	35	21・25・60・65・68・70・85・90・91・92・117・134・140
	紀友則《きのとものり》	33	85・140
	清原深養父《きよはらのふかやぶ》	36	92・111
	清原元輔《きよはらのもとすけ》	42	73・92・110・111・116・140・157
け	謙徳公《けんとくこう》	45	73・114・129
こ	皇嘉門院別当《こうかもんいんのべっとう》	88	218・219
	光孝天皇《こうこうてんのう》	15	44・45
	皇太后宮大夫俊成《こうたいごうぐうのだいぶとしなり》	83	73・204・205・206・209・211・212・213・214・215・216・217・221・223・230・231
	後京極摂政前太政大臣《ごきょうごくせっしょうさきのだじょうだいじん》	91	223
	小式部内侍《こしきぶのないし》	60	73・143
	後徳大寺左大臣《ごとくだいじのさだいじん》	81	200・201
	後鳥羽院《ごとばいん》	99	3・73・232・233・236
	権中納言敦忠《ごんちゅうなごんあつただ》	43	95・98・99・100・102・103・112・140
	権中納言定頼《ごんちゅうなごんさだより》	64	73・159
	権中納言定家《ごんちゅうなごんていか》	97	2・3・7・35・73・140・201・205・211・221・225・229・230・231・233・234・235・236・237・238・239
	権中納言匡房《ごんちゅうなごんまさふさ》	73	178
さ	西行法師《さいぎょうほうし》	86	208・211・227
	坂上是則《さかのうえのこれのり》	31	83・140
	相模《さがみ》	65	73・160
	前大僧正慈円《さきのだいそうじょうじえん》	95	73・227
	左京大夫道雅《さきょうのだいぶみちまさ》	63	158
	左京大夫顕輔《さきょうのだいぶあきすけ》	79	73・188・206
	猿丸大夫《さるまるたいふ》	5	22・140
	参議篁《さんぎたかむら》	11	37
	参議等《さんぎひとし》	39	96
	参議雅経《さんぎまさつね》	94	2・226

	三条院《さんじょういん》	68	73・172・173
	三条右大臣《さんじょうのうだいじん》	25	68・113
し	持統天皇《じとうてんのう》	2	18・19・20・73
	寂蓮法師《じゃくれんほうし》	87	205・209・240
	従二位家隆《じゅにいいえたか》	98	2・231
	俊恵法師《しゅんえほうし》	85	73・207
	順徳院《じゅんとくいん》	100	3・73・233
	式子内親王《しょくしないしんのう》	89	73・205・220・221・224
す	周防内侍《すおうのないし》	67	162・163
	崇徳院《すとくいん》	77	186・188・219
せ	清少納言《せいしょうなごん》	62	73・92・111・134・135・156・157・166・167・168・169・170・171
	蝉丸《せみまる》	10	36・240
そ	僧正遍昭《そうじょうへんじょう》	12	38・63・73・117・140
	素性法師《そせいほうし》	21	62・63・73・140
	曽禰好忠《そねのよしただ》	46	115
た	待賢門院堀河《たいけんもんいんのほりかわ》	80	189
	大僧正行尊《だいそうじょうぎょうそん》	66	161
	大納言公任《だいなごんきんとう》	55	73・133・140・159
	大納言経信《だいなごんつねのぶ》	71	73・176・179
	大弐三位《だいにのさんみ》	58	73・141
	平兼盛《たいらのかねもり》	40	89・97・109・116・118・120・122・123・125・140
ち	中納言朝忠《ちゅうなごんあさただ》	44	72・73・95・113・140
	中納言兼輔《ちゅうなごんかねすけ》	27	70・140・231
	中納言家持《ちゅうなごんやかもち》	6	23・140
	中納言行平《ちゅうなごんゆきひら》	16	46・47
て	貞信公《ていしんこう》	26	69
	天智天皇《てんじてんのう》	1	2・7・16・17・19・73
と	道因法師《どういんほうし》	82	202・203
に	二条院讃岐《にじょういんのさぬき》	92	224
	入道前太政大臣《にゅうどうさきのだじょうだいじん》	96	228・229
の	能因法師《のういんほうし》	69	174
は	春道列樹《はるみちのつらき》	32	84
ふ	藤原興風《ふじわらのおきかぜ》	34	86・87・140
	藤原清輔朝臣《ふじわらのきよすけあそん》	84	73・206
	藤原実方朝臣《ふじわらのさねかたあそん》	51	73・125・128
	藤原敏行朝臣《ふじわらのとしゆきあそん》	18	49・140
	藤原道信朝臣《ふじわらのみちのぶあそん》	52	129
	藤原基俊《ふじわらのもととし》	75	182・183・185・190・191・192・193・194・195・205
	藤原義孝《ふじわらのよしたか》	50	73・127・152
	文屋朝康《ふんやのあさやす》	37	73・93
	文屋康秀《ふんやのやすひで》	22	64・65・73・93・117
ほ	法性寺入道前関白太政大臣《ほっしょうじにゅうどうさきのかんぱくだじょうだいじん》	76	73・184・185・190・191・194・195・219
み	源兼昌《みなもとのかねまさ》	78	187
	源重之《みなもとのしげゆき》	48	124・125・140・222
	源俊頼朝臣《みなもとのとしよりあそん》	74	73・179・183・205・207
	源宗于朝臣《みなもとのむねゆきあそん》	28	71・140
	壬生忠見《みぶのただみ》	41	73・89・97・108・109・118・119・120・121・122・123・140
	壬生忠岑《みぶのただみね》	30	73・82・109・140
む	紫式部《むらさきしきぶ》	57	73・134・135・138・139・141・144・145・146・147・148・149・155・157
も	元良親王《もとよししんのう》	20	51・72・95・152
や	山部赤人《やまべのあかひと》	4	21・117・140
ゆ	祐子内親王家紀伊《ゆうしないしんのうけのきい》	72	177
よ	陽成院《ようぜいいん》	13	39・45・51・73
り	良暹法師《りょうぜんほうし》	70	175

上《かみ》の句《く》索《さく》引《いん》

かるた競技《きょうぎ》では上《かみ》の句《く》は読《よ》み札《ふだ》。赤字《あかじ》は決《き》まり字《じ》を示《しめ》す。

	上《かみ》の句《く》	下《しも》の句《く》	ページ
あ	あきかぜに　たなびくくもの　たえまより	もれいづるつきの　かげのさやけさ	188・198
	あきのたの　かりほのいほの　とまをあらみ	わがころもでは　つゆにぬれつつ	17
	あけぬれば　くるるものとは　しりながら	なほうらめしき　あさぼらけかな	129
	あさぢふの　をののしのはら　しのぶれど	あまりてなどか　ひとのこひしき	26・96
	あさぼらけ　ありあけのつきと　みるまでに	よしののさとに　ふれるしらゆき	83
	あさぼらけ　うぢのかはぎり　たえだえに	あらはれわたる　せぜのあじろぎ	159
	あしびきの　やまどりのをの　しだりをの	ながながしよを　ひとりかもねむ	20
	あはぢしま　かよふちどりの　なくこゑに	いくよねざめぬ　すまのせきもり	187
	あはれとも　いふべきひとは　おもほえで	みのいたづらに　なりぬべきかな	114
	あひみての　のちのこころに　くらぶれば	むかしはものを　おもはざりけり	112
	あふことの　たえてしなくは　なかなかに	ひとをもみをも　うらみざらまし	113
	あまつかぜ　くものかよひぢ　ふきとぢよ	をとめのすがた　しばしとどめむ	38
	あまのはら　ふりさけみれば　かすがなる	みかさのやまに　いでしつきかも	24・106
	あらざらむ　このよのほかの　おもひでに	いまひとたびの　あふこともがな	137
	あらしふく　みむろのやまの　もみぢばは	たつたのかはの　にしきなりけり	174
	ありあけの　つれなくみえし　わかれより	あかつきばかり　うきものはなし	82
	ありまやま　ゐなのささはら　かぜふけば	いでそよひとを　わすれやはする	141・198
い	いにしへの　ならのみやこの　やへざくら	けふここのへに　にほひぬるかな	155
	いまこむと　いひしばかりに　ながつきの	ありあけのつきを　まちいでつるかな	63
	いまはただ　おもひたえなむ　とばかりを	ひとづてならで　いふよしもがな	158
う	うかりける　ひとをはつせの　やまおろし	はげしかれとは　いのらぬものを	179
	うらみわび　ほさぬそでだに　あるものを	こひにくちなむ　なこそをしけれ	160
お	おくやまに　もみぢふみわけ　なくしかの	こゑきくときぞ　あきはかなしき	22
	おとにきく　たかしのはまの　あだなみは	かけじやそでの　ぬれもこそすれ	177
	おほえやま　いくののみちの　とほければ	まだふみもみず　あまのはしだて	143
	おほけなく　うきよのたみに　おほふかな	わがたつそまに　すみぞめのそで	227
	おもひわび　さてもいのちは　あるものを	うきにたへぬは　なみだなりけり	203
か	かくとだに　えやはいぶきの　さしもぐさ	さしもしらじな　もゆるおもひを	128
	かささぎの　わたせるはしに　おくしもの	しろきをみれば　よぞふけにける	23
	かぜそよぐ　ならのをがはの　ゆふぐれは	みそぎぞなつの　しるしなりける	231

	かぜをいたみ　いはうつなみの　おのれのみ	くだけてものを　おもふころかな	125
き	**きみがため　は**るののにいでて　わかなつむ	わがころもでに　ゆきはふりつつ	45・106
	きみがため　をしからざりし　いのちさへ	ながくもがなと　おもひけるかな	127
	きりぎりす　なくやしもよの　さむしろに	ころもかたしき　ひとりかもねむ	223
こ	**こころあ**てに　をらばやをらむ　はつしもの	おきまどはせる　しらぎくのはな	81
	こころにも　あらでうきよに　ながらへば	こひしかるべき　よわのつきかな	173
	こぬひとを　まつほのうらの　ゆふなぎに	やくやもしほの　みもこがれつつ	230
	このたびは　ぬさもとりあへず　たむけやま	もみぢのにしき　かみのまにまに	67
	こひすてふ　わがなはまだき　たちにけり	ひとしれずこそ　おもひそめしか	109
	これやこの　ゆくもかへるも　わかれては	しるもしらぬも　あふさかのせき	36
さ	**さ**びしさに　やどをたちいでて　ながむれば	いづこもおなじ　あきのゆふぐれ	175
し	**しの**ぶれど　いろにいでにけり　わがこひは	ものやおもふと　ひとのとふまで	97
	しらつゆに　かぜのふきしく　あきののは	つらぬきとめぬ　たまぞちりける	93
す	**す**みのえの　きしによるなみ　よるさへや	ゆめのかよひぢ　ひとめよくらむ	49
せ	**せ**をはやみ　いはにせかるる　たきがはの	われてもすゑに　あはむとぞおもふ	186
た	**たか**さごの　をのへのさくら　さきにけり	とやまのかすみ　たたずもあらなむ	178
	たきのおとは　たえてひさしく　なりぬれど	なこそながれて　なほきこえけれ	133
	たごのうらに　うちいでてみれば　しろたへの	ふじのたかねに　ゆきはふりつつ	21・106
	たちわかれ　いなばのやまの　みねにおふる	まつとしきかば　いまかへりこむ	47
	たまのをよ　たえなばたえね　ながらへば	しのぶることの　よはりもぞする	221
	たれをかも　しるひとにせむ　たかさごの	まつもむかしの　ともならなくに	87
ち	**ちぎりお**きし　させもがつゆを　いのちにて	あはれことしの　あきもいぬめり	183・195
	ちぎりきな　かたみにそでを　しぼりつつ	すゑのまつやま　なみこさじとは	111
	ちはやぶる　かみよもきかず　たつたがは	からくれなゐに　みづくくるとは	48
つ	**つき**みれば　ちぢにものこそ　かなしけれ	わがみひとつの　あきにはあらねど	66
	つくばねの　みねよりおつる　みなのがは	こひぞつもりて　ふちとなりぬる	39
な	**ながか**らむ　こころもしらず　くろかみの	みだれてけさは　ものをこそおもへ	26・189
	ながらへば　またこのごろや　しのばれむ	うしとみしよぞ　いまはこひしき	206
	なげきつつ　ひとりぬるよの　あくるまは	いかにひさしき　ものとかはしる	131
	なげけとて　つきやはものを　おもはする	かこちがほなる　わがなみだかな	208
	なつのよは　まだよひながら　あけぬるを	くものいづこに　つきやどるらむ	92
	なにしおはば　あふさかやまの　さねかづら	ひとにしられで　くるよしもがな	68・106
	なにはえの　あしのかりねの　ひとよゆゑ	みをつくしてや　こひわたるべき	219
	なにはがた　みじかきあしの　ふしのまも	あはでこのよを　すぐしてよとや	50
は	**はな**さそふ　あらしのにはの　ゆきならで	ふりゆくものは　わがみなりけり	229

は	**はなの**いろは　うつりにけりな　いたづらに	わがみよにふる　ながめせしまに	26・35・106
	はるすぎて　なつきにけらし　しろたへの	ころもほすてふ　あまのかぐやま	19・27
	はるのよの　ゆめばかりなる　たまくらに	かひなくたたむ　なこそをしけれ	163
ひ	**ひさ**かたの　ひかりのどけき　はるのひに	しづごころなく　はなのちるらむ	85
	ひとはいさ　こころもしらず　ふるさとは	はなぞむかしの　かにほひける	91
	ひともをし　ひともうらめし　あぢきなく	よをおもふゆゑに　ものおもふみは	232
ふ	**ふ**くからに　あきのくさきの　しをるれば	むべやまかぜを　あらしといふらむ	65
ほ	**ほ**ととぎす　なきつるかたを　ながむれば	ただありあけの　つきぞのこれる	201
み	**みかき**もり　ゑじのたくひの　よるはもえ	ひるはきえつつ　ものをこそおもへ	126・198
	みかのはら　わきてながるる　いづみがは	いつみきとてか　こひしかるらむ	70
	みせばやな　をじまのあまの　そでだにも	ぬれにぞぬれし　いろはかはらず	222
	みちのくの　しのぶもぢずり　たれゆゑに	みだれそめにし　われならなくに	41
	みよしのの　やまのあきかぜ　さよふけて	ふるさとさむく　ころもうつなり	226
む	**む**らさめの　つゆもまだひぬ　まきのはに	きりたちのぼる　あきのゆふぐれ	209・240
め	**め**ぐりあひて　みしやそれとも　わかぬまに	くもがくれにし　よはのつきかな	139・149
も	**もも**しきや　ふるきのきばの　しのぶにも	なほあまりある　むかしなりけり	233
	もろともに　あはれとおもへ　やまざくら	はなよりほかに　しるひともなし	161
や	**やす**らはで　ねなましものを　さよふけて	かたぶくまでの　つきをみしかな	142
	やへむぐら　しげれるやどの　さびしきに	ひとこそみえね　あきはきにけり	116
	やまがはに　かぜのかけたる　しがらみは	ながれもあへぬ　もみぢなりけり	84
	やまざとは　ふゆぞさびしさ　まさりける	ひとめもくさも　かれぬとおもへば	71
ゆ	**ゆふ**されば　かどたのいなば　おとづれて	あしのまろやに　あきかぜぞふく	176
	ゆらのとを　わたるふなびと　かぢをたえ	ゆくへもしらぬ　こひのみちかな	115
よ	**よのなかは**　つねにもがもな　なぎさこぐ	あまのをぶねの　つなでかなしも	225
	よのなかよ　みちこそなけれ　おもひいる	やまのおくにも　しかぞなくなる	205・217
	よもすがら　ものおもふころは　あけやらで	ねやのひまさへ　つれなかりけり	207
	よをこめて　とりのそらねは　はかるとも	よにあふさかの　せきはゆるさじ	157・198
わ	**わがい**ほは　みやこのたつみ　しかぞすむ	よをうぢやまと　ひとはいふなり	25
	わがそでは　しほひにみえぬ　おきのいしの	ひとこそしらね　かわくまもなし	27・198・224
	わすらるる　みをばおもはず　ちかひてし	ひとのいのちの　をしくもあるかな	95・102
	わすれじの　ゆくすゑまでは　かたければ	けふをかぎりの　いのちともがな	132
	わたのはら　**こ**ぎいでてみれば　ひさかたの	くもゐにまがふ　おきつしらなみ	185
	わたのはら　**や**そしまかけて　こぎいでぬと	ひとにはつげよ　あまのつりぶね	37
	わびぬれば　いまはたおなじ　なにはなる	みをつくしても　あはむとぞおもふ	51
を	**を**ぐらやま　みねのもみぢば　こころあらば	いまひとたびの　みゆきまたなむ	27・69

下《しも》の句《く》索《さく》引《いん》

かるた競技《きょうぎ》では下《しも》の句《く》は取《と》り札《ふだ》。
赤字《あかじ》は決《き》まり字《じ》を示《しめ》す。

	下《しも》の句《く》	上《かみ》の句《く》	ページ
あ	あかつきばかり　うきものはなし	**ありあ**けの　つれなくみえし　わかれより	82
	あしのまろやに　あきかぜぞふく	**ゆふ**されば　かどたのいなば　おとづれて	176
	あはでこのよを　すぐしてよとや	**なにはが**た　みじかきあしの　ふしのまも	50
	あはれことしの　あきもいぬめり	**ちぎりお**きし　させもがつゆを　いのちにて	183・195
	あまのをぶねの　つなでかなしも	**よのなかは**　つねにもがもな　なぎさこぐ	225
	あまりてなどか　ひとのこひしき	**あさぢ**ふの　をののしのはら　しのぶれど	26・96
	あらはれわたる　せぜのあじろぎ	**あさぼらけ**　**う**ぢのかはぎり　たえだえに	159
	ありあけのつきを　まちいでつるかな	**いまこ**むと　いひしばかりに　ながつきの	63
い	いかにひさしき　ものとかはしる	**なげき**つつ　ひとりぬるよの　あくるまは	131
	いくよねざめぬ　すまのせきもり	**あはぢ**しま　かよふちどりの　なくこゑに	187
	いづこもおなじ　あきのゆふぐれ	**さ**びしさに　やどをたちいでて　ながむれば	175
	いつみきとてか　こひしかるらむ	**みかの**はら　わきてながるる　いづみがは	70
	いでそよひとを　わすれやはする	**ありま**やま　ゐなのささはら　かぜふけば	141・198
	いまひとたびの　あふこともがな	**あらざ**らむ　このよのほかの　おもひでに	137
	いまひとたびの　みゆきまたなむ	**をぐ**らやま　みねのもみぢば　こころあらば	27・69
う	うきにたへぬは　なみだなりけり	**おも**ひわび　さてもいのちは　あるものを	203
	うしとみしよぞ　いまはこひしき	**ながら**へば　またこのごろや　しのばれむ	206
お	おきまどはせる　しらぎくのはな	**こころあ**てに　をらばやをらむ　はつしもの	81
か	かけじやそでの　ぬれもこそすれ	**おと**にきく　たかしのはまの　あだなみは	177
	かこちがほなる　わがなみだかな	**なげけ**とて　つきやはものを　おもはする	208
	かたぶくまでの　つきをみしかな	**やす**らはで　ねなましものを　さよふけて	142
	かひなくたたむ　なこそをしけれ	**はるの**よの　ゆめばかりなる　たまくらに	163
	からくれなゐに　みづくくるとは	**ちは**やぶる　かみよもきかず　たつたがは	48
き	きりたちのぼる　あきのゆふぐれ	**む**らさめの　つゆもまだひぬ　まきのはに	209・240
く	くだけてものを　おもふころかな	**かぜを**いたみ　いはうつなみの　おのれのみ	125
	くもがくれにし　よはのつきかな	**め**ぐりあひて　みしやそれとも　わかぬまに	139・149
	くものいづこに　つきやどるらむ	**なつ**のよは　まだよひながら　あけぬるを	92
	くもゐにまがふ　おきつしらなみ	**わたのはら**　**こ**ぎいでてみれば　ひさかたの	185
け	けふここのへに　にほひぬるかな	**いに**しへの　ならのみやこの　やへざくら	155
	けふをかぎりの　いのちともがな	**わすれ**じの　ゆくすゑまでは　かたければ	132

こ	こひしかるべき　よはのつきかな	こころにも　あらでうきよに　ながらへば	173
	こひぞつもりて　ふちとなりぬる	つくばねの　みねよりおつる　みなのがは	39
	こひにくちなむ　なこそをしけれ	うらみわび　ほさぬそでだに　あるものを	160
	ころもかたしき　ひとりかもねむ	きりぎりす　なくやしもよの　さむしろに	223
	ころもほすてふ　あまのかぐやま	はるすぎて　なつきにけらし　しろたへの	19・27
	こゑきくときぞ　あきはかなしき	おくやまに　もみぢふみわけ　なくしかの	22
さ	さしもしらじな　もゆるおもひを	かくとだに　えやはいぶきの　さしもぐさ	128
し	しづごころなく　はなのちるらむ	ひさかたの　ひかりのどけき　はるのひに	85
	しのぶることの　よはりもぞする	たまのをよ　たえなばたえね　ながらへば	221
	しるもしらぬも　あふさかのせき	これやこの　ゆくもかへるも　わかれては	36
	しろきをみれば　よぞふけにける	かささぎの　わたせるはしに　おくしもの	23
す	すゑのまつやま　なみこさじとは	ちぎりきな　かたみにそでを　しぼりつつ	111
た	ただありあけの　つきぞのこれる	ほととぎす　なきつるかたを　ながむれば	201
	たつたのかはの　にしきなりけり	あらしふく　みむろのやまの　もみぢばは	174
つ	つらぬきとめぬ　たまぞちりける	しらつゆに　かぜのふきしく　あきののは	93
と	とやまのかすみ　たたずもあらなむ	たかさごの　をのへのさくら　さきにけり	178
な	ながくもがなと　おもひけるかな	きみがため　をしからざりし　いのちさへ	127
	ながながしよを　ひとりかもねむ	あしびきの　やまどりのをの　しだりをの	20
	ながれもあへぬ　もみぢなりけり	やまがはに　かぜのかけたる　しがらみは	84
	なこそながれて　なほきこえけれ	たきのおとは　たえてひさしく　なりぬれど	133
	なほあまりある　むかしなりけり	ももしきや　ふるきのきばの　しのぶにも	233
	なほうらめしき　あさぼらけかな	あけぬれば　くるるものとは　しりながら	129
ぬ	ぬれにぞぬれし　いろはかはらず	みせばやな　をじまのあまの　そでだにも	222
ね	ねやのひまさへ　つれなかりけり	よもすがら　ものおもふころは　あけやらで	207
は	はげしかれとは　いのらぬものを	うかりける　ひとをはつせの　やまおろし	179
	はなぞむかしの　かににほひける	ひとはいさ　こころもしらず　ふるさとは	91
	はなよりほかに　しるひともなし	もろともに　あはれとおもへ　やまざくら	161
ひ	ひとこそしらね　かわくまもなし	わがそでは　しほひにみえぬ　おきのいしの	27・198・224
	ひとこそみえね　あきはきにけり	やへむぐら　しげれるやどの　さびしきに	116
	ひとしれずこそ　おもひそめしか	こひすてふ　わがなはまだき　たちにけり	109
	ひとづてならで　いふよしもがな	いまはただ　おもひたえなむ　とばかりを	158
	ひとにしられで　くるよしもがな	なにしおはば　あふさかやまの　さねかづら	68・106
	ひとにはつげよ　あまのつりぶね	わたのはら　やそしまかけて　こぎいでぬと	37
	ひとのいのちの　をしくもあるかな	わすらるる　みをばおもはず　ちかひてし	95
	ひとめもくさも　かれぬとおもへば	やまざとは　ふゆぞさびしさ　まさりける	71

	ひとをもみをも　うらみざらまし	あふことの　たえてしなくは　なかなかに	113
	ひるはきえつつ　ものをこそおもへ	みかきもり　ゑじのたくひの　よるはもえ	126・198
ふ	ふじのたかねに　ゆきはふりつつ	たごのうらに　うちいでてみれば　しろたへの	21・106
	ふりゆくものは　わがみなりけり	はなさそふ　あらしのにはの　ゆきならで	229
	ふるさとさむく　ころもうつなり	みよしのの　やまのあきかぜ　さよふけて	226
ま	まだふみもみず　あまのはしだて	おほえやま　いくののみちの　とほければ	143
	まつとしきかば　いまかへりこむ	たちわかれ　いなばのやまの　みねにおふる	47
	まつもむかしの　ともならなくに	たれをかも　しるひとにせむ　たかさごの	87
み	みかさのやまに　いでしつきかも	あまのはら　ふりさけみれば　かすがなる	24・106
	みそぎぞなつの　しるしなりける	かぜそよぐ　ならのをがはの　ゆふぐれは	231
	みだれそめにし　われならなくに	みちのくの　しのぶもぢずり　たれゆゑに	41
	みだれてけさは　ものをこそおもへ	ながからむ　こころもしらず　くろかみの	26・189
	みのいたづらに　なりぬべきかな	あはれとも　いふべきひとは　おもほえで	114
	みをつくしても　あはむとぞおもふ	わびぬれば　いまはたおなじ　なにはなる	51
	みをつくしてや　こひわたるべき	なにはえの　あしのかりねの　ひとよゆゑ	219
む	むかしはものを　おもはざりけり	あひみての　のちのこころに　くらぶれば	112
	むべやまかぜを　あらしといふらむ	ふくからに　あきのくさきの　しをるれば	65
も	ものやおもふと　ひとのとふまで	しのぶれど　いろにいでにけり　わがこひは	97
	もみぢのにしき　かみのまにまに	このたびは　ぬさもとりあへず　たむけやま	67
	もれいづるつきの　かげのさやけさ	あきかぜに　たなびくくもの　たえまより	188・198
や	やくやもしほの　みもこがれつつ	こぬひとを　まつほのうらの　ゆふなぎに	230
	やまのおくにも　しかぞなくなる	よのなかよ　みちこそなけれ　おもひいる	205・217
ゆ	ゆくへもしらぬ　こひのみちかな	ゆらのとを　わたるふなびと　かぢをたえ	115
	ゆめのかよひぢ　ひとめよくらむ	すみのえの　きしによるなみ　よるさへや	49
よ	よしののさとに　ふれるしらゆき	あさぼらけ　ありあけのつきと　みるまでに	83
	よにあふさかの　せきはゆるさじ	よをこめて　とりのそらねは　はかるとも	157・198
	よをうぢやまと　ひとはいふなり	わがいほは　みやこのたつみ　しかぞすむ	25
	よをおもふゆゑに　ものおもふみは	ひともをし　ひともうらめし　あぢきなく	232
わ	わがころもでに　ゆきはふりつつ	きみがため　はるののにいでて　わかなつむ	45・106
	わがころもでは　つゆにぬれつつ	あきのたの　かりほのいほの　とまをあらみ	17
	わがたつそまに　すみぞめのそで	おほけなく　うきよのたみに　おほふかな	227
	わがみひとつの　あきにはあらねど	つきみれば　ちぢにものこそ　かなしけれ	66
	わがみよにふる　ながめせしまに	はなのいろは　うつりにけりな　いたづらに	24・35・106
	われてもすゑに　あはむとぞおもふ	せをはやみ　いはにせかるる　たきがはの	186
を	をとめのすがた　しばしとどめむ	あまつかぜ　くものかよひぢ　ふきとぢよ	38

スタッフ＆協《きょう》力《りょく》先《さき》一《いち》覧《らん》

（50音順《おんじゅん》）

◉イラスト

安采《あんざい》サチエ

P37参議《さんぎ》 篁《たかむら》／P84春道列樹《はるみちのつらき》／
P114謙徳公《けんとくこう》／P174能因法師《のういんほうし》／
P207俊恵法師《しゅんえほうし》

奥田《おくだ》みき

P143小式部内侍《こしきぶのないし》／
P177祐子内親王家紀伊《ゆうしないしんのうけのきい》／
P222殷富門院大輔《いんぶもんいんのたいふ》

神矢柊《かみやしゅう》

P51元良親王《もとよししんのう》／P188左 京 大夫顕輔《さきょうのだいぶあきすけ》／
P223後京極摂政前太政大臣《ごきょうごくせっしょうさきのだじょうだいじん》／
P233順徳院《じゅんとくいん》

きさらぎ

P20柿本人麻呂《かきのもとのひとまろ》／P40河原左大臣《かわらのさだいじん》／P66大江千里《おおえのちさと》／
P83坂上是則《さかのうえのこれのり》／P90紀貫之《きのつらゆき》／P112権中納言敦忠《ごんちゅうなごんあつただ》／
P175良暹法師《りょうぜんほうし》／P182藤原基俊《ふじわらのもととし》／
P200後徳大寺左大臣《ごとくだいじのさだいじん》／P230権中納言定家《ごんちゅうなごんていか》

鹿間《しかま》そよ子《こ》

P38僧正遍昭《そうじょうへんじょう》／P141大弐三位《だいにのさんみ》

Suiryu

P132儀同三司母《ぎどうさんしのはは》／P224二条院讃岐《にじょういんのさぬき》

zeNOx

P22猿丸大夫《さるまるたいふ》／P70中納言兼輔《ちゅうなごんかねすけ》／
P116恵慶法師《えぎょうほうし》／P178権中納言匡房《ごんちゅうなごんまさふさ》／
P208西行法師《さいぎょうほうし》

チェロキー

P189待賢門院堀河《たいけんもんいんのほりかわ》

凹《うさぎ》

P18持統天皇《じとうてんのう》／P80凡河内躬恒《おおしこうちのみつね》／
P184法性寺入道前関白太政大臣《ほっしょうじにゅうどうさきのかんぱくだじょうだいじん》

霞《かすみ》

P36蝉丸《せみまる》／P92清原深養父《きよはらのふかやぶ》／
P142赤染衛門《あかぞめえもん》／P187 源 兼昌《みなもとのかねまさ》／
P209寂蓮法師《じゃくれんほうし》

菊屋《きくや》シロウ

P24阿倍仲麻呂《あべのなかまろ》／P62素性法師《そせいほうし》／
P97 平 兼盛《たいらのかねもり》／P138 紫 式部《むらさきしきぶ》／
P159権中納言定頼《ごんちゅうなごんさだより》／P218皇嘉門院別当《こうかもんいんのべっとう》

桐矢隆《きりやたかし》

P21山部赤人《やまべのあかひと》／P49藤原敏行朝臣《ふじわらのとしゆきあそん》／
P71 源 宗于朝臣《みなもとのむねゆきあそん》／P113中納言朝忠《ちゅうなごんあさただ》／
P133大納言公任《だいなごんきんとう》／P179 源 俊頼朝臣《みなもとのとしよりあそん》

洵《じゅん》

P68三 条 右大臣《さんじょうのうだいじん》／P128藤原実方朝臣《ふじわらのさねかたあそん》／
P160相模《さがみ》

末冨正直《すえどみまさなお》

P108壬生忠見《みぶのただみ》／P228入道前太政大臣《にゅうどうさきのだじょうだいじん》

たわわ実《みのる》

P162周防内侍《すおうのないし》

圓《つぶら》マルオ

P39陽成院《ようぜいいん》／P85紀友則《きのとものり》／
P126大中臣能宣朝臣《おおなかとみのよしのぶあそん》／P226参議雅経《さんぎまさつね》

トミダトモミ

P34小野小町《おののこまち》／P64文屋康秀《ふんやのやすひで》／
P154伊勢大輔《いせのたいふ》／P204皇太后宮大夫俊成《こうたいごうぐうのだいぶとしなり》

橋本鳩《はしもときゅう》

P93文屋朝康《ふんやのあさやす》／P206藤原清輔朝臣《ふじわらのきよすけあそん》

麻亜沙《まあさ》

P23中納言家持《ちゅうなごんやかもち》／P46中納言行平《ちゅうなごんゆきひら》／
P69貞信公《ていしんこう》／P86藤原興風《ふじわらのおきかぜ》／
P129藤原道信朝臣《ふじわらのみちのぶあそん》／P161大僧正行尊《だいそうじょうぎょうそん》／
P225鎌倉右大臣《かまくらのうだいじん》

祀花《まつりか》よう子《こ》

P130右大将道綱母《うだいしょうみちつなのはは》

むなぁげ

P227前大僧正慈円《さきのだいそうじょうじえん》

ナチコ

P16天智天皇《てんじてんのう》／P25喜撰法師《きせんほうし》／P48在原業平朝臣《ありわらのなりひらあそん》／
P67菅家《かんけ》／P82壬生忠岑《みぶのただみね》／P94右近《うこん》／P115曽禰好忠《そねのよしただ》／
P127藤原義孝《ふじわらのよしたか》／P136和泉式部《いずみしきぶ》／P158左京大夫道雅《さきょうだいぶみちまさ》／
P172三条院《さんじょういん》／P186崇徳院《すとくいん》／P202道因法師《どういんほうし》／
P220式子内親王《しょくしないしんのう》／P231従二位家隆《じゅにいいえたか》

ぽしー

P44光孝天皇《こうこうてんのう》／P96参議等《さんぎひとし》

まっつん！

P124 源 重之《みなもとのしげゆき》／P232後鳥羽院《ごとばいん》

みつなり都《みやこ》

P50伊勢《いせ》／P110清原元輔《きよはらのもとすけ》／
P156清少納言《せいしょうなごん》／P176大納言経信《だいなごんつねのぶ》

●マンガ

阿留多《あるた》

P98右近《うこん》／P190藤原基俊《ふじわらのもととし》／
P234権中納言定家《ごんちゅうなごんていか》

佐伯早栄《さえきさえ》

P52小野小町《おののこまち》

廻《めぐる》

P144 紫 式部《むらさきしきぶ》

果島《かしま》ライチ

P74菅原道真《すがわらのみちざね》／P212皇太后宮大夫俊成《こうたいごうぐうのだいぶとしなり》

七輝翼《なないつばさ》

P28阿倍仲麻呂《あべのなかまろ》／
P118 平 兼盛《たいらのかねもり》vs 壬生忠見《みぶのただみ》／
P166清少納言《せいしょうなごん》

●写真協力《しゃしんきょうりょく》

●飛鳥園《あすかえん》 ●明日香村《あすかむら》 ●AFLO ●アマナイメージズ ●射水市《いみずし》 ●Image Archive ●近江神宮《おうみじんぐう》
●鎌倉市観光協会《かまくらしかんこうきょうかい》 ●宮内庁《くないちょう》 ●高徳院《こうとくいん》 ●興福寺《こうふくじ》 ●五島美術館《ごとうびじゅつかん》 ●首藤光一《しゅどうこういち》 ●津田孝二《つだこうじ》
●東京国立博物館《とうきょうこくりつはくぶつかん》 ●東寺《とうじ》（教王護国寺《きょうおうごこくじ》） ●PIXTA ●PPA ●平等院《びょうどういん》 ●風俗博物館《ふうぞくはくぶつかん》
●フォトライブラリー ●文化庁《ぶんかちょう》 ●便利堂《べんりどう》 ●法隆寺《ほうりゅうじ》 ●室生寺《むろうじ》 ●名勝勝朗《めいしょうかつお》

【STAFF】
編集《へんしゅう》／株式会社《かぶしきがいしゃ》パブリカ
執筆《しっぴつ》／岡島慎二《おかじましんじ》
表紙《ひょうし》＆本文《ほんぶん》デザイン／長久雅行《ながひさまさゆき》
校正《こうせい》／くすのき舎《しゃ》

【参考文献《さんこうぶんけん》】
『一冊《いっさつ》でわかる百人一首《ひゃくにんいっしゅ》』成美堂出版《せいびどうしゅっぱん》
『ベネッセ全訳古語辞典《ぜんやくこごじてん》』ベネッセコーポレーション
『原色《げんしょく》　小倉百人一首《おぐらひゃくにんいっしゅ》』文英堂《ぶんえいどう》
『知識《ちしき》ゼロからの百人一首入門《ひゃくにんいっしゅにゅうもん》』幻冬舎《げんとうしゃ》
『百人一首入門《ひゃくにんいっしゅにゅうもん》』淡交社《たんこうしゃ》

百《ひゃく》人《にん》一《いっ》首《しゅ》壮《そう》麗《れい》図《ず》鑑《かん》

発行者　永岡純一
発行所　株式会社永岡書店
〒176-8518　東京都練馬区豊玉上1-7-14
代表03（3992）5155　編集03（3992）7191
印刷　誠宏印刷株式会社
製本　大和製本

ISBN978-4-522-43526-7 C8021 ②

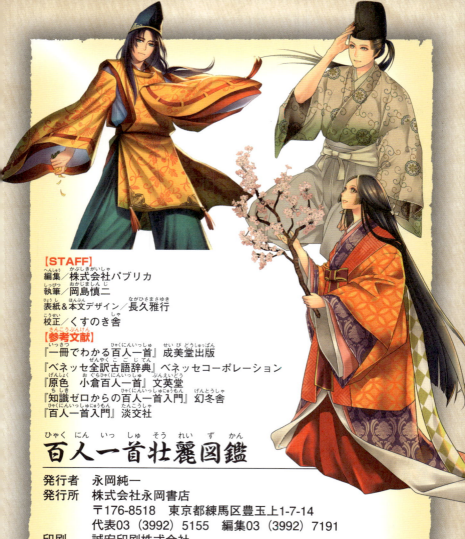